K.

David Safier

Traumprinz

Roman

Mit Illustrationen
von Oliver Kurth

Kindler

1. Auflage November 2016

Satz DTL Paradox PostScript (InDesign)
bei Pinkuin Satz und Datentechnik, Berlin
Druck und Bindung CPI books GmbH, Leck, Germany
ISBN 978 3 463 40604 6

Für Marion, Ben und Daniel – ihr seid
mein Traum!
(Und du natürlich auch, Max)

1

Ich war noch nie ein Fan von der Realität. Die war mir immer schon viel zu realistisch. Besonders wenn es um die Liebe geht. Und um die Männer.

Doch wider besseres Wissen träumte ich mit Ende zwanzig immer noch von der großen Liebe und dem ganz besonderen Mann. Für eine kurze Zeit hatte ich gehofft, beides mit Bendix endlich gefunden zu haben. Bis zu jenem Augenblick, als er fluchte: «Mist, da kommt meine Freundin!»

Dass wir dabei gerade proseccobeschwingt in der Riesenbadewanne seiner hippen Berliner Altbauwohnung saßen, machte die Sache nicht gerade besser.

«Du ... du hast eine Freundin?», stotterte ich entsetzt und hörte, wie die Wohnungstür geöffnet wurde.

«Ja ...», antwortete er mit Panik im Gesicht und Badeschaum auf dem süßen Lockenkopf und in dem gepflegten Hipster-Bärtchen.

«Ich ... ich dachte, *wir* wären zusammen», stammelte ich.

«Oh ...», staunte er.

«*Oh* ... mehr hast du dazu nicht zu sagen?»

«Na ja ...»

«Das ist auch nicht viel besser!»

Ich hatte tatsächlich gedacht, Bendix und ich wären so etwas Ähnliches wie ein Paar. Wir hatten uns vor drei Wochen via Dating-App kennengelernt. Ich mochte sein freundliches Lächeln auf dem Profilfoto, während er – wie er mir gestand –

von meiner blonden Mähne, die keine Bürste je bändigen konnte, auf Anhieb fasziniert war. Bei unserem ersten Date hatten Bendix und ich die ganze Nacht durchgequatscht, am Ende des zweiten kam ein wundervoller Abschiedskuss unter Vollmondhimmel hinzu, und beim dritten Date landeten wir im Bett, wo wir richtig guten Sex hatten. Noch vor wenigen Augenblicken hatte Bendix mir tief in die Augen geschaut, und ich hatte seit vielen Jahren wieder gespürt, wie wundervoll es sein kann, verliebt zu sein.

«Eigentlich ist sie nicht meine Freundin, Nellie», erklärte Bendix. Im Flur wurde ein Koffer abgestellt, eine Wohnungstür fiel ins Schloss.

«Nicht?», fragte ich irritiert und auch ein klein wenig hoffend, vielleicht hatte ich mich ja verhört.

«Sie ist meine Verlobte.»

«SIE IST WAS?», rief ich.

«Meine Verlobte ...», wiederholte er, und mein Magen zog sich zusammen, als wolle er schon mal ankündigen, dass er die nächsten Wochen vor lauter Liebeskummer keine feste Nahrung zu sich nehmen würde.

Wie hatte ich nur so dumm sein können zu glauben, ein Mann wie Bendix würde sich ernsthaft in jemanden wie mich verlieben? Wir waren doch so verschieden: Er lief jeden Morgen zehn Kilometer durch Berlin, mein Fitnesszustand hingegen war nur als erbarmungswürdig zu bezeichnen. (Nach unserer ersten Verabredung hatte ich gedacht, ich sollte auch mal wieder mit Sport anfangen, und wurde beim Joggen im Park von einer Zwölfjährigen überholt. Und von einer Sechzigjährigen. Und auf den letzten Metern noch von einer Gruppe Nordic Walker.) Bendix war stets lässig schick im Hipster-Style gekleidet, ich trug öfter mal zwei verschiedene

Socken, wenn ich in meinem Wäschechaos keine zusammenpassenden fand. Und er arbeitete als Projektleiter für UNICEF Deutschland, während ich als Verkäuferin in einem Comicladen jobbte und davon träumte, eine professionelle Comiczeichnerin zu werden. Meinem Traum war ich seit Jahren keinen Schritt näher gekommen. Ich hatte lediglich ein paar Geschichten im Selbstverlag veröffentlicht mit Titeln wie: *Single-Woman rettet die Liebe, Single-Woman erobert Manhattan* oder *Single-Woman trifft Ehe-Man.*

Captain Bindungsangst war bei meinen 84 Stammlesern so beliebt, dass ich darüber nachdachte, noch mehr Figuren wie ihn zu erfinden: *Fremdgeh-Boy, Bad Dancer* und *Florian, der Barbar.*

Bendix mochte meine Comics sehr und fand meinen Traum, mit ihnen Leser in andere Welten entführen zu wollen, kein bisschen lächerlich. Ganz im Gegensatz zu etwa 99 Prozent der anderen Menschen in meinem Leben inklusive meiner ehemaligen Kommilitonen aus meinem abgebrochenen Lehramtsstudium, die mittlerweile allesamt verbeamtet waren und fröhlich Familien gründeten. Auch meine Eltern sagten in regelmäßigen Abständen Dinge wie: «Nellie, wann machst du mal was Anständiges?», «Soll das ewig so weitergehen?»

und «Was haben wir nur falsch gemacht?» Aktuell gab es nur zwei Menschen auf der ganzen Welt, die meinen Traum vom Comiczeichen verstanden: Der eine war Lenny, mein stets bekiffter Kollege im Comicladen, und der andere war Bendix. Auch das machte ihn so liebenswert.

«Warum hast du mir nie von deiner Verlobten erzählt?», fragte ich das Naheliegende und zitterte dabei am ganzen Körper, obwohl das Badewasser noch ganz warm war.

«Sie war für ein halbes Jahr weg», flüsterte er. «Für *Ärzte ohne Grenzen* in Nigeria. Und sie sollte erst morgen wiederkommen.»

«Das ist nicht wirklich eine Erklärung», erwiderte ich, und mein Magen klumpte sich noch mehr zusammen.

«Psst», zischte Bendix und legte seinen Zeigefinger an die Lippen, doch es war zu spät. Aus dem Flur hörten wir eine melodiöse Stimme rufen: «Bendix, bist du das?»

«Ja, Marissa!», rief er zurück.

«Ich glaube», fand ich, «es wird Zeit zu gehen.» Ich stützte mich auf dem Rand der Riesenwanne ab, um mich hochzuhieven.

«Nein, Nellie», zischte Bendix hastig. «Geh nicht.»

«Nicht?», hielt ich in halber Höhe inne. Wollte er, dass seine Verlobte mich sah? Wollte er ihr gestehen, dass er jemanden kennengelernt hat? Und dann mit ihr Schluss machen? War also alles gar nicht so schlimm?

«Du darfst jetzt nicht gehen, Nellie», wiederholte er und drückte mich mit den Armen wieder sanft in die Wanne zurück. Mein Gott, er wollte wirklich, dass seine Verlobte mich sah. Er wollte sie für mich verlassen!

«Tauch unter, Nellie.»

«Ähem … wie bitte, was?»

«Tauch unter», wiederholte er und deutete in das vom Badeschaum bedeckte Wasser. So viel also zu der Illusion, dass er sich für mich entscheiden würde. Bendix wollte seine Verlobte nicht verlieren. Ich sollte so lange unter dem Badeschaum verschwinden, bis er sie aus dem Badezimmer herauskomplimentiert hatte. Sie sollte nichts von mir mitkriegen. Und ich war ihm anscheinend völlig egal. Das tat weh.

Eigentlich hätte ich Bendix den Waschlappen ins Gesicht hauen und unter Protest Wanne und Wohnung verlassen sollen. Doch wäre das richtig gewesen? Anständig? Seine Verlobte würde mich sehen, und das würde ihr das Herz brechen. Und seines gleich mit, das erkannte ich jetzt an seinem flehenden Blick. Wenn ich untertauchte, könnte ich die Frau vor einer Verletzung bewahren und Bendix die Chance geben, seine Beziehung zu kitten. Dann gäbe es nicht drei Opfer, sondern nur eins. Mich. Und wenn mich all meine geliebten Comics, Serien und Fantasy-Bücher von *Star Wars* über *Tribute von Panem* zu *Harry Potter* eins gelehrt hatten, dann war es, dass es das Richtige ist, andere vor Schaden und Schmerz zu bewahren, auch wenn man selbst darunter leidet. Es war also moralisch richtig unterzutauchen!

Abgesehen davon hatte ich tierische Angst davor, mich von seiner Verlobten nackt in der Badewanne erwischen zu lassen.

So holte ich tief Luft und tauchte unter. Dabei musste ich an *Harry Potter und der Feuerkelch* denken, als Harry unter Wasser überleben musste. Wie gerne hätte ich mit ihm getauscht. Nicht nur, dass er Kiemenkraut dabeihatte, mit dem er unter Wasser atmen konnte, Harry musste auch nicht zwischen behaarten Männerbeinen liegen. Zugegeben, der junge Zauberer musste sich unter Wasser mit Grindelohs rumschlagen, aber ich hätte jetzt auch lieber gegen fiese kleine Wasserdämonen gekämpft.

«Ich dachte, du kommst erst morgen, Marissa», hörte ich Bendix sagen. Seine Stimme klang unter Wasser ganz gedämpft.

«Ich wollte dich überraschen», lachte sie.

Das war ihr durchaus gelungen.

«Super», lachte Bendix, und selbst unter Wasser konnte man hören, dass er nicht sonderlich überzeugend klang.

«Ist was?», fragte Marissa, die das natürlich bemerkte.

«Wieso?»

«Du wirkst so merkwürdig.»

«Nein, nein ... ich bin nur wirklich überwältigt, dass du schon da bist. Komm lass uns einen Kaffee trinken gehen», schlug Bendix vor. Unterdessen stellte ich mir die Frage, wie lang ein Mensch überhaupt unter Wasser überleben konnte. Sechzig Sekunden? Neunzig? Und wie viele davon waren schon vergangen? Fünfundzwanzig? Dreißig? Jedenfalls deutlich mehr, als mir lieb war!

«Ich hab eine bessere Idee», sagte Marissa, und obwohl auch ihre Stimme dumpf verzerrt klang, war ich mir sicher, dass ihr Tonfall verführerisch war.

«Und welche?», fragte Bendix, bemüht, sich nichts anmerken zu lassen.

«Ich komm zu dir in die Wanne.»

Ach du Scheiße, dachte ich. Und noch nie in meinem Leben zuvor war *Ach du Scheiße* ein so passender Gedanke für eine Situation gewesen.

«Aber ... aber», stammelte Bendix, «ich bin ... ganz verschrumpelt.»

«Hach, ich entschrumpele dich schon wieder.»

Ich wartete auf Bendix' genialen Einfall. Und wartete. Und wartete. Langsam, aber sicher ging mir die Luft aus. Offenbar fiel Bendix noch nicht mal etwas Blödes ein. Es fiel ihm gar nichts ein. Und so kam es, dass plötzlich ein nackter Frauenfuß durch den Schaum stieß und direkt über meinem Gesicht die Temperatur des Wassers testete. Vor lauter Schreck öffnete ich den Mund. Luftblasen stiegen zur Oberfläche.

«Was ist denn das?», staunte Marissa, während sie mit ihrem Fuß etwa eineinhalb Zentimeter über meiner Nase innehielt.

«Ich … ich hab gepupst», stammelte Bendix.

«Gepupst?», fragte Marissa skeptisch, während ich sehnsüchtig meinen Luftblasen nachsah.

«Ich war heute indisch essen», schwindelte Bendix.

«Indisch?»

«Da hab ich was mit Linsen gegessen.»

Marissa war nicht überzeugt. Und meine Lunge war schier am Zerplatzen. Viel länger würde ich es nicht mehr aushalten.

«Erbsen gab es da auch», legte Bendix hektisch nach.

«Aha.»

«Es war ein *All-you-can-eat*-Buffet!»

«Ich glaub dir kein Wort», sagte Marissa und ließ ihren Fuß tiefer ins Wasser sinken. Direkt auf mein Gesicht.

So etwas passierte Harry Potter nie.

«Ah, ich bin da in etwas getreten», schrie Marissa und nahm den Fuß schnell wieder aus der Wanne.

«Meine Wade …», versuchte sich Bendix rauszureden.

Ich konnte nicht mehr. Gleich müsste ich auftauchen. Mit geradezu übermenschlicher Anstrengung versuchte ich, diesen Moment noch ein paar Sekunden herauszuzögern. Doch da griff Marissa schon in die Wanne, packte meine Haare und zog mich rüde aus dem Wasser.

«Lag die etwa auch auf dem *All-you-can-eat*-Buffet?», fragte sie bissig.

Vielleicht wäre ich von dem schlagfertigen Spruch sogar beeindruckt gewesen, wenn sie nicht so brutal an meinen Haaren gezogen hätte, dass ich aufschreien musste. Ich verschluckte mich fürchterlich. Außerdem brannte der Badeschaum in meinen Augen, ich rieb sie trocken, aber sie brannten nur noch mehr, also tastete ich blind und hustend nach dem Handtuch. Bendix war wie gelähmt. Dafür klatschte mir Marissa ein Handtuch ins Gesicht. Ich schrie wieder auf, musste noch mehr husten und brauchte so eine Weile, bis ich mir mit dem Handtuch mein Gesicht abtrocknen und wieder klar sehen konnte. Vor mir stand eine zierliche Schönheit mit langen braunen Haaren und dunklen Augen. Ein bisschen wie die junge Angelina Jolie. Eigentlich hätte ich mich dieser wunderschönen Frau entsetzlich unterlegen fühlen müssen. Nicht nur, weil sie so anmutig war, sondern weil sie etwas in ihrem Leben erreicht hatte. Sie arbeitete als Ärztin in der Entwicklungshilfe, stieg mutig in klapprige Flugzeuge und rettete im nigerianischen Busch Menschenleben. Das größte Abenteuer meines bisherigen Lebens war ein Ryanair-Flug an den bulgarischen Goldstrand, wo ich mir einen Magen-Darm-Infekt geholt hatte. Diese Frau war eine Heldin im echten Leben, ich hingegen dachte mir nur Heldinnen in Comics aus. Und dennoch hatte ich in diesem Augenblick Mitgefühl für sie. Wie hart musste das für sie sein? Ihr Verlobter ging fremd. Und dann auch noch mit einer Frau, die ihr in keiner Hinsicht das Wasser reichen konnte.

Marissa sah das Mitleid in meinen Augen. Das machte sie

jedoch nur noch zorniger. Mit einem Blick, der geschmolzenen Hochofenstahl hätte gefrieren lassen können, sagte sie: «Raus!»

Ich widersprach nicht. Tropfend und mit Badeschaum am ganzen Körper stieg ich aus der Wanne.

«Und jetzt verschwinde, du Schlampe!»

«Wie hast du mich genannt?» Mein Mitgefühl für sie schwand schlagartig.

«Ich hab dich Schlampe genannt!», wiederholte sie.

Ich wollte kontern, aber nicht einfach plump mit einem anderen Schimpfwort. Ich wollte etwas total Cleveres erwidern. Etwas, das sie bis ins Mark traf. «Wenn ich eine Schlampe bin, bist du … dann bist du … eine … eine … Schlimpe.»

«Eine was?»

Mein Gott, warum fiel mir nie etwas Schlagfertiges ein?

«Hau endlich ab!», befahl sie mir.

«Darf ich noch meine Sachen nehmen?», fragte ich kleinlaut, um einen Funken Restwürde bemüht.

«Nein.»

«Nein?»

«Nein!»

«Ich verstehe immer nur nein», sagte ich irritiert.

«Das liegt daran, dass ich das auch gesagt habe.»

Blitzschnell hob sie meine Klamotten vom Boden und drückte sie an ihre perfekt geformten Brüste. «Das ist die Strafe dafür, dass du einer Frau den Mann ausspannen willst.»

«Du kannst mich doch nicht ohne Klamotten rauswerfen», protestierte ich.

«Und ob ich das kann!»

Hilflos sah ich zu Bendix, der sich bis dahin erfolgreich aus dem Gespräch herausgehalten hatte, in der sicherlich nicht ganz unberechtigten Annahme, dass im Falle seiner Einmischung beiden Frauen aufgehen könnte, wer hier eigentlich der Schuldige war. Er überlegte kurz, was er antworten sollte, öffnete einmal sogar den Mund, ließ es aber lieber bleiben und tauchte unter.

«Verschwinde endlich!», zischte die Ärztin ohne Grenzen. Ich fühlte mich jetzt ein wenig wie in einem Superheldenkampf: *Single-Woman gegen Die Verlobte des Grauens.* Und eins war klar, Single-Woman würde sich von so einer Schurkin nicht unterkriegen lassen.

«Ich will aber meine Sachen», beharrte ich.

«Ich habe mich in Nigeria mit Ebola, Soldaten und Warlords rumgeschlagen. Da werde ich mit dir locker fertig!», erklärte Marissa recht überzeugend.

Mit wem war ich im Leben schon so fertig geworden? Das letzte Mal hatte ich eine körperliche Auseinandersetzung in der dritten Klasse gehabt. Damals hatte ich mich mit dem dicken Paul geprügelt und sogar gewonnen. Allerdings war Paul einen Kopf kleiner und ging noch in den Kindergarten. Die Verlobte des Grauens würde mich zum Frühstück verputzen, obwohl bereits Nachmittag war.

Während ich zögerte, tauchte Bendix kurz auf, checkte die Lage, holte tief Luft und verschwand erneut im Wasser.

Mir schossen die Tränen in die Augen. Ich wollte der Irren jedoch nicht die Genugtuung geben, vor ihren Augen einen Heulkrampf zu bekommen. Ich schnappte mir das Handtuch, wickelte es um meinen Körper und verließ die Wohnung. Trotzig. Tropfend. Traurig. Und kein bisschen heldenhaft.

Ich Idiotin hätte es besser wissen müssen: Kaum lässt man Gefühle zu, kommt sie auch schon und schlägt einen zu Boden: die blöde Realität.

2

Es gibt angenehmere Dinge, als lediglich mit einem Handtuch bekleidet durch Berlin-Mitte zu gehen. Zum Beispiel Magen-Darm-Verstimmungen, die Beulenpest oder ein Konzert der Kastelruther Spatzen. Das lag weniger an den Berlinern, die gab es in Mitte so gut wie gar nicht mehr, es lag an den Touristen. Ich wurde von Japanern fotografiert, die fast beleidigt reagierten, wenn ich ihnen zurief: «Please take the handy away», «No, I won't take a selfie with you!» und «Hey, take the selfie stäng away!» (Dabei war ich mir ziemlich sicher, dass die englische Übersetzung für Selfie-Stange nicht *selfie stäng* war.) Da ich barfuß unterwegs war, fiel mir das erste Mal auf, wie schmutzig die Berliner Gehwege sind. Ich musste oft Slalom gehen und manchmal sogar hüpfen wie beim Gummitwist. Hätte *Pretty Woman* in Berlin gespielt, wäre Richard Gere in seiner Barfuß-Szene, wo er die Erde wieder spürte und so seine Menschlichkeit fand, in Kaugummi getreten. Oder in Scherben. Oder in Hundekacke. Flugs hätte er seine Schuhe wieder angezogen, wäre böser Unternehmer geblieben, und Julia Roberts müsste immer noch anschaffen gehen.

Das einzig Gute an meinem Martyrium war, dass es mich von Bendix und meinen Tränen ablenkte. Ich musste mich auf die Frage konzentrieren, wie ich mich aus dieser unangenehmen Lage befreien konnte, bevor irgendein Blödmann ein Video von mir auf Youtube hochlud. Ich wollte meinen Comicladen-Kollegen Lenny anrufen, damit er mich mit seinem VW-Käfer abholen würde. Doch um ihn anzurufen, fehlte mir eine Kleinigkeit: mein Handy. Das lag noch zusammen mit meinen Klamotten in Bendix' Wohnung. Ich fragte Passanten, ob sie mir kurz ihr Handy für einen Anruf leihen könnten, doch die gingen einfach weiter mit dem typischen Was-interessiert-mich-dein-Schicksal-Großstädterblick. Da entdeckte ich einen punkigen Teenager mit blauen Haaren, der auf seinem Handy daddelte. Ich ging zu ihm und spähte ihm über die Schulter. In dem Spiel ging es darum, niedliche kleine Fische möglichst weit aus dem Wasser an Land zu katapultieren.

Ein freakiger Typ wie dieser Punker, so hoffte ich, würde mehr Mitgefühl zeigen, Außenseiter mussten doch zusammenhalten!

«'tschuldige», sprach ich ihn an, «kannst du mir einen Gefallen tun?»

«Und welchen?», fragte der Punk eher lustlos, ohne mich anzuschauen.

«Kann ich mit deinem Handy mal einen Anruf machen?»

Er sah auf, bemerkte, dass ich nur mit einem Handtuch bekleidet war, und lächelte breit: «Na klar!»

«Danke», sagte ich erleichtert.

«Ich hätte aber gerne etwas im Gegenzug», sagte er und starrte dabei auf meine nur von dem Handtuch bedeckten Brüste.

«Und was?», fragte ich vorsichtig.

«Dein Handtuch», grinste er anzüglich.

Genervt wandte ich mich ab und fand einzig und allein Trost in der Tatsache, dass ich keine Lehrerin geworden war und mich deshalb nicht Tag für Tag mit solchen pubertierenden Amateurkomikern herumschlagen musste.

Da es offenbar unmöglich war, als Mensch in Not in Berlin Hilfe zu bekommen, wog ich meine Optionen ab. Meine Ein-Zimmer-Bude war sechs S-Bahn-Stationen entfernt, der Comicladen, in dem ich jobbte, nur zwei. Dort hatte ich zwar keine Anziehsachen herumliegen, aber es gab da jede Menge Fan-Klamotten im Angebot, die ich mir ausleihen konnte.

Ich eilte zur nächsten S-Bahn-Haltestelle, zog mangels Geld keine Fahrkarte am Automaten und war erleichtert, dass ich nicht am Bahnsteig rumstehen und mich anstarren lassen musste, da die Bahn sofort einfuhr. Hastig hüpfte ich hinein und suchte mir einen Platz. Die Menschen um mich herum rückten ein wenig von mir ab und starrten auf ihre Smartphones – der ganz natürliche Umgang mit vermeintlichen Spinnern im öffentlichen Nahverkehr. Während die Bahn vor sich hin ruckelte, fiel mein Blick auf die Ankündigung einer Ausstellung des New Yorker Künstlers Damien Moore namens *Heaven and hell are other people.* Unter anderen Umständen hätte ich mir das Poster genauer angesehen, weil ich die Werke dieses Mannes großartig fand. Aber ich musste immerzu an Bendix denken. Erneut zog sich mein Magen zu einem kleinen harten Klumpen zusammen. Und das Magenweh war ja nur die erste von den sieben Stufen des Liebeskummers, die ich leider allzu genau kannte:

1. Magenweh
2. Heulen
3. Weltrekordversuch im Selbstmitleid
4. Über Wochen
5. Und Monate
6. Stundenlanges Hören von Michael Jacksons Klassiker *Man in the Mirror*, um Selbstbewusstsein aufzubauen
7. Verarbeiten des Erlebten in einem Comic

«Fahrscheine, bitte!», hörte ich von etwas weiter her eine Stimme. Panisch blickte ich auf, weiter hinten im Wagen verrichteten Kontrolleure ihre Arbeit. Ich stand auf und wollte unauffällig ans andere Ende des Wagens gehen, in der Hoffnung, aussteigen zu können, bevor ich erwischt wurde. Aber leider ist es nicht ganz so einfach, unauffällig zu sein, wenn man lediglich mit einem Handtuch bekleidet ist. Kaum war ich ein paar Schritte gegangen, stellte sich mir ein dritter Kontrolleur in den Weg: «Irgendetwas sagt mir, dass Sie keine Fahrkarte dabeihaben.»

Bei dem Mann handelte es sich um einen Mittvierziger mit Migrationsvordergrund. Vielleicht kam er aus Syrien, Marokko oder Afghanistan, jedenfalls definitiv nicht aus Norwegen. Dennoch sprach er besseres Deutsch als viele Zuwanderer. Und sicherlich sehr viel besser als die meisten Deutschen Dari sprechen würden, wenn sie durch die Umstände gezwungen wären, in Kabul zu leben.

«Wie kommen Sie denn darauf, dass ich keine Karte habe?», fragte ich und rang mir ein Lächeln ab, das angesichts meines Kummers und meiner augenblicklichen Situation eher gequält ausfiel.

«Nun», lächelte der Mann freundlich, «Ihr Handtuch hat vermutlich keine Tasche.»

«Nein», musste ich gestehen.

«Dann müsste ich Sie jetzt wegen Schwarzfahren anzeigen», erklärte der Kontrolleur, während die S-Bahn vor sich hin ratterte und nicht mehr weit von meinem Ziel entfernt war. «Und da Sie gewiss auch keinen Ausweis dabeihaben, muss ich auch die Polizei rufen, die Sie dann mitnimmt.»

«Ich hatte heute echt einen schlechten Tag», appellierte ich an sein Mitgefühl.

«Schlechte Tage kenne ich», seufzte der Mann. «Zum Beispiel, als wir mit unserem Flüchtlingsschiff in Seenot gerieten …»

Plötzlich schien mir mein Liebeskummer ein wenig lächerlich.

«Oder als es im Flüchtlingslager ein Erdbeben gab.»

Okay, arg lächerlich.

«Ich weiß gar nicht», sinnierte der Kontrolleur weiter, «soll ich aufhören, an Gott zu glauben, weil er so viel Leid zulässt? Oder ihm dankbar sein, weil ich alles überlebt habe und jetzt zwölf Stunden am Tag in Sicherheit Fahrkarten kontrollieren darf?»

Was sollte man darauf antworten?

«Und wie schlecht war Ihr Tag genau?», wollte er nun von mir wissen.

Ich mochte ihm nicht erzählen, dass mich die Verlobte eines Mannes, in den ich mich verknallt hatte, in der Badewanne erwischt und hinausgeworfen hatte. Das wirkte im Vergleich zu seinem Schicksal lächerlich. Daher entschloss ich mich für eine simple Lüge: «Man hat mich im Freibad ausgeraubt.»

«Sie riechen aber kein bisschen nach Chlor», entgegnete er, und ich fluchte innerlich, dass ich offensichtlich an den einzigen Kontrolleur in Berlin geraten war, der es mit Sherlock Holmes aufnehmen konnte.

«Haben Sie keine bessere Geschichte für mich, die es mir erlaubt, Sie nicht der Polizei zu übergeben?»

Sollte ich dem Mann doch erklären, was passiert war? Oder ihm, wie gewünscht, mit einer Geschichte kommen? Ich entschied mich für die Geschichte: «Ich bin eine Prinzessin, die von einer Hexe in einen Frosch verzaubert wurde. Vorhin hat mich ein Mann geküsst und damit wieder zurückverwandelt. Und jetzt bin ich nackt. Und das Einzige, was ich zum Bedecken meines Körpers gefunden habe, ist dieses Handtuch.»

«Und was ist mit dem Mann, der Sie geküsst hat?», fragte der Kontrolleur.

«Der ist vor lauter Schreck weggelaufen.»

Da musste der Mann laut loslachen. Die S-Bahn stoppte an der Station, an der ich aussteigen wollte. Hinter mir gingen die Türen auf, und er bedeutete mir mit dem Kopf, zu verschwinden. Zum Abschied rief er mir nach: «Und sehen Sie zu, dass Sie sich von Hexen fernhalten.»

Ich stieg aus, atmete tief durch und dachte: 1:0 für die Phantasie.

3

Meine Euphorie, den Tag nicht halbnackt auf einem Berliner Polizeirevier zu verbringen, währte gerade mal zweihundert Meter Fußweg. Kaum trat ich durch die Tür des Ladens *Käpt'n Comic* und sah den schmuddeligen Teppichboden, dessen ursprüngliche Farbe wohl nur Experten rekonstruieren konnten, da hatte mich der Liebeskummer auch schon wieder eingeholt.

Käpt'n Comic war nicht so sauber und elegant wie die Comicläden, die man aus amerikanischen Filmen und Serien kannte. Im vorderen Bereich sah er noch halbwegs ordentlich aus mit einem lebensgroßen Superman aus Kunststoff, einem Donald-Duck-Aufsteller aus Pappe, gut gefüllten Comicregalen, einem Kleiderständer und einem wirklich gemütlichen Ledersessel. Der hintere Teil des Ladens und der Lagerraum waren hingegen so unordentlich, als wäre eine Horde Walking Dead durch sie gestapft. Überall lagen Haufen mit Heften und Groschenromanen herum, die kein Mensch jemals kaufen würde. Unser stets missgelaunter Chef, der eigentlich Lothar hieß, den wir aber nur Griesgram Grauswitz nannten, wollte sie auf gar keinen Fall wegwerfen. Er war davon überzeugt, jederzeit könnte jemand kommen, um die alten Dinger zu kaufen. Meine Vermutung war, dass Lothar sich einfach nicht von Heften wie *Sommerspaß mit Bussi-Bär* trennen wollte.

Der Griesgram glaubte genauso wenig an freundliche Kundenbehandlung wie an die pünktliche Bezahlung seiner Mitarbeiter. Und dennoch war er ein Chef, auf den jeder Angestellte, der in einem Konzern arbeiten musste, neidisch gewesen wäre, denn er glänzte die meiste Zeit durch Abwesenheit. Er ließ mich und meinen Kollegen einfach machen.

Hinter dem Tresen saß der dünne, blasse Lenny und las einen *Batman*-Comic. Dabei hatte er einen Lolli im Mund und seine *Star Wars*-Cap mit der Aufschrift *Han shot first* auf dem Kopf. Ich glaube, ich habe Lenny noch nie ohne dieses Cap gesehen. Vermutlich war er damit schon auf die Welt gekommen. Lenny sah gar nicht auf, sondern plapperte direkt los: «Weißt du, was mir gerade aufgefallen ist?»

«Nein», antwortete ich matt und schlurfte zum Kleiderständer.

«Batman hat ganz schön Glück gehabt, dass ihm genau in dem Moment, als er beschloss, Superheld zu werden, Fledermäuse begegnet sind. Wegen denen hat er sich ja Batman genannt.»

«Und warum hat er da Glück gehabt?», fragte ich ohne echtes Interesse.

«Stell dir mal vor, es wären Meerschweinchen gewesen»,

redete er weiter, noch immer ohne aufzusehen, «dann wäre er jetzt *Meerschweinchen-Man*. Oder Stinktiere …»

Ich drehte den Kleiderständer und suchte nach passenden Klamotten, ohne wirklich zuzuhören.

«Oder ihm wäre Adam Sandler begegnet …»

Ich nahm mir einen Overall, der dem von Sigourney Weaver in *Alien* nachempfunden war.

«Oder ein Fahrstuhl …»

Da ich gar nicht reagierte, sah Lenny doch mal auf und erkannte, dass ich nur mit einem Handtuch bekleidet war. Da fiel ihm beinahe der Lolli aus dem Mund, und er vergaß glatt, mir zu erklären, welche Superkräfte ein *Fahrstuhl-Man* besitzen würde (bestimmt war das ein Held, der sich sehr gut mit dem Auf und Ab im Leben auskannte). Lenny wollte gerade zum Sprechen ansetzen, da bat ich: «Frag nicht.»

«Was ist denn mit dir passiert, Nellie?»

«Was hast du an *Frag nicht* nicht verstanden, das *Frag* oder das *nicht*?»

«Warum ich nicht fragen soll.»

«Weil die Antwort so weh tut», erwiderte ich mit einem Pathos, zu dem nur unglücklich Verliebte fähig sind.

«Bendix», begriff Lenny.

«Genau, Bendix», bestätigte ich traurig.

«Hipster – hasse sie oder hasse sie.»

Obwohl es sicherlich für meinen emotionalen Haushalt gesund gewesen wäre, konnte ich Bendix nicht hassen. Das konnte ich keinen der Männer, die mir das Herz gebrochen hatten. Zum Hassen fehlt mir anscheinend jegliches Talent.

«Kannst du dich bitte umdrehen?», bat ich Lenny.

«Warum das denn, Nellie?»

«Weil ich mich umziehen will?»

«Ich hab schon viele nackte Frauen gesehen», sagte Lenny.

«Auch im echten Leben?»

Für einen kurzen Moment sah ich Schmerz in Lennys Augen. Und ich verfluchte mich, nicht die Klappe gehalten zu haben. Ich kannte Lenny schon sieben Jahre, und in der Zeit hatte er noch nicht mal ansatzweise ein Date gehabt. Er war also noch einsamer als ich. Und das hatte ich ihm jetzt unter die Nase gerieben. Bevor ich mich entschuldigen konnte, hatte Lenny sich schon wieder im Griff und lächelte: «Ich hab meinen Comic noch nicht zu Ende gelesen, ich muss doch wissen, ob Batman und Catwoman in der Kiste landen und dabei ihre Masken auflassen.»

Lenny wandte sich wieder seinem Heftchen zu, und ich ließ das Handtuch zu Boden fallen. Er war bestimmt nicht der Typ, der glotzte. Er war zwar schräg, aber im Herzen anständig. Ich nahm mir *Minnie Mouse*-Unterwäsche, schlüpfte in den Overall und zog mir noch rot-goldene *Iron Man*-Sneakers an. Anschließend ging ich zu einer Glasvitrine und betrachtete mein Spiegelbild. Der Overall schlabberte ein wenig, aber alles war besser, als nur mit einem Handtuch herumzulaufen. Ich beugte mich vor und sah mir mein Gesicht genauer an. Unter beiden Augen hatte ich jeweils vier kleine Trauerfalten. Eine für jeden Mann, der mir bisher das Herz gebrochen hatte. In chronologischer Reihenfolge waren das:

Jasper: Als ich dreizehn Jahre alt war, war er fünfzehn, deutlich weiterentwickelt als ich, und ich hatte mich unsterblich in ihn verliebt. Leider erklärte Jasper mir bei einer Schulparty, dass er grundsätzlich keine Mädchen mit Zahnspange küsst. Noch viele Jahre später hatte ich ein gestörtes Verhältnis zu Kieferorthopäden.

Lukas: Mit ihm hatte ich den ersten Zungenkuss. Den ersten Sex. Und den ersten Trennungsschmerz. Der Reihe nach: Wir lernten uns in den Sommerferien kennen, den ersten, die so heiß waren, dass auch mein konservativer Vater langsam daran glaubte, es könnte so etwas wie den Klimawandel geben. In einer Eisdiele bestellte ich mir einen Schoko-Crispie-Becher. Lukas stand hinter mir in der Reihe und bestellte auch einen Schoko-Crispie-Becher. Da sah ich ihn zum ersten Mal. Er lächelte mich so nett an und hatte so schöne braune Haare. Ich dachte sofort, wir wären seelenverwandt, weil hey … wir mochten beide Schoko-Crispie-Becher! Wir verliebten uns so schnell, wie es nur zwei Teenagern bei 38 Grad im Schatten möglich war. Ein ganzes Jahr lang hatten wir nur Augen füreinander, liebten es, gemeinsam im Bett zu liegen, dabei Serien anzuschauen und Schoko-Crispie-Eis zu essen. Wir stellten fest, dass Sex etwas Wunderbares sein konnte, selbst wenn man sich manchmal dabei dämlich anstellte, und dass er sehr viel mehr Freude bereitete, als für das Abi zu pauken. Ohne Lukas wäre mein Abischnitt bestimmt 0,7 besser gewesen. Als er sich nach der Abifeier zum sozialen Jahr nach Peru verabschiedete, heulten wir uns am Flughafen die Augen aus und schworen uns ewige

Liebe für den Rest des Lebens. Der Rest des Lebens dauerte gerade mal drei Wochen. Da begann Lukas den täglichen Skype-Anruf mit den schrecklichsten Worten, die es in der deutschen Sprache gibt: «Du … ich muss dir was sagen …» Dann erzählte er mir von einem Lama, das sich auf der Farm, auf der er arbeitete, den Fuß an einem Felsvorsprung böse verletzt hatte und wie er das Lama verarztet hatte. Zusammen mit Conchita.

«Conchita?», fragte ich nervös und hoffte, sie wäre vielleicht eine alte Frau, die gute Seele der Farm. Aber der Lukas auf meinem Laptopbildschirm sah so schuldbewusst zur Seite, dass mir sofort klar war, dass Conchita keine alte Frau war und er mit ihr noch ganz andere Dinge gemacht hatte, als nur Lama-Füße zu verarzten. Schweren Herzens sagte er zu mir: «Ich habe mich in Conchita verliebt.»

Und ich klappte meinen Laptop zu.

Raffael: Er war so ganz anders als die meisten Männer, die ich auf den Studentenpartys kennengelernt hatte. Raffael konnte gut zuhören, war einfühlsam und sehr, sehr behutsam. Es dauerte ein halbes Jahr, bis wir das erste Mal miteinander schliefen.

Ein weiteres halbes Jahr später eröffnete er mir, dass er jemand anderen liebte. Verletzt und getroffen sagte ich: «Sag jetzt bitte nicht, sie heißt Conchita.» Und er antwortete: «Nein, er heißt Jörg.» Dieses Geständnis war nicht gerade förderlich für mein weibliches Selbstbewusstsein.

Jasper noch mal: Jasper und ich begegneten uns wieder, als wir zufällig in einem Aldi-Markt mit den Einkaufswagen ineinanderfuhren. Er stellte fest, dass ich keine Zahnspange mehr trug, und küsste mich noch am gleichen Tag. Drei Jahre blieben wir zusammen, mein persönlicher Langstreckenbeziehungsrekord. Jasper studierte inzwischen Nanotechnologie, und ich verstand kaum, worum es bei seinem Studium ging. In der Regel konnte ich seinen Ausführungen kaum länger als dreißig Sekunden folgen. Umgekehrt hatte er Probleme, meine Zeichenträumereien ernst zu nehmen. Er lobte mich zwar für mein Talent, aber es klang immer ein wenig so, als würde ein gnädiger Vater das gemalte Bild seiner fünfjährigen Tochter preisen («Da hast du aber einen schönen Gorilla gemalt», «Papa, das soll doch Mama sein!»).

Jaspers Freunde waren allesamt erfolgsorientierte Ingenieurstypen und hatten ebenso zielstrebige Freundinnen. Das führte dazu, dass ich mich bei unseren wöchentlichen – für die anderen heiteren – Spieleabenden immer mehr fühlte wie bei «Eins von den Dingen ist nicht wie die anderen». Als sich Jaspers Studium dem Ende näherte und ich meins geschmissen hatte, erkannte Jasper, dass die Pharmaziedoktorandin Jessica eher zu seinen Spieleabenden passte, und ließ mich ein zweites Mal mit gebrochenem Herzen zurück.

Zu den vier Tränenfalten unter jedem Auge würde sich nun eine weitere für Bendix gesellen.

Lenny, der seinen Comic ausgelesen hatte, trat zu mir und fragte: «Du wirst doch jetzt nicht etwa weinen?»

«Nein, nein», sagte ich. «Werde ich nicht.»

«Und warum füllen sich deine Augen mit Tränen?»

«Hausstauballergie», log ich wenig überzeugend.

«Hattest du noch nie.»

«Allergien können sich im Erwachsenenalter spontan entwickeln», erklärte ich, während sich die erste Träne ihren Weg bahnte.

«Ich hab eine Idee, was dich aufmuntern könnte», sagte Lenny, der – wie jeder Mann – mit den Tränen einer Frau nicht umgehen konnte.

«Und was?»

«Wir werfen uns die hier ein!» Er holte aus seiner Hosentasche zwei grüne Pillen. «Die machen happy. Mit denen hab ich vor zwei Wochen *Titanic* gesehen und dreieinhalb Stunden durchgelacht.»

Lenny hielt mir eine Pille hin, aber ich schüttelte den Kopf. Ich nahm keine Drogen. Ich hatte auch lernen müssen, dass es keine gute Idee ist, sich bei Liebeskummer zu betrinken. So etwas konnte – wie ich nach der Trennung von Jasper leidvoll feststellen musste – zu Führerscheinentzug führen.

«Wir können auch eine schöne Zombie-Filmnacht machen», ließ Lenny nicht locker. «Da gibt es eine neue Zombieliebeskomödie, die heißt *Komm, gib mir deine Hand.*»

«Keine Liebeskomödien!», winkte ich ab, während sich die zweite Träne startbereit machte. «Mit Zombies oder ohne.»

«Oder wir gehen zur Ausstellungseröffnung von Damien Moore.»

Damien Moore. Seine Bilder waren so intensiv, dass man

sich ihnen nicht entziehen konnte. Seine wichtigsten Themen waren Himmel und Hölle. Und während seine Höllenbilder qualvoll und unheimlich waren, konnte man seine Himmelsgemälde nur als unbeschreiblich schön bezeichnen. Allein wenn ich im Internet Fotos davon sah, erfüllten sie mich mit unerhörter Leichtigkeit und Freude. Wie musste es dann erst sein, die Gemälde in echt zu sehen? Seine Bilder würden mich – ganz ohne Drogen – in eine andere, schönere Welt transportieren.

«Hast du denn Karten?», fragte ich Lenny erstaunt, und meine Tränendrüsen stellten vorläufig die Produktion ein.

«Natürlich nicht», antwortete Lenny. «Bin ich Millionär, der sich seine Bilder leisten kann? Oder gehöre ich zur Berliner Kunstszene?»

«Und wie sollen wir dann da reinkommen?»

«Der Security-Chef und ich haben den gleichen Dealer», grinste Lenny.

4

Ich wäre gerne vorher noch in meine Wohnung gegangen und hätte mir dort für die Ausstellungseröffnung etwas Schickeres als den Alien-Overall angezogen, aber leider befand sich mein Schlüsselbund in meiner abgewetzten Umhängetasche, und die wiederum lag im Flur von Bendix' Wohnung. Ich überlegte kurz, Bendix anzurufen und ihn zu bitten, mir meine Umhängetasche und meine Klamotten in den Comicladen zu bringen. Ich malte mir aus, wie er käme und mir mit verheulten Augen beichtete, dass er nur mich liebt. Aber könnte ich ihn in so einem Fall überhaupt wieder in die

Arme schließen? Immerhin hatte er mir verschwiegen, dass er eine Verlobte hatte. Und das über Wochen hinweg. Könnte ich ihm diesen Vertrauensbruch je verzeihen?

Natürlich könnte ich das!

Das ist nun mal das Allerblödeste am Liebeskummer: Man besitzt keinerlei Stolz.

In meiner Phantasie küssten Bendix und ich uns mit Tränen des Glücks in den Augen, während seine Ärztin Richtung Nigeria flog, um dort einen Buscharzt zu heiraten. Meine Phantasie sah immer ein Happy End für jeden vor, sogar für die Verlobte des Grauens und einen mir bis dato völlig unbekannten nigerianischen Buscharzt. Doch dann fiel mir wieder ein, dass ich mein Handy ebenfalls nicht bei mir hatte, es lag in der Umhängetasche in Bendix' Wohnung. Ohne Handy könnte ich ihn nicht anrufen, da ich seine Nummer nicht auswendig wusste – die moderne Technik ging nun mal zu Lasten der menschlichen Fähigkeit, sich Dinge zu merken. Egal, wie ich es drehte und wendete, ich musste im Alien-Overall zur Vernissage, die im Pergamonmuseum stattfand. Wir fuhren in Lennys quietschbunt bespraytem Käfer, den er nur das Lenny-Mobil nannte, durch das abendliche Berlin, bis wir das altehrwürdige Museum erreichten.

Als wir die Stufen hochgingen, fühlte ich mich ein wenig wie in einer amerikanischen Komödie, in der die Heldin sich mit ihrem albernen

Outfit zwischen all den Reichen und Schönen in Smoking und Abendkleid nach allen Regeln der Kunst blamierte. Aber nachdem der Security-Chef uns am Eingang durchgewunken hatte, stellte ich erleichtert fest, dass meine Sorge unbegründet war. Zwar war ein großer Teil der Anwesenden in dem imposanten Museumssaal tatsächlich in Abendgarderobe erschienen, aber es gab auch viele, die demonstrieren wollten, wie kreativ und unangepasst sie waren. Von einer Frau mit zwei Augenklappen über einem Mann im Federkostüm bis hin zu einem uralten, asiatisch aussehenden Mann im roten Mönchsgewand waren viele bunte Vögel unterwegs. Ich fiel in der Menge also nicht sonderlich auf.

An den Wänden hingen einige von Moores Bildern, die so beeindruckend waren, dass es mir die Sprache und zwischenzeitlich sogar den Kummer verschlug. Zur Linken hingen die Gemälde des Himmels, rechts die Höllenbilder. Einige davon waren auf schwarzhumorige Art komisch – zum Beispiel wurden spanische Inquisitoren von Dämonen in einem Kessel gekocht. Andere Bilder wiederum waren so düster, dass sie mir Angst machten, wie zum Beispiel eins, auf dem Berlin von Blut überschwemmt wurde. Daher wandte ich mich lieber den Himmelsbildern zu. Auf einem war einzig und allein ein geradezu überirdisches Blau zu sehen, von dem man glauben konnte, Gott höchstpersönlich hätte ein Foto von seiner Umgebung geknipst. Das Blau war so magisch, dass ich mich einfach nicht von ihm losreißen konnte, bis Lenny mir zuraunte: «Der Meister tritt jetzt auf!»

Lenny führte mich von dem Bild weg in Richtung eines leeren Podiums, vor dem schon viele Gäste mit Champagnergläsern in freudiger Erwartung standen. Der Saal wurde langsam dunkel. Technomusik ertönte, eine Lasershow startete, und Blitze in verschiedenen Farben schossen so schnell umher, dass mir ein wenig schummerig wurde. Lenny hingegen betrachtete fasziniert das Spektakel und seufzte: «Hach, mit LSD wäre das noch viel besser.»

Die Lasershow und die Musik endeten mit einem lauten Knall, und gleich darauf ging ein Scheinwerferspot an. Er bestrahlte einen schlanken, hochgewachsenen Mann mit Glatze. Er trug einen Anzug, dessen linke Hälfte aus weißem und dessen rechte aus schwarzem Stoff war. Wenn ich Moores Alter hätte schätzen müssen, wäre mein Tipp Ende dreißig gewesen, seine Ausstrahlung verlieh ihm jedoch etwas Zeitloses. Charmant lächelnd sah er ins Publikum und sagte mit samtener Stimme, die nur einem Engel oder Luzifer höchstpersönlich gehören konnte: «Whao, das war wirklich eine sensationell geschmacklose Ouvertüre.»

So gut wie jeder im Publikum lachte, mal abgesehen von den Organisatoren der Veranstaltung. Auch ich musste lächeln. Allein um zu spüren, dass ich noch zu einem Lächeln in der Lage war, hatte es sich gelohnt zu kommen.

«Auf so eine Show kommt man, wenn man klein denkt», redete der Charismatiker weiter. Er trat vom Podium herunter und begann, durch das Publikum zu schlendern. Dabei überragte er mit seiner Körpergröße fast alle Anwesenden, und trotz der Hitze war auf seinem kahlen Schädel kein einziger Schweißtropfen zu erkennen. Es war das erste Mal in meinem Leben, dass ich einen Mann mit Glatze attraktiv fand.

«Du findest ihn heiß», stieß Lenny mich an.

Ich wusste gar nicht, was ich darauf antworten sollte.

«Kannst es ruhig zugeben, Nellie», sagte er. «Alle hier finden ihn heiß.»

Ich sah mich um. Tatsächlich war jeder im Saal in Moores Bann. Egal, ob Mann, ob Frau, ob Lenny.

«Selbst ich finde ihn heiß», gestand Lenny, «und ich bin voll hetero.»

Ich nickte leicht zustimmend, und Lenny lachte: «Du kommst ja schnell über deinen Hipster weg.»

Au Mann, damit hatte er recht. Seit wir hier waren, hatte ich tatsächlich kein einziges Mal an den Hipster … äh … an Bendix gedacht.

«Die Menschen», redete Moore weiter mit seiner wunderbaren Stimme, die in meinem Magen zu vibrieren schien und zugleich meinen Ohren schmeichelte, «trauen sich nicht, groß zu denken. Dabei haben wir die Kraft, mit unserem Geist ganze Welten, ganze Sonnensysteme, ja sogar komplette Universen entstehen zu lassen. Denken Sie nur an Ihre nächtlichen Träume. In denen wandeln Sie durch Landschaften, Straßen, Städte, die es in der Realität nicht gibt. Sie selbst haben diese Welten in Ihrem Hirn erschaffen. Sie treffen in Ihren Träumen auch auf Menschen, die in der realen Welt gar nicht existieren! Auch die haben Sie kraft Ihrer Gedanken selbst erschaffen.»

«Das stimmt», meinte Lenny. «Erst gestern war da diese sexy Latina in meinem Traum, die wollte unbedingt mit mir Kniffel spielen …»

«Psst», unterbrach ich ihn, denn ich wollte Moore weiter zuhören.

«Sie treffen in Ihren Träumen sogar auf verstorbene Verwandte und reden mit ihnen. Die haben Sie selbst zum Leben erweckt. Landschaften entstehen lassen, Menschen erschaffen, Tote erwecken – zu all dem sind Sie fähig. Nur mit der Kraft Ihres Geistes. Ein jeder von uns besitzt die Kraft eines Gottes! Sie besitzen die Kraft eines Gottes!»

Gebannt starrte ich auf Moore, der direkt auf mich zuging: «Du da, Mädchen im Overall. Wie heißt du?»

Da ich nicht mehr als ein Röcheln herausbekam, kam mir Lenny zu Hilfe. Leider nannte er meinen Nachnamen: «Sie heißt Oswald.»

«Oswald?», lächelte Moore, «da wollten die Eltern dich wohl mit einem Handicap ins Leben schicken, damit du daran wachsen kannst.»

Die Leute im Saal hatten ihren Spaß an der Bemerkung. Bevor ich das Missverständnis erklären konnte, fragte Moore: «Wofür verwendest du deine Schaffenskraft, Oswald?»

«Einen … Comic …», stammelte ich.

Einige im Saal kicherten, da Comics selbst bei dem ein oder anderen Kunstinteressierten noch immer als Schund galten.

«Verurteilt sie nicht für ihre Kunstform!», rief Moore, und das Gelächter verstummte schlagartig. Er war so charismatisch, dass er den ganzen Raum unter Kontrolle hatte. «Und Oswald, ist dein Comic so, wie du ihn dir erträumst?»

«Hm … na ja …», stammelte ich. Es war die korrekte Antwort, denn beim Anblick meiner *Single-Woman*-Strips dachte ich in der Regel nicht *Toll gemacht, Nellie*, sondern eben nur *Hm … na ja …*

«Hör auf, klein zu denken! Denke groß! Erschaffe Großes!», sagte Moore und sah mich mit seinen hellen blauen Augen intensiv an. Es war, als ob er Energie an mich weitergab. Sie strömte durch mich hindurch. Ich war plötzlich voller Leben.

«Spüre die Kraft deiner Träume, Oswald!»

In diesem Augenblick spürte ich sie tatsächlich. Und ich wollte sie nutzen! Nie wieder klein denken! Mich diesmal nicht monatelang von meinem Liebeskummer runterziehen lassen und nichts Gescheites zu Papier bringen. Diesmal würde ich etwas Großes erschaffen. Endlich meinen Traum leben!

5

Moore inspirierte noch weitere Ausstellungsgäste. Die Frau mit den beiden Augenklappen zum Beispiel nahm sich vor, endlich dem Geheimnis des Verschwindens der Azteken auf die Spur zu kommen. Selbst Lenny fragte sich, ob er nicht die Welt verbessern könnte, wenn er den Marihuana-Lolli erfinden würde.

Moore verabschiedete sich schon bald, musste er doch noch am gleichen Abend nach São Paulo. Er verbeugte sich unter tosendem Applaus und verließ das Museum. Mit ihm verschwand auch die Energie aus dem Raum und leider auch aus meinem Körper. Es dauerte nicht lange, bis ich daran zweifelte, ob ich überhaupt in der Lage war, etwas Wundervolles zu erschaffen. Ich musste Moore unbedingt noch mal sehen und ihn fragen, ob er mir nicht einen Ratschlag geben könnte, wie ich meine Kreativität voll ausschöpfen kann.

Hastig schlängelte ich mich durch die Menge in Richtung Ausgang, in der Hoffnung, den Maler noch zu erwischen. Lenny folgte mir und plapperte dabei: «So ein Marihuana-Lolli müsste eigentlich grün sein, aber es wäre natürlich toller, wenn man die Lollis auch in anderen Farben herstellen könnte. Was hältst du von LSD-Lollis?»

Ich hörte Lenny gar nicht richtig zu, war ganz auf Moore fixiert, den ich gerade am Fuß der Treppe erspäht hatte, wo er offenbar von dem alten Asiaten im roten Mönchsgewand etwas überreicht bekam. Es war ein Büchlein in einem alten Ledereinband. Moore verbeugte sich tief. Der Asiate erwiderte die Verbeugung und verschwand anschließend mit seinem Stock in die Berliner Nacht. Recht flink für so einen alten Kerl, wie ich fand.

«Mr. Moore! Mr. Moore!», rief ich ihm zu. Er drehte sich zu mir um, erkannte mich und fragte: «Ja, Oswald?»

Für einen Augenblick überlegte ich, ob ich ihn jetzt wegen meines Namens korrigieren sollte, ließ es aber bleiben. «Können Sie mir noch einen Rat geben?»

«Was für einen möchtest du denn?»

«Wie genau kann ich denn mein Potenzial entfalten?»

«Was hält dich davon ab, Großes zu erschaffen?», wollte Moore nun von mir wissen.

Da kam mir so einiges in den Sinn: Schlechte Arbeitsumstände? Fehlende Inspiration? Mangelndes Talent?

«Ist es dein Schmerz?»

Yup, der könnte es sein.

«Nimm deinen Schmerz und verändere mit ihm die Welt, Oswald!»

Moore legte das Büchlein auf den Rücksitz der Limousine. Der Ledereinband sah so abgenutzt aus, als wäre es bereits vor Jahrhunderten von Mönchen hergestellt worden. Eingeprägt waren asiatische Schriftzeichen, ähnlich denen, die sich Menschen so gerne tätowieren ließen, weil sie glaubten, sie bedeuteten Dinge wie «Ewiges Glück», «Ewige Liebe» oder «Ewige Treue». Wenn der Tätowierer aber keine Ahnung von chinesischer Sprache hatte, konnten auf der Haut schnell schon mal Sachen stehen wie: «Frittiertes Huhn», «Blödbommel» oder «Die maximal zulässige Personenanzahl dieses Fahrstuhls beträgt 13 Personen».

«Mr. Moore», sagte Lenny, just als dieser von der anderen Seite in die Limousine einsteigen wollte. «Ich hab da auch mal eine Frage.»

«Und welche?», wollte Moore wissen. Er war höflich, obwohl er immer wieder aufgehalten wurde.

«Welche Drogen benutzen Sie beim Malen? Und wo kann ich die bekommen?»

Während Moore erklärte, dass es für echte Kunst keiner Drogen bedürfe, und Lenny erwiderte, das solle er mal Keith Richards erzählen, nahm ich unbemerkt das Büchlein in die Hand und öffnete es. Die Seiten waren leer, aber das Papier fühlte sich wunderbar an. Es war seidig und dennoch fest und stabil. Einen Augenblick lang dachte ich sogar, das Papier würde magisch leuchten. Doch gewiss lag das nur an dem Licht, das vom Museum her strahlte. Wie wunderbar musste es sein, in so ein Büchlein zeichnen zu können? Mit ihm, das spürte ich deutlich, während meine Fingerkuppen über das Papier strichen, würde ich etwas wahrhaft Großes erschaffen können.

Ich blickte zu Moore, der sich geduldig Lennys Monolog über den *Club der 27* anhörte, jener Musiker also, die im Alter von 27 Jahren verstorben waren: Jimi Hendrix, Janis Joplin, Kurt Cobain, Amy Winehouse und, und, und … Lenny malte sich gerade aus, wie toll es wohl wäre, wenn sie im Himmel eine eigene Version von *Imagine* sängen.

Ich sah zum Chauffeur, der auf dem Fahrersitz Zeitung las. Niemand beachtete mich. Ich schnappte mir das Büchlein und rannte los.

6

Ich rannte und rannte und rannte und japste und japste und japste, bis ich keine Luft mehr bekam und die Seitenstiche so schmerzten, dass ich mich an eine Mauer lehnen musste – ich hatte bestimmt über 700 Meter zurückgelegt. Ich sah mich um, niemand war mir gefolgt. Erleichtert schnappte ich nach Luft, und als ich wieder normal atmen konnte, hielt ich ein Taxi an, obwohl ich kein Geld im Overall dabeihatte. Ich ließ mich zum Comicladen kutschieren, nahm dort etwas Geld aus der Kasse – quasi als Vorschuss – und bezahlte den Fahrer. Dann baute ich zwei Stehlampen neben dem Ledersessel auf und ließ mich mitsamt Stift und dem erbeuteten Büchlein in den Sessel plumpsen.

Ich hatte keine Idee, was ich zeichnen wollte. Doch das Büchlein in meinen Händen, sein Geruch, das raue Leder, das seidige Papier und nicht zuletzt diese asiatischen Schriftzeichen, von denen ich der festen Überzeugung war, dass sie für eine alte Weisheit standen und nicht für so etwas wie «Vorsicht, heiß und fettig», gaben mir die Gewissheit, dass ich noch heute Nacht etwas Großartiges erschaffen würde.

Das Buch schlug mich regelrecht in seinen Bann, für einen Moment glaubte ich wieder, seine Seiten würden leuchten, aber es war nur der Lichtkegel eines vorbeifahrenden Autos.

An Bendix und meinen Liebeskummer dachte ich kaum noch, das Buch ließ mein Herz klopfen, ich führte meinen Zeichenstift zum Papier, wollte mich von meiner Intuition führen lassen, doch just bevor die Spitze es berührte, hörte ich von der Straße her quietschende Reifen. Ich sah am Donald-Duck-Pappaufsteller vorbei durch die Scheibe des Ladens nach draußen: Lenny parkte sein Lenny-Mobil und demonstrierte dabei sein übliches Desinteresse an dem *Ausfahrt bitte freihalten*-Schild des benachbarten Elektroladens. Er hüpfte aus dem Wagen, betrat *Käpt'n Comic* und begrüßte mich mit: «Hey, Nellie, hast du nicht etwas vergessen?»

«Was denn?», fragte ich.

«Mich.»

«Sorry», stammelte ich und suchte nach einer Ausrede, «ich hatte es eilig, weil … weil …»

«… du dem Moore was geklaut hast», vollendete er.

«Ähem, ja … genau deswegen», gestand ich und schaute aus dem Fenster, hatte ich doch auf einmal eine paranoide Angst, dass irgendjemand Lenny gefolgt sein könnte.

«Keine Sorge, Moore hat dich nicht bemerkt. Als du losgerannt bist, hab ich schnell geschaltet und ihn abgelenkt. Ich hab ihm vorgesungen, welches Lied der *Club der 27* im Jenseits am meisten hasst.»

«Und welches?», fragte ich.

«When I'm Sixty-Four …», sang Lenny so schräg, dass ich mir unwillkürlich den Kopf hielt wie bei starken Kopfschmerzen.

«Die Geste hat Moore auch gemacht. Ich hab dann noch ein bisschen weitergesungen, bis du um die Ecke warst. Weißt du, du läufst echt nicht schnell … und unrund … das liegt wohl an den X-Beinen …»

«Schon gut …»

«Könnte aber auch daran liegen, dass dein dicker Po den Schwerpunkt nach hinten verlagert …»

«Ich hab gesagt: schon gut!»

«Ich wollte ja nur bei der Problemanalyse helfen.»

Ich verzog das Gesicht.

«Was hast du ihm denn überhaupt geklaut? Der hat sich nämlich tierisch aufgeregt», wollte Lenny wissen und lutschte dabei aufgeregt an einem Lolli. «Die Kreditkarte? Bargeld? Schmuck? Ich frage, weil ich dir ja geholfen habe und mir ein Anteil an der Beute zusteht …»

«Das Büchlein hier», antwortete ich und zeigte es ihm mit gemischten Gefühlen. Ich war ja nicht stolz darauf, es gestohlen zu haben.

«Das ist jetzt eher unterwältigend», war Lenny enttäuscht.

«Ich würde jetzt gerne darin zeichnen.»

«Kommt gar nicht in Frage. Ich habe dir geholfen. Also hilfst du jetzt mir.»

«Und wie?», fragte ich.

«Wir spielen mein Spiel!»

Das hatte ich befürchtet.

7

Evila war ein Brettspiel, das Lenny erfunden und über Jahre hinweg stets weiterentwickelt hatte. Es handelte von einer Märchenwelt namens Borderlina, die von einem liebevollen Königspaar regiert wurde. Eisenkraut und Rosendüftchen waren stets gut zu ihren Untertanen. Sie feierten jeden Dienstag und Freitag Feste, warfen niemanden in ein dunkles Verlies und trieben keine Steuern ein. Besonders Letzteres führte dazu, dass sich die Bewohner wünschten, das Paar würde auf ewig leben. Doch diese edlen Regenten waren nicht die Helden des Spiels. Nein, die Heldin war die Schurkin. Lenny spielte die namensgebende Figur Evila, ein zehnjähriges, süßes Waisen-

mädchen, dessen größter Traum es war, als schlimmste Schurkin in der Geschichte von Borderlina einzugehen.

Das Ziel von Lenny bei unserer Partie war es, Evila zur bösen Herrscherin des Märchenreiches zu machen. Dafür musste sie sich in Disziplinen bewähren wie *Entführen von süßen Prinzessinnen, Reiten von bösen Drachen* oder *Lachen von irrem Gelächter*.

Die Nerds, mit denen Lenny sich zweimal die Woche zum Spieleabend verabredete, kamen als Testspieler nicht in Frage. Sie mochten keine Spiele, bei denen sie in die Rolle eines niedlichen kleinen Waisenmädchens schlüpfen sollten, egal, wie viele Trinkbrunnen es im Laufe des Spiels auch vergiftete. Die Nerds erkannten nicht, dass Lenny eine verletzte Kinderseele besaß, die er mit aller Macht verbergen wollte. Einige wenige Male hatte er mir gegenüber Dinge erwähnt, die auf ein problematisches Elternhaus hindeuteten. Als er mit sieben Jahren eines Tages von der Schule nach Hause kam, war sein Vater weg, ohne seine neue Adresse zu hinterlassen. Und seine Mutter hatte ihm kurz danach den Spitznamen «Der Fehler» gegeben. Ich vermutete, der kleine Lenny hatte sich damals eine Schwester wie Evila gewünscht, um ihn vor den Verletzungen des Lebens zu beschützen.

Jedenfalls war ich die Einzige, die mit Lenny gelegentlich Testrunden von *Evila* spielte, damit er das Spiel weiterentwickeln konnte. Dabei musste ich stets die gegnerische Figur über das Brett bewegen, die gute Fee von Borderlina namens Gähna. Ich war jedoch kaum bei der Sache, meine Gedanken kreisten immer wieder um Bendix. Wenn es zu sehr schmerzte, sah ich zu dem Büchlein, und es ging mir wieder besser.

«Ich nehme meinen Feenzauberstab», verkündete ich nach ungefähr einer Spielstunde.

Evila hatte bereits das halbe Königreich erfolgreich in Schutt und Asche gelegt, allerdings damit auch all ihre Kraft aufgebraucht. Sie stand also kurz vor der Niederlage.

«Und mit dem Stab», verkündete ich, «verwandele ich Evila in ein friedliches Wesen, das ein wertvolles und respektiertes Mitglied der Gesellschaft von Borderlina wird.»

«Diesem furchtbaren Schicksal wird Evila entgehen!», widersprach Lenny, der sich vergeblich Mühe gab, wie ein kleines böses Mädchen zu klingen.

«Du kannst dem nicht entrinnen», widersprach ich. «Du hast keinen einzigen Zauber mehr.»

«Aber Evila hat noch ihr El Huhno Magico.»

«El Huh … was?»

«El Huhno Magico!»

«Du sagst es so, als ob das für andere Menschen Sinn ergeben müsste.»

«Na, ihr magisches Huhn», erklärte Lenny.

«Da staunt der Spanier, und der Dolmetscher wundert sich.»

«Das war nicht Spanisch, sondern Palomisch. Das wird im Süden von Boderlina gesprochen, einer Gegend mit vielen Hühnerzüchtern.»

«Bleibt immer noch die Frage: Was genau ist ein magisches Huhn?»

«Das verwandelt sich in einen Drachen und flambiert die Haare von Gähna. Die läuft dann weinend nach Hause und wird von ihrem parfümierten Prinzen verlassen.»

«Warum das denn?»

«Weil er wie alle Märchenprinzen total oberflächlich ist und nie eine Glatzköpfige lieben könnte.»

«Du kannst aber nicht einfach so ein magisches Huhn aus dem Hut zaubern!», protestierte ich.

«Evila zaubert das nicht aus dem Hut! Sie hat es in ihrem geheimen Laboratorium entwickelt.»

«Seit wann hat Evila ein geheimes Laboratorium?» Auf dem gesamten Spielfeld konnte ich kein entsprechendes Feld entdecken.

«Schon immer. Es ist eben verdammt geheim», lächelte Lenny.

«Du kannst echt nicht verlieren», stellte ich fest.

«Evila verliert niemals!», erwiderte er, ganz stolz auf seine kleine böse Waise.

In diesem Augenblick wurde mir klar, dass Lenny seine Evila viel mehr liebte, als ich je *Single-Woman* geliebt hatte. Womöglich empfand er für das kleine imaginäre Wesen so viel wie ich für Bendix. War das gesund? Wohl nicht. Aber für mich war es ja auch nicht gesund, so viel für Bendix zu empfinden.

Ich sah Lennys leuchtende Augen. Und ich begriff: Wenn ich etwas Großartiges erschaffen wollte, dann musste ich es von ganzem Herzen lieben!

8

Liebe.

Schmerz.

Den sollte ich, laut Moore, nutzen. Als Lenny nach Hause gegangen war, dachte ich darüber nach. Wo sein Zuhause genau lag, wusste ich gar nicht. Vielleicht pennte er sogar in seinem bunten Käfer. Das würde zumindest erklären, warum es darin immer ein wenig nach verwesendem Schaf roch. (Natürlich wusste ich nicht wirklich, wie verwesendes Schaf roch, aber ich nahm an, dass der Gestank dem einer seit Monaten ungelüfteten Männerumkleidekabine nicht unähnlich war.)

Mit dem Schmerz des netten Fahrkartenkontrolleurs mit Migrationsvordergrund konnte ich es nicht aufnehmen. Schätzungsweise konnte ich es mit dem Schmerz von 99,7 Prozent der Weltbevölkerung nicht aufnehmen. Als ein Teenager hatte meine Mama mal zu mir gesagt: «Schau mal, du leidest, weil Jasper dich nicht liebt. Aber denk daran, in Nordkorea verhungern die Kinder.» Ich hatte ihr daraufhin ein Kissen an den Kopf geworfen und gemotzt: «Dass die Kinder da verhungern, hilft mir bei meinem Liebeskummer auch nicht.»

Heute begriff mein Verstand, dass ich es trotz meines Leids vergleichsweise gut hatte. Nur mein blödes Herz kapierte das immer noch nicht. Mein Schmerz war auch nicht mit dem von Lenny vergleichbar. Im Gegensatz zu ihm hatte ich tolle Eltern. Sie waren auch schuld daran, dass ich immer noch an die eine große Liebe glaubte. Mama und Papa hatten sich zu Schulzeiten am Ballermann kennen- und lieben gelernt, weil sie die Einzigen weit und breit waren, die keinen Alkohol mochten. Seitdem waren sie nie länger als ein paar Stunden voneinander getrennt gewesen. Meine Eltern führten ein glückliches und spießiges Sparkassenangestelltenleben und liebten sich noch immer wie am ersten Tag. Als Kind dachte ich, das wäre das Normalste der Welt. Heute weiß ich, dass solch eine Beziehung voller Liebe und ohne Konflikte für die meisten Ehepaare nur mit Hilfe von Psychopharmaka zu erreichen ist. So gut wie alle Paare mussten sich mit Kompromissen zufriedengeben. Doch ich wollte keine Kompromisse. Trotz all meiner Verletzungen. Trotz Bendix, Jasper, Raffael, Lukas und nochmals Jasper. Dass ich in meinem Leben nicht so ein Liebesglück gefunden hatte wie meine Eltern, war mein Schmerz. Verglichen mit Flüchtlingen, hungernden Kindern oder Menschen, die wie Lenny nie von ihren Eltern geliebt wurden, war dieser Schmerz albern, geradezu lächerlich. Aber es war mein Schmerz. Und ich würde ihn jetzt nutzen!

Liebe.

Schmerz.

Ich beschloss, meinen Traumprinzen zu zeichnen.

9

Ich nahm mir eine kuschelige *Peanuts*-Decke und setzte mich erneut mit Stift und Büchlein in den Ledersessel. Die Frage, wie ich ohne Schlüssel-Notdienst, den ich mir wohl nur beim Verkauf einer Niere leisten könnte, je wieder meine Wohnung betreten sollte, stellte ich hinten an. Viel wichtiger war mein Projekt: der Comic, der die Welt erobert.

Ich schlug das Büchlein auf. Wieder schienen die leeren Seiten ein wenig zu leuchten. Welche Eigenschaften müsste mein Traumprinz haben?

Mutig. Galant. Aufrichtig – all das müsste er sein.

So viel war schon mal klar.

Stark. Geschickt. Schnell.

Der Kerl sollte einen ja auch retten können. Gut, auch ich stand auf Geschichten, in denen die Frauen die Heldinnen waren. Aber jetzt zeichnete ich meinen Traumprinzen, und der sollte nicht zuschauen, wie die Frau die Dinge in die Hand nimmt, sondern gefälligst selber in die Puschen kommen.

Die nächste Frage war, in welcher Welt er leben sollte? Die Prinzen aus den heutigen Königshäusern wirkten alle nicht gerade heldenhaft. Auch hatten sie kaum Abenteuer zu bestehen. Die größte Gefahr für sie ging von Starlets aus, die unbedingt Prinzessinnen werden wollten. Also, lebte mein Prinz nicht im Hier und Jetzt.

Vielleicht in einer Märchenwelt? Nein, in der waren, da hatte Lenny recht, die Prinzen parfümiert und oberflächlich. Außerdem sahen sie in ihren Strumpfhosen so aus, als würden sie jeden Augenblick Ballett tanzen. Mein Prinz musste einer sein, der in einer Fantasy-Welt lebte! Vielleicht nicht gerade in einer so gewaltbereiten wie der von *Game of Thrones*, wo kein Prinz je das Vorruhestandsalter erreichen konnte. Es sollte lieber eine Welt sein, die von alten Heldensagen inspiriert war. Ich liebte die Sage von König Artus. Nicht mal Monty Python's *Ritter der Kokosnuss* konnte meine Schwärmerei zerstören. Als junges Mädchen hatte ich mir ausgemalt wie ich in Camelot lebte, von Merlin das Zaubern lernte und den Rittern half, Morgana Pendragon zu besiegen. Doch als ich nun versuchte, König Artus, Lancelot oder Gaiwan zu visualisieren, um sie als Vorlage für meinen Traumprinzen zu nutzen, kamen mir doch nur wieder die Ritter der Kokosnuss in den Sinn. Ich musste also an jemanden aus einer anderen Heldensage denken. Der Aragorn in *Herr der Ringe* zum Beispiel machte schon etwas her, auch wenn er lieber kleine Hobbits rettete als Prinzessinnen, was immer das auch über ihn aussagte.

Mein Traumprinz würde also nicht nur einen kräftigen Körper haben, sondern auch Kleidung, die in so eine raue Sagenwelt passte und einem edlen Kämpfer entsprach: Kettenhemd, Lederhose, Stiefel, einen Umhang aus Tierfell. Außerdem benötigte der Held noch ein Schwert, das aus dem härtesten Stahl geschmiedet war. Der Griff sollte aus verziertem Gold sein und einen Wolf darstellen. Denn das Schwert sollte *Wolfsklinge* heißen. Für einen kurzen Moment spielte ich mit dem Gedanken, sein Schwert Dieter zu nennen. Aber ich wollte keine amüsanten Geschichten mehr erzählen. Meine Gefühle nicht unter dem Zuckerguss der Ironie verstecken. Das hatte ich bei *Single-Woman* schon gemacht. Diesmal wollte ich direkt, aufrichtig und wahr sein. Ich wollte eine *Camelot*-artige Heldensaga erschaffen, wie sie in unserer heutigen Welt nicht mehr geschrieben wird. Eine Sage, wie es sie früher gegeben hat. Retro halt. Retro war gut!

Nach einer halben Stunde hatte ich schon viel von meinem Traumprinzen aufs Papier gebracht, es fehlte nur ein kleines Detail:

Wie zum Teufel sollte das Gesicht des Prinzen aussehen? In meinem Kopf lief ein Schnelldurchlauf ab mit lauter Gesichtern von gutaussehenden Action-Schauspielern. Im vorletzten Bild tauchte Moore auf und im letzten Bendix.

Bendix. Liebe. Schmerz.

Den sollte ich doch nutzen. Also gab ich meinem Prinzen das Gesicht von Bendix. Nur rasierte ich ihm den Hipster-Bart ab. Kein Bart. Dafür längere Haare.

RETRO
VON AMANPOUR
WOLFSKLINGE

Jetzt fehlte nur noch der Name. Er musste zu einem Prinzen aus einer alten keltischen Heldensage passen. Ich gab ihm einen, den man auch als ironisch missverstehen konnte, aber ich fand, er passte perfekt zu ihm: Retro!

Retro von Amanpour!

Ich betrachtete mein Werk und fand, dass es gut war. Ich war glücklich. So glücklich, wie ich es mir nach dem Badewannen-Desaster nicht mehr hatte vorstellen können. Glücklich und müde. Ich machte es mir in dem Sessel bequem und schlief unter meiner kuscheligen *Peanuts*-Decke beseelt ein.

Am nächsten Morgen wurde ich davon geweckt, dass etwas schmerzhaft gegen meinen Hals pikte. Noch bevor ich meine Augen öffnen konnte, hörte ich eine tiefe Stimme sagen: «Sprich, Weib, wo bin ich?»

10

Vielleicht hätte ich mich mehr über das Wort «Weib» gewundert, wenn das Piken an meinem Hals nicht von «zutiefst unangenehm» zu «das tut ja schweineweh» übergegangen wäre.

«Au!», rief ich, öffnete die Augen und blickte instinktiv dahin, woher der Schmerz kam: Ich sah irgendein glänzendes Metall. Stahl? Silber? Und in diesem Metall spiegelte sich mein schmerzverzerrtes Gesicht

«Antworte, oder ich durchbohre deinen Hals!», drohte die tiefe Stimme, und das Metall drückte sich noch tiefer. Vor Schmerz schloss ich kurz die Augen, biss auf die Zähne, öffnete die Augen wieder, um herauszufinden, wer da zu mir sprach, blickte hoch, und da stand … Bendix? In dem Kostüm, das ich für meinen Traumprinzen Retro gezeichnet hatte? Ohne Bart? Dafür mit einem Schwert in der Hand? Mit dem er mich gerade bedrohte.

Ich reagierte auf diese Situation, wie wohl jeder Mensch in meiner Situation auch reagiert hätte, und fragte: «Sag mal, tickst du noch ganz sauber?»

«Was soll das bedeuten, Weib?», erwiderte Bendix.

Immerhin nahm er das Schwert von meinem Hals. Der Schmerz ließ nach, und ich konnte ein wenig aufatmen.

«Sprich, Weib, was soll es bedeuten, *tickst du noch ganz sauber?*»

«Na, was wohl?», antwortete ich. «Ob du noch alle Kekse in der Dose hast!»

«Kekse?»

«Alle Hamster im Rad!»

«Hamster?»

«Ob sie dir ins Gehirn gepupst haben!», wurde ich nun überdeutlich.

«Wer? Die Hamster?»

«Von mir aus auch die!»

«Warum sollten die Hamster so etwas machen?»

«Keine Ahnung», erwiderte ich, «vielleicht hast du dich denen gegenüber genauso irre benommen?»

«Ich habe schon seit Jahren keine Hamster mehr gesehen. Nicht seit der Belagerung der Südlichen Wälle, als wir sie in unserer Not aßen.» Bendix hatte einen Gesichtsausdruck, als habe er tatsächlich bei einer Belagerung mit begleitender Hungersnot teilgenommen. Er wirkte richtig überzeugend. Und nicht nur das, die ganze Zeit über sprach er auch noch mindestens eine Oktave tiefer als sonst. Mich überraschte, dass er so viel Schauspieltalent besaß. Mein Gott, gestern hatte es der Kerl ja noch nicht mal geschafft, seiner Verlobten überzeugend Blähungen vorzuspielen, und jetzt nahm man ihm fast traumatische Erlebnisse ab?

Bendix vertrieb den Schmerz aus seinen Augen und erklärte: «Außerdem ist es kaum möglich, dass einem Hamster ins Gehirn pupsen.»

«Ähem … wie bitte, was?»

«Um dies zu tun, hätte man mich töten und anschließend meinen Kopf mit einer Axt spalten müssen, und die Hamster hätten hineinklettern müssen und …»

«Das ist mir eindeutig zu plastisch», unterbrach ich ihn.

«Plastisch? Was soll das Wort bedeuten?»

«HÖR ENDLICH AUF MIT DEM QUATSCH!», platzte mir der Kragen.

«Du wagst es, deine Stimme gegen Retro von Amanpour zu erheben?», Bendix hielt die Klinge bedrohlich in meine Richtung.

«Wenn du nicht das Schwert wegnimmst, erheb ich auch mein Bein. Dann tret ich dich so, dass dein Unterleib Entwicklungshilfe braucht.»

«Du wagst es, Retro von Amanpour zu drohen, Weib?», er hielt das Schwert noch bedrohlicher.

«Gut beobachtet!»

«Niemand droht Retro von Amanpour!», Bendix' Augen wurden ganz schmal, aus ihnen funkelte kalter Zorn. Auch wenn mein Kopf mir sagte, dass alles nur ein Spiel sein konnte, war ich doch eingeschüchtert. So wurde ich etwas ruhiger, um seine Wut nicht weiter anzustacheln: «Ich hab keine Ahnung, was du hier abziehst, aber ich wäre echt froh, wenn du erst mal das bescheuerte Schwert weglegen würdest.»

«Das ist *Wolfsklinge*, das letzte Schwert der eternalischen Könige», sagte er voller Pathos.

Ich staunte nicht schlecht. Woher wusste Bendix, dass ich das Schwert so genannt hatte? Und da wir schon dabei waren: Woher wusste er, dass ich meinem Prinzen den Namen *Retro von Amanpour* gegeben hatte? Dafür gab es nur eine Erklärung: Bendix hatte in mein Büchlein geschaut, als ich schlief. Und aus irgendwelchen Gründen, die ich hoffentlich bald herausfinden würde, hatte er beschlossen, sich als Retro zu verkleiden. Und dafür auch seinen Bart abzurasieren. Aber wo hatte er nur so schnell das Kostüm herbekommen? Ich hatte mir Retros Outfit doch selbst ausgedacht, da hätte er es sich erst mal von jemandem aufwendig nach meiner Vorlage schneidern lassen müssen. Ging so etwas über Nacht? Oder hatte ich nur gedacht, dass das Kostümdesign meine Erfindung war, aber unbewusst eins von *Herr der Ringe, Game of Thrones* oder einer *Camelot*-Verfilmung zu Papier gebracht? Und Bendix hatte dies erkannt und das Outfit ganz schnell in einem Kostümverleih gefunden, zusammen mit einem echten Schwert und Kunststoff-Pads, die man sich unter das Kostüm stecken konnte – denn die beeindruckenden Muskeln waren wohl kaum mit Hilfe eines Mega-Anabolika-Cocktails über Nacht gewachsen. Doch welcher Kostümverleih hatte nachts auf? Und war diese Frage nach den Öffnungszeiten im Kostümverleihgewerbe nicht zweitrangig im Vergleich zu der Frage, die viel näher lag und lautete: WAS ZUM TEUFEL SOLLTE DAS ALLES?

Mein kleines hoffendes Herz bot meinem Verstand zaghaft eine Antwort auf diese Frage an: Vielleicht … vielleicht macht er das alles, um mich zurückzuerobern?

Hmm, dachte mein Verstand, wenn dem so war, musste

das zumindest als origineller Versuch gewertet werden. Welche Erklärung sollte es sonst geben? Etwa, dass Retro von meinem Zeichenblock zum Leben erwacht war …?

Na klar, und draußen fliegen rosa Elefanten und singen fröhlich *Macarena.*

Auf so einen Gedanken konnte nur jemand kommen, der so wie ich zu viele Comics und Fantasy-Romane las. Um es mit den Worten des unsterblichen, weil niemals real existierenden Sherlock Holmes zu sagen: *Wenn du das Unmögliche ausgeschlossen hast, dann ist das, was übrig bleibt, die Wahrheit, wie unwahrscheinlich sie auch ist.* Und die Wahrheit, so unwahrscheinlich sie auch war, konnte in diesem Fall nur lauten: Bendix wollte mich zurück!

Mein Verstand gab also meinem Herzen recht. Das machte daraufhin einen Freudensalto. Und dann noch einen Flickflack. Mit eingesprungenem Doppel-Toeloop. Mein Verstand rief noch warnend: «Liebes Herz, immer wenn du so vor Freude turnst, holst du dir eine schwere Verletzung», doch da beendete Bendix' tiefe Stimme meinen Gedankenstrom: «Ich werde dich mit Wolfsklinge durchbohren, wenn du mir jetzt nicht endlich sagst, wo ich bin.»

Ich sah ihn mir nun ganz genau an und musste zugeben, der neue Look stand ihm. Sein Gesicht wirkte kantiger und viel, viel männlicher. Dass er den Bart abrasiert hatte, war eine deutliche Verbesserung. Das sollte jeder Hipster mal machen, die Welt wäre dann ästhetischer. Und die langen Haare – hatte er die mit Extensions hinbekommen? – sahen auf eine coole Art wild aus. Kurzum, Bendix sah besser aus als je zuvor!

Ich beschloss, auf sein merkwürdiges *Ich will Nellie zurückgewinnen*-Spiel einzugehen und sagte: «Leg dein Schwert zur Seite, und ich verrate dir, wo du bist.»

Bendix zögerte ein wenig, steckte das Schwert in die Scheide und forderte mich auf: «Nun sprich!»

Ich stand aus dem Sessel auf, ging auf Bendix zu und nahm sein Gesicht in meine Hände.

«Was … was machst du denn da?», fragte er erstaunt.

«Wonach sieht es denn aus?», stellte ich eine Gegenfrage, während mein Mund immer näher kam.

«Danach, dass du mir einen Kuss geben möchtest?», antwortete Bendix, überraschenderweise ein wenig furchtsam. Man hätte meinen können, er sei noch nie von einer Frau geküsst worden.

«Nicht irgendeinen Kuss, es ist der Kuss des Lebens», sagte ich. In einem normalen Liebesgespräch wäre das wohl ein wenig melodramatisch gewesen, aber ich fand, es passte ganz gut zu dem von Bendix vorgegebenen Tonfall. Ich wollte gerade meine Lippen auf seine drücken, da rief er erschrocken aus: «Weiche von mir, Weib!», und stieß mich von sich. Ich torkelte erschrocken nach hinten, stolperte rücklings über den Pappaufsteller von Donald Duck, ruderte um mein Gleichgewicht, verlor diesen Kampf klar nach Punkten und knallte gemeinsam mit dem Papp-Donald zu Boden.

«Bist du verrückt geworden?», fluchte ich.

«Wenn hier jemand des Wahns ist, dann du!», bebte Bendix nun vor Zorn und hob erneut sein Schwert. Das war kein Spiel mehr. Ich hatte nun richtig Angst, dass er mir etwas antun würde, und sah in Richtung Tür, um einzuschätzen, ob ich es wohl aus dem Laden heraus auf die Straße schaffen würde, bevor er mit seinem Schwert zustechen konnte. Dabei fiel mein Blick auf das Büchlein, das neben Donald auf dem verranzten Teppichboden des Comicladens lag. Aufgeschlagen auf jener Seite, auf der ich Retro entworfen hatte. Und sie sah nun folgendermaßen aus:

Eilig griff ich nach dem alten Lederbüchlein, um es mir näher anzuschauen. Es gab keinerlei Anzeichen dafür, dass jemand die Seite ausgewechselt hatte. Keine noch so feinen Rissspuren, kein frischer Kleber. Mit an Sicherheit grenzender Wahrscheinlichkeit handelte es sich um die ursprüngliche Seite. Nur war sie jetzt schlicht und einfach leer, ganz so, als habe sich Retro wirklich aus dem Staub gemacht. Unwillkürlich sah ich aus dem Fenster. Doch da flog kein rosa Elefant, der *Macarena* sang. Auch kein purpurgesprenkelter. Noch nicht mal ein normaler grauer. Es lief nur eine junge Mutter mit Kinderwagen vorbei, die aussah, als würde sie an einem Schlafentzugsexperiment der US-Regierung teilnehmen.

Doch dieser alltägliche Anblick und die erfreuliche Abwesenheit von rosa Elefanten waren nur ein geringer Trost, denn der Mann über mir fragte noch immer zornig: «Was tust du da, Weib?»

Ich sah auf. War das womöglich nicht Bendix, der da ein geliehenes Schwert auf mich richtete, sondern Retro von Amanpour?

Nein, das konnte nicht sein! Das war nicht der Prinz, den ich erschaffen hatte. Ich hatte den Verstand verloren. Eine andere Erklärung gab es nicht für die leere Seite und den Krieger vor mir. Vielleicht hatte ich in der Badewanne Sauerstoffmangel erlitten und damit mein Hirn geschädigt. Ja, genau das war es: Ich halluzinierte!

Allerdings hatte ich immer gedacht, dass Halluzinationen irgendwie anders waren. Sprunghafter. Farbintensiver. Psychedelischer. Wenn Menschen in Filmen halluzinierten, wackelte mindestens die Kamera, in der Regel flirrte zusätzlich das Bild, und die Farben wirkten verzerrter. Die betroffene Person fühlte sich dabei wie in einer Art Fiebertraum. Meist traf sie auf einen Verstorbenen oder zumindest auf ein Orakel, das irgendeinen Hinweis für die Lösung eines Rätsels gab oder – wenn es ganz schlecht lief – eine düstere Prophezeiung übermittelte, wobei es sich stets kryptisch ausdrückte, denn anscheinend war es Orakeln gewerkschaftlich verboten, Klartext zu reden.

Bei mir hingegen wirkte alles real. Weder fühlte ich mich fiebrig, noch hatte sich meine Umgebung geändert. Der Comicladen sah aus wie immer, die Straße vor ihm ebenfalls. Nichts wackelte. Nichts flirrte. Die Farbpalette reichte wie immer von Comicladen-Bunt bis Berlin-Einheitsgrau. Hier ging es auch nicht um ein Rätsel oder um eine düstere Prophezeiung. Der Krieger mit dem Schwert wollte einfach nur wissen, wo er war. Egal, wie man es drehte und wendete, dies hier war wohl keine Halluzination.

Wenn du das Unmögliche ausgeschlossen hast, dann ist das, was übrig bleibt, die Wahrheit, wie unwahrscheinlich sie auch ist, hatte Holmes zwar gesagt, aber der Schlaumeier war nie in meiner Situation gewesen. Der musste sich ja lediglich mit Hunden von Baskervilles und Reichenbachfällen rumschlagen. Wohl eher stimmte: *Wenn du alles Wahrscheinliche ausgeschlossen hast, dann ist das, was übrig bleibt, die Wahrheit, auch wenn sie unmöglich ist.*

Es war völlig unmöglich.

Aber vor mir stand Retro von Amanpour.

11

Wie zum Teufel war der Prinz zum Leben erwacht? Meine von Romanen und Comics geschulte Phantasie bot auf die Schnelle drei Möglichkeiten an: 1) Vielleicht war das Büchlein magisch, und alles, was man hineinzeichnete, wurde lebendig. 2) Ich besaß ungeahnte mentale Fähigkeiten, wie sie das Künstlergenie Moore jedem Menschen zusprach, und alles, was ich mir ausdachte, nahm Gestalt an. 3) Oder ich hatte Besuch von einem Kobold aus der fünften Dimension, der mit mir seine Scherze trieb.

Ob es eine magische Kladde war, könnte ich gewiss leicht herausfinden, einmal etwas hineinzeichnen und warten, ob das Gezeichnete die Seite verlässt und im Leben auftaucht. Doch zunächst musste ich verhindern, dass Retro mich mit seinem Schwert tranchierte. Aber wie? Aufspringen und Weglaufen würde zu sofortigem Aufschlitzen führen. Und selbst für den unwahrscheinlichen Fall, dass ich die Tür lebend erreichen würde und fliehen könnte, weit käme ich nicht, war er doch ein erfahrener Krieger und ich nicht gerade eine Olympionikin. Weglaufen war also keine Option. Ich hatte nur eine Chance: Ich musste ihn irgendwie beschwichtigen.

«Lass uns bitte in Ruhe reden», bat ich, ohne einen Plan für das Gespräch zu haben. Ich hatte noch nie mit einem Prinzen geredet, geschweige denn mit einem, der eigentlich gar nicht existieren dürfte.

«Ich rede schon die ganze Zeit, Hexe!», beugte er sich drohend über mich.

«Ich bin keine Hexe …», wehrte ich ab. Der Krieger sollte bloß nicht denken, dass ich eine böse Zauberin war, die er zerhacken musste, um nach Hause zu gelangen.

«Dann bist du ein Dämon?»

«Ich bin auch kein Dämon», erklärte ich.

«Vampirin? Todesfee? Albmutter?»

«Nein … nein, alles nicht …»

«Bist du etwa eine Hühnergöttin?»

«Hühnergöttin?»

«Ein Wechselbalg bist du jedenfalls nicht», befand Retro im Brustton der Überzeugung. «Ein Wechselbalg würde eine reizvollere Gestalt annehmen.»

«Reizvoller?», fragte ich und vergaß für einen Moment meine Angst.

«Kein Wechselbalg würde als Frau mit so einem plumpen Körper erscheinen.»

«Plump?», ich fand das nicht unbedingt charmant.

«Und deine Nase erinnert an eine Kartoffel.»

Ja, ich hatte eine große Knubbelnase, aber die einzige Person auf der ganzen Welt, die das erwähnen durfte, war ich selber.

«Und über diese Nase kannst du noch froh sein.»

«Froh?», staunte ich. Das war mir neu.

«Sie verdeckt deinen Damenbart.»

«MEINEN WAS?»

«Deinen Damenbart.»

Der Einzige, der es bisher gewagt hatte, meinen kaum sichtbaren Flaum auf der Oberlippe zu erwähnen, war mein Friseur Patrice gewesen, der mich daraufhin für immer als Kundin verloren hatte.

«Ich habe keinen Damenbart! Und ich bin weder Hexe noch Dämon, noch Hühnergöttin, was immer das auch sein mag …»

«Eine Hühnergöttin ist …»

«… mir völlig egal. Ich bin eine ganz normale Frau!»

«Kein normales Weib zieht sich so an! Und kein normales Weib lebt in so einer Behausung», Retro deutete mit der Klinge um sich her. «Wenn dies hier keine Hexenstube ist, dann ist das Freudenhaus von Amanpour ein Ort der Keuschheit!»

Schlagartig wurde mir klar, dass unser Laden für einen Prinzen aus einer Phantasiewelt tatsächlich wie ein Hexenhaus wirken musste. Es gab den Pappaufsteller von Donald Duck, den Superman, außerdem noch ein fast lebensgroßes Stofftier vom Marsupilami mit seinem fünf Meter langen Schwanz. Zudem lagen überall Comics mit Superhelden, Mangafiguren oder Disneycharakteren herum, die für Retro garantiert wie Zauberbücher aussahen.

«Sprich, Hexe, wie komme ich wieder zurück nach Amanpour?», er hielt die Klinge nun wieder direkt an meinen Hals. Jetzt, da er endgültig überzeugt davon war, sich in einem

Hexenhaus zu befinden, wollte er nichts anderes mehr als nach Hause. Wie E. T. in Steven Spielbergs Blockbuster, den mir Lenny in einer langen Achtziger-Jahre-Filmnacht stilgetreu mit altem Videorecorder und Röhrenfernseher gezeigt hatte. Lenny hatte sogar den Vorfilm aufgetrieben, der damals zum Deutschland-Release von *E. T.* in den Kinos lief. Der hieß *Impressionen aus Leverkusen* und demonstrierte in ungefähr 25 Minuten, die einem vorkamen wie 25 000, dass es kaum einen Ort in der Geschichte der Menschheit gab, der so wenig hübsche Impressionen bot wie Leverkusen.

Auch wenn Retro sich alle Mühe gab, entschlossen und finster dreinzublicken, merkte ich doch, dass er Angst hatte. Wenn man ganz genau hinschaute, erkannte man, dass das Lid seines rechten Auges ein klein wenig flackerte. Es war ja auch kein Wunder, dass er sich schrecklich fühlte, wusste er doch weder, wie er in diese «Hexenhöhle» geraten war, noch wie er wieder zurück in sein geliebtes Amanpour kommen sollte. Im Gegensatz zu E. T. gab es für ihn noch nicht mal die theoretische Möglichkeit, nach Hause zu telefonieren. Amanpour existierte ja nicht. Er konnte also nicht nach Hause. Niemals.

«Ich zähle bis drei, Hexe. Wenn du mir bis dahin nicht gesagt hast, wie ich in meine Heimat gelange, wird Wolfsklinge dich aufspießen wie einen Apfel! Eins …»

Mir musste dringend etwas einfallen.

«Zwei …»

Ganz dringend!

«Dr…»

«HALT!», rief ich panisch aus. «Wenn du mich tötest, wirst du nie zurück nach Hause kommen!»

Retro hielt inne.

«Aber wenn du mich am Leben lässt, dann können wir gemeinsam einen Weg finden.»

«Du weißt nicht, wie ich nach Amanpour gelange?», Retros Augenlid flackerte nun ein klein wenig mehr.

«Nein, leider nicht», gestand ich, «aber ich verspreche, dir zu helfen.»

Retro sah mich prüfend an und versuchte einzuschätzen, ob ich die Wahrheit sagte. Fürs Erste entschied er sich, mir zu vertrauen, und erklärte: «Wenn du dein Versprechen brichst, werde ich dich töten.»

12

Retro steckte sein Schwert wieder in die Scheide, und trotz seiner Drohung war ich erst mal erleichtert, die unmittelbare Gefahr war gebannt. Der Prinz hielt mir seine raue, kräftige Hand entgegen, um mir hochzuhelfen. Ich ergriff sie, und er zog mich mit einem Ruck auf die Beine, als wäre ich ein Kind. Ich konnte nicht umhin, beeindruckt zu sein: Dieser Mann war so stark, dass er wohl auch einen mittleren Hinkelstein heben konnte. Retro ließ meine Hand wieder los, was ich einen Moment lang überraschenderweise schade fand, und ich schlug vor: «Ich mach uns erst einmal einen Kaffee.»

«Kaffee?», fragte Retro irritiert. Das Reich Amanpour gab es zwar nicht, aber wenn es existierte, würde man dort keinen Kaffee trinken, sondern Wein, Met oder Ambrosia.

«Ich mach einfach einen», antwortete ich, ging zu der Kapsel-Maschine, die ich an meinem zweiten Arbeitstag bei *Käpt'n Comic* gegen die alte Filtermaschine ausgetauscht hatte, die schon immer und ewig in dem Laden gestanden hatte. Da weder Lenny noch der Comicladenbesitzer Lothar mit ihr pfleglich umgegangen waren, hatten sich in deren Innerem schon neue Lebensformen entwickelt, die bestimmt in naher Zukunft die Weltherrschaft übernommen hätten, wenn ich die Maschine nicht entsorgt hätte.

Womöglich hätte nicht jeder an meiner Stelle erst mal mit Retro eine Kaffeepause eingelegt, aber ich benötigte dringend einen. Meine Hirnleistung lag vor dem ersten Koffein am Tag bei etwa 33 Prozent. Ich benötigte eigentlich zwei Tassen, bevor sie bei hundert angekommen war. Während ich Espresso Lungo durchlaufen ließ und zwei Becher mit verblichenen *Sailor Moon*-Illustrationen ausspülte, streifte Retro durch den Laden. Ich hörte seinen Magen grummeln. Schweiß stand ihm auf der Stirn. Kein Wunder, er trug einen Fellumhang, und wir hatten an diesem Sommertag schon morgens deutlich über zwanzig Grad.

Ich betrachtete ihn mir genauer: Er besaß zwar Bendix' Gesicht, aber von Sekunde zu Sekunde bemerkte ich mehr Unterschiede. Retro war nicht nur muskulöser, er war auch ein gutes Stück größer. Vor allen Dingen wirkte er irgendwie älter. Nein, halt, nicht älter, er wirkte reifer. Dieser Mann hatte anscheinend schon einiges erlebt. Von der Hungersnot und der Belagerung wusste ich bereits.

Gewiss hatte er viele Schlachten geschlagen, vermutlich Orks und Trolle besiegt, vielleicht sogar einen Drachen gezähmt.

Ob er auch viele Frauen gebettet hatte?

War er ein guter Liebhaber?

Warum dachte ich über so etwas nach? Es gab Amanpour nicht!

«Hier, trink», hielt ich ihm einen *Sailor Moon*-Becher hin. Der Prinz schnüffelte misstrauisch, ich trank erst mal selbst einen Schluck aus dem Becher, um ihn zu überzeugen, dass ich ihn nicht vergiften wollte. Als er sah, dass ich nicht tot umfiel, trank auch er. Retro schüttelte sich und fragte: «So ein Gebräu schmeckt dir?»

«Sogar sehr», antwortete ich und nahm einen weiteren Schluck.

«Kein Wunder, dass du einen Damenbart hast.»

Für jemanden, der nicht existieren durfte, konnte er einem ganz schön auf den Geist gehen.

Mein Gehirn kam dank des Kaffees wieder einigermaßen in Fahrt, und es wurde langsam Zeit, sich Gedanken zu machen, wie genau Retro zum Leben erwacht war. Ich nahm das Büchlein und fragte mich, ob ich nicht testweise etwas hineinzeichnen sollte. Etwas Ungefährliches. Vielleicht eine kleine süße, tanzende Teetasse?

Doch wenn die Zeichnung tatsächlich zum Leben erwachte, würde ich immer noch nicht wissen, ob es an dem Büchlein lag oder an der Kraft meiner Gedanken, Dinge zum Leben zu erwecken. Oder ob gar ein Kobold aus der fünften Dimension Schabernack mit mir trieb. Abgesehen davon hatte ich wirklich Angst davor, dass noch etwas im Comicladen herumlief, was eigentlich nicht existieren durfte.

Ich nahm also keinen Stift in die Hand, sondern betrachtete mir die asiatischen Zeichen genauer. Womöglich waren sie der Schlüssel zu dem, was hier geschah. Entziffern konnte ich sie natürlich nicht. Ich bezweifelte auch, dass Retro sie übersetzen konnte. Er war wohl mehr der Typ, der sich mit Runen auskannte. Aber Gott sei Dank befand sich der Comicladen in unmittelbarer Nähe von asiatischen Imbissen jeglicher Couleur. So packte ich das Büchlein in einen der *Superman*-Rucksäcke, die wir im Laden verkauften, und erklärte Retro der Einfachheit halber: «Wir gehen erst mal was essen. Mit vollem Magen denkt es sich besser.»

Retro zögerte, er hatte dringlichere Probleme als seinen Hunger, aber schließlich willigte er ein: «Einverstanden, lass uns stärken. Doch dann zeigst du mir den Weg zurück nach Amanpour!»

Ich hätte noch einen Kaffee mehr trinken sollen. Dann wäre meine Hirnleistung bei hundert Prozent gewesen, und ich wäre vielleicht von selbst darauf gekommen, dass es keine so gute Idee war, Retro auf die Straßen von Berlin zu führen.

13

Wir verließen den Laden, ich weiterhin in meinem Overall, Retro mit seiner Fell-Montur. Auch wenn er in dieser Aufmachung gewiss auffallen würde, war ich mir sicher, die meisten Passanten würden ihn nur für einen weiteren merkwürdigen Berliner Spinner halten. Kaum waren wir aus der Tür, blieb Retro verunsichert stehen, wie jemand, der sich in einem unangenehmen Traum befand: «Eure Häuser, sie … sie sind alle so hoch wie bei uns nur die Burgwälle.»

In unserer Straße standen die typischen Alt-Berliner Häuser, wie würde der Arme wohl erst reagieren, wenn er richtige Hochhäuser sah?

«Wie heißt euer merkwürdiges Reich?», wollte er wissen.

Sollte ich ihm erklären, dass wir unser Land nicht mehr Reich nannten? Ich ließ es lieber bleiben. Was immer er auch für schreckliche Feinde in Amanpour hatte, sie konnten vielleicht Sauron oder Darth Vader das Wasser reichen, aber bestimmt nicht Adolf Hitler. Die Realität ist halt im Vergleich zur Phantasie immer viel zu realistisch. Kein Wunder also, dass ich immer so gerne in die Phantasie floh.

«Unser Land heißt Deutschland», antwortete ich ihm.

«Und wie lautet dein Name?»

«Nellie.»

«Und wie weiter?»

«Oswald.»

«Kein Name für romantische Minnegesänge», befand Retro.

«Nein, kein Name für romantische Minnegesänge», stimmte ich zu. *Meine holde Maid Oswald* klang wirklich nicht gut.

«Obacht!», rief Retro mit einem Mal.

Während mir durch den Kopf schoss, dass ich in meinem Leben das Wort «Obacht» zwar schon öfter gelesen, aber noch nie gehört hatte, schubste Retro mich schon zu Boden. Ich knallte auf das Pflaster, mit dem Gesicht knapp neben eine ausgedrückte Kippe, fluchte vor Schmerz auf und hörte Retro aufgeregt rufen: «Ein Drache!»

War am Ende nicht nur Retro in unsere Welt gekommen, sondern auch ein Drache? Trieb wirklich ein Kobold sein Unwesen und zauberte lauter magische Geschöpfe in unsere Welt?

Hastig blickte ich hoch und sah, wie Retro auf die Straße lief. Er hatte sein Schwert gezogen und ging auf einen VW Passat los. Am Steuer saß ein leicht übergewichtiger Mann, Typ junger überforderter Familienvater, vielleicht sogar der Ehemann der Frau, die vorhin am Comicladen vorbeigegangen war.

«Komm her, du Biest!», rief Retro drohend und fuchtelte mit dem Schwert herum. Der Fahrer riss entsetzt die Augen auf und hupte wie verrückt. Retro sollte Platz machen. Aber Weichen war nicht Retros Ding. Ein echter Krieger läuft eben nicht vor dem Drachen davon, sondern bohrt ihm die Klinge ins Herz.

Der Fahrer begriff, dass der Irre nicht weggehen würde, konnte aber auch nicht mehr bremsen.

Ich rannte zu Retro und riss ihn so zu Boden, dass wir außerhalb der Gefahrenzone landeten. Der Aufprall tat weh, sicherlich hatte ich mir ein paar blaue Flecke und Schürfwunden zugezogen. Doch das Wichtige war: Der Passat brauste haarscharf an uns vorbei und bog um die nächste Ecke.

«Bist du verrückt geworden, Weib?», fragte Retro.

«Erstens, nenn mich nicht immer Weib!», schnauzte ich. «Und zweitens: Das war kein verdammter Drache!»

«Wenn das kein Drache war, was für ein Geschöpf war es dann?», wollte Retro wissen, während wir uns aufrappelten. Interessanterweise war keine einzige Strähne seiner langen Haare vor seine Augen gefallen. Kriegerhaare wussten anscheinend, dass sie Kriegeraugen nicht die Sicht versperren durften.

«Das war …», ich suchte nach einer Erklärung, die er begreifen würde, «… eine magische Kutsche.»

«Eine magische Kutsche», sinnierte Retro. «Dieses Deutschland ist wahrlich ein merkwürdiges Land.»

«Da sagst du was», seufzte ich.

Retro sah sich eine weitere magische Kutsche an, diesmal einen vorbeifahrenden Golf. Sein Augenlid flackerte wieder ein wenig. Der Prinz war zwar ein mutiger Mann, aber er befand sich eindeutig außerhalb seiner Komfortzone. Auch wenn er in Amanpour ganze Heere in die Schlachten führte, auch wenn er dort jeden Drachen erlegen konnte, ohne mich, das wurde mir schlagartig klar, würde er in Berlin keine halbe Stunde überleben.

14

Wir betraten den vietnamesischen Imbiss namens *Saigon*, von dessen Ente Chopsuey sich Lenny hauptsächlich ernährte, weil die Austernsauce, wie er sich ausdrückte, «zum Reinlegen und Darin-Baden» war. Hinter dem Tresen stand der Inhaber Huong. Ein freundlicher dünner Vietnamese undefinierbaren Alters, der furchterregend schnell mit seinem Messer Gemüse schneiden konnte. Sein Imbiss war immer kurz vor der Schließung, nicht etwa aus Hygienegründen, sondern weil Huong der Ansicht war, dass seine Kochkünste und die deutschen Vorschriften zur Lebensmittelkontrolle einfach nicht zusammenpassten. Er kochte mit Zutaten und benutzte Gewürze, die nicht legal importiert worden waren. Auch musste man stets befürchten, dass die Ausländerbehörde vorbeikam, denn Huong beschäftigte stets illegale Einwanderer aus Asien – teils aus Menschenfreude, teils aus budgetären Gründen. Gerade wies er einen älteren kleinen Mann an, in die Küche zu gehen und die pikante Gemüsesuppe umzurühren, deren Inhalt zwar aus täglich wechselnden Resten bestand, die aber dennoch stets lecker schmeckte.

«Hier riecht es wie in den Hängenden Gärten von Madripor», stellte Retro fest, aber an seinem Gesicht konnte ich nicht ablesen, ob der Geruch angenehme Erinnerungen bei ihm auslöste oder ob er Grausames dort erlebt hatte. Woher hatte Retro nur all diese Erinnerungen? Gezeichnet hatte ich sie ihm jedenfalls nicht.

«Nellie», rief Huong erfreut, «wie geht es meiner schönen Freundin?»

«Der gelbe Mann hat anscheinend schwache Augen», sagte Retro.

Ich warf Retro einen genervten Seitenblick zu. Zum einen war ich sauer, dass er ständig mein Aussehen negativ kommentierte, zum anderen wollte ich nicht, dass er Huong als gelben Mann bezeichnete. Retro ignorierte meinen Blick, und Huong, der als Ausländer in Berlin abgehärtet war, ging weder darauf noch auf Retros merkwürdiges Outfit ein. Stattdessen fragte er: «Wer ist dein Freund, Nellie?»

«Ich bin Retro von Amanpour», verkündete Retro. «Der Sohn von Gauwin von Amanpour, der Enkel von Baldowir dem Grauen, Urenkel von Brunswick, dem König der sieben Bergdrosseln ...»

«Ich glaube, das reicht als Einordnung», unterbrach ich ihn.

«Und ich bin Huong», lächelte Huong, «Sohn von Dong.»

Huong hatte mir mal erzählt, dass seine Eltern einst aus Vietnam in die DDR gekommen waren, nur um festzustellen, dass auch im Sozialismus nicht alle Menschen gleich waren und Menschen mit anderer Hautfarbe schon mal gar nicht.

Nach dem Fall der Mauer hatte sein Vater Dong den Imbiss eröffnet, und Anfang des Jahrtausends war er mit seiner Frau wieder nach Vietnam zurückgekehrt, in ein Land, in dem er sich keine Ding-Dong-Witze mehr anhören musste. Und Huong hatte den Imbiss übernommen. Nach Saigon wollte er nicht zurück, Neukölln war ihm mehr Heimat als Vietnam, das er nur einmal als Jugendlicher besucht hatte, um sich anzusehen, wo die Eltern sich vor dem Napalm-Beschuss der Amerikaner versteckt und lieben gelernt hatten.

«Erfreut, dich kennenzulernen, Sohn von Dong», sagte Retro respektvoll und reichte Huong die Hand. Er nannte ihn zwar gelber Mann, hatte aber anscheinend gegenüber Menschen mit anderer Hautfarbe keinerlei Dünkel.

«Sagt, serviert ihr gefüllte Giraffenhälse? Oder flambierten Säbelzahntiger? Oder briolische Giganta-Schnecken?»

Als Berliner Imbissbesitzer war Huong von seinen Kunden einiges gewohnt, daher antwortete er lächelnd: «Heute empfehle ich Ente süß-sauer.»

Huong füllte geschwind eine große Portion Ente auf einen Teller und legte noch ein paar Bratnudeln dazu. Retro wunderte sich kurz über das biegsame weiße Plastikbesteck und die seltsame orangene Farbe der Soße, kostete vorsichtig und befand: «Du bist ein guter Koch, Sohn von Dong.»

Dabei lächelte der Prinz das erste Mal ein klein wenig. Und ich musste zugeben, das Lächeln stand ihm gut.

Während Retro die Ente süß-sauer aß, holte ich das Büchlein aus dem Rucksack, legte es auf den Tresen und fragte Huong: «Weißt du, was diese Zeichen bedeuten?»

«Das muss Tibetisch sein, das kann ich nicht. Aber Din-Din kommt aus Tibet.» Er drehte sich zur Küche und rief dem alten Mann zu: «Din-Din, komm mal her!»

Din-Din eilte zu uns und wischte sich dabei an der Schürze die Hände ab. Huong zeigte ihm das Büchlein: «Weißt du, was das heißt?»

Der alte Mann starrte auf die Zeichen und begann zu zittern. Und Retro stellte fest: «Der gelbe Mann wird ganz grün im Gesicht.»

«Was heißt das?», fragte Huong noch mal.

Din-Din starrte weiter auf die Zeichen.

«Der grüne Mann wird ganz weiß», bemerkte Retro.

«Din-Din, sag schon, was ist los?», machte sich Huong nun Sorgen um seine Küchenhilfe.

Der alte Tibeter schaute von der Schrift auf und sah uns an. Ich erwartete, dass er uns gleich eine Antwort geben würde, stattdessen rannte er aus dem Imbiss wie jemand, der vorhatte, nie wieder zurückzukommen.

Das war kein gutes Zeichen. Ich sah zu Huong und sagte: «Ich brauche dringend einen Reisschnaps!»

15

Retro verputzte auch noch eine zweite Portion – das Essen schmeckte ihm, aber die kleinen Portionen ließen ihn vermuten, dass sich unser Land im Belagerungszustand befand. Ich starrte auf den Boden meines leeren Reisschnapsglases. Die Reaktion des alten Tibeters ließ mich schlussfolgern, dass Retros Anwesenheit nichts mit einem magischen Kobold oder irgendwelchen neu entdeckten mentalen Superkräften von mir zu tun hatte, sondern tatsächlich mit dem Büchlein. Vor allen Dingen aber zeigte sie, dass es gefährlich war. Ich fühlte mich wie die Heldin eines *Urban Fantasy*-Romans, die merkt, dass es Vampire tatsächlich gibt. Oder Werwölfe. Oder Zombie-Meerschweinchen. Jedenfalls hoffte ich, dass es sich um so eine Art von Gefahr handelte und nicht um die aus einem brutalen Horrorfilm. Das war nicht auszuschließen, glich die Reaktion des Tibeters durchaus der eines Gärtners, den man bat, die Hecken der alten Villa zu schneiden, die man so günstig erworben hat, weil auf dem Grundstück früher mal ein Gefängnisfriedhof war.

Wie auch immer, das Büchlein barg offenbar ein übles Geheimnis. Kurz überlegte ich, einen weiteren Schnaps zu kippen (und danach noch ein halbes Dutzend), bat stattdessen Huong lieber um Kaffee. Um die nächsten Schritte zu planen, benötigte ich hundert Prozent meiner Hirnleistung. Mit der war ich zwar immer noch nicht so clever wie Harry Potter oder Ironman, aber ein wenig schlauer als die Jungs in *Hangover* war ich schon. Nach dem Kaffee beschloss ich, mit Moore zu reden. Schließlich war es sein Büchlein. Klar, der Künstler hatte angekündigt, nach São Paulo zu fliegen, da er jedoch vermutlich um das Geheimnis des Büchleins wusste, befand er sich wahrscheinlich noch in Berlin.

Mit Huongs Festnetztelefon – bestimmt das letzte Exemplar mit Wählscheibe – telefonierte ich die verschiedenen Luxushotels in Berlin ab: Ritz Carlton, Waldorf Astoria, Regent … Jedes Mal gab ich mich als Journalistin aus, die Moore interviewen wollte. Schließlich hatte ich Glück: Moore wohnte im Adlon, dem Luxushotel am Brandenburger Tor. Und er war noch nicht abgereist. Ich hatte also recht gehabt: Das Büchlein bedeutete ihm was!

Leider wurde ich nicht auf sein Zimmer durchgestellt. Ich würde also persönlich hinfahren müssen. Und Retro mitnehmen, damit er keine Dummheiten anstellte. Mit seinem jetzigen Outfit aber würde das Sicherheitspersonal des Adlon Hotels ihn nicht über die Türschwelle lassen. Was sich Retro wiederum nicht gefallen ließe; der Ärger wäre also vorprogrammiert. Retro benötigte also neue Klamotten!

In einem Film hätte ich den Prinzen von Boutique zu Boutique geführt, und wir sähen jetzt eine lustige Montage von Retro, der in den unterschiedlichsten Outfits die Umkleidekabine verlässt.

Doch erstens waren wir in keinem Film, und zweitens hatte ich auch kein Geld, um ihn einzukleiden. So gingen wir zurück zu *Käpt'n Comic,* und ich erklärte ihm auf dem Weg, dass ich einen Mann aufsuchen wollte, der uns weiterhelfen könnte. Im Laden angekommen, hängte ich unser Geschlossen-Schild an die Tür, was nicht weiter schlimm war, verließ der durchschnittliche Comicliebhaber sein Bett nicht vor dem frühen Nachmittag. Am Kleiderständer fand ich für Retro ein *Superman*-T-Shirt und eine Jeanshose mit *Hulk*-Aufnäher.

«Ich soll mich verkleiden?», fragte Retro skeptisch.

«Es ist besser, wenn du nicht auffällst.»

«In Madripor musste ich mich auch verkleiden», nickte er.

«Und wie?»

«In der Tracht der dortigen Männer. Die besteht aus einem Lendenschurz und einem Hut, sonst nichts.»

Vor meinem geistigen Auge sah ich den muskulösen Retro – lediglich mit einem Lendenschurz bekleidet.

«Warum werden deine Augen glasig?», fragte er.

«Nichts … nichts», sagte ich hastig. «Alles in Ordnung.»

«Bitte wende dich ab, während ich mich umziehe», bat er mich.

«Klar, klar …», antwortete ich und drehte mich um.

Während Retro seinen Umhang ablegte, wanderten meine Augen umher, fielen auf die Glasvitrine mit den Disneyfiguren, und in der … sah ich das Spiegelbild von Retro. Ich hätte ihm jetzt unbeobachtet beim Ausziehen zusehen können. Natürlich wollte ich das nicht, denn das wäre ja unanständig gewesen.

Aber ich tat es trotzdem.

Nach dem Umhang zog Retro sich sein Kettenhemd aus. Ich war in freudiger Erwartung, seinen nackten Oberkörper zu betrachten, doch ich erschrak, als ich ihn sah: Sein Rücken war voller Narben. Großer, blutroter Narben.

«Oh …», stieß ich aus.

«Was ist, Nellie Oswald?»

«Nichts, nichts», log ich und sah beschämt zu Boden.

Retro warf sein Kettenhemd zu Boden. Vorsichtig, ganz vorsichtig blickte ich wieder hoch zur Vitrine. Die Narben sahen wirklich furchtbar aus und überzogen auch die Brust. Wer oder was hatte den armen Mann so zugerichtet? Was hatte er nur für ein Leid durchstehen müssen?

In meinem Hirn arbeitete es: Diese Narben hatte ich nicht gezeichnet. Seine Erinnerungen stammten nicht von mir. Wie man es auch drehte und wendete: Retro hatte seine eigene Geschichte. Vielleicht war er doch ein echter Mensch.

16

Umgezogen sah Retro noch ein wenig echter aus.

Mit seinen Muskeln würde er zwar immer noch in den Straßen von Berlin auffallen, aber nicht unangenehm. Es gab nur noch ein kleines Detail, über das wir reden mussten.

«Das Schwert …», sagte ich.

«Was ist damit?»

«Das musst du hierlassen.»

«Ich lasse mir von einem Weib nicht sagen, was ich tun soll!»

«Dann musst du dich wohl in dieser Welt alleine zurechtfinden», gab ich zurück. «Ohne mich.»

Er sah mich prüfend an, ob ich es ernst meinte. Ich hielt seinem Blick stand. Er sah mich noch prüfender an. Ich sah ihm weiter in die Augen. Schließlich nickte er widerwillig: «Du hast einen starken Willen, Nellie Oswald.»

Das hatte noch nie jemand zu mir gesagt. Und es gefiel mir! Auch weil Retro ganz offensichtlich ein Mann war, der meinte, was er sagte, und sagte, was er meinte. Nichts bei ihm schien kalkuliert zu sein, kein Satz wurde mit Hintergedanken ausgesprochen. Auf gewisse Weise war Retro echter als die meisten Männer in meiner Welt.

Auf dem Weg zur S-Bahn-Haltestelle sah der Prinz fremdartige Dinge wie Autos, Smartphones und Liegefahrräder. Und befremdliche Wesen wie Königspudel, Punker und Menschen, die Liegefahrräder fahren. Als wir die Treppe zum S-Bahn-Steig hochgingen, begegneten uns auch noch zwei Teenagerinnen in knappen Tops und Hotpants.

«Diese armen Mädchen», sagte Retro, und ich verstand erst gar nicht, was er meinte. Er ging auf sie zu, stellte sich ihnen in den Weg und erklärte: «Ihr dürft euer Leben nicht so wegwerfen. Ihr müsst euch nicht als Huren verdingen. Im Hafen gibt es genug ehrliche Arbeit.»

Die Teenagerinnen blickten ihn entgeistert an.

«Es werden stets Frauen gesucht, die Fische ausnehmen.»

Die Mädchen schauten noch entgeisterter.

«Ihr werdet den Fischgeruch zwar niemals los, aber glaubt mir, ihr gewöhnt euch daran.»

Retro war aufrichtig an ihrem vermeintlichen Schicksal interessiert. Er war also kein Prinz, dem normale Menschen egal waren. Die Teenagerinnen konnten jedoch mit seiner Art der Berufsberatung sichtlich nichts anfangen. Ich zog Retro weg und erklärte: «Das sind keine Huren.»

«Aber warum kleiden sie sich dann so?»

«Weil bei uns die Sitten anders sind.»

«Wenn junge Frauen hier so herumspazieren zwischen lauter alten Männern», er deutete auf einen Rentner in Shorts und Tennissocken, der den Mädchen nachglotzte, «dann gefällt mir eure Welt nicht.» Er funkelte den Alten zornig an und rief ihm zu: «Wenn du die jungen Mädchen noch einmal so ansiehst, mach ich dich zum Eunuchen!»

Der alte Mann sah zu, dass er wegkam. Bestimmt würde er sich in Zukunft dreimal überlegen, wen er anglotzte. Retro sah ihm angewidert nach. Unsere Welt begann, ihn abzustoßen.

Wir gingen weiter, kamen auf den Bahnsteig, aus der Ferne hörte man die sich nähernde S-Bahn.

«Das klingt wie ein Gragarak!», rief der Prinz alarmiert.

Ich hatte keine Ahnung, was ein Gragarak war, aber wenn ein Wesen wie eine donnernde S-Bahn klang, wollte ich ihm nie begegnen.

Der Prinz wollte sein Schwert ziehen, bemerkte jedoch, dass er es gar nicht dabeihatte. Sanft legte ich meine Hand auf seine: «Das ist auch nur eine magische Kutsche. Nur größer als die anderen.»

Retro blickte von mir zur S-Bahn, die jetzt einfuhr, und wieder zurück zu mir. Er nickte. Dennoch ließ ich meine Hand noch einen Moment liegen, denn seine Hand fühlte sich gut an. Rau. Aber gut.

Die Türen öffneten sich, Retro sah die Passagiere und fragte entsetzt: «Wir sollen wirklich in den Bauch dieses Biests steigen?»

«Keine Angst», sagte ich aufmunternd, «es verdaut uns schon nicht.»

Retros Auge flackerte wieder ein wenig, aber er wollte

nicht feige sein und stieg mit mir gemeinsam ein. Als die Türen mit einem lauten Zischen schlossen, zuckte er zusammen. Und als die Bahn losfuhr, rief er aus: «Beim heiligen Bordol! Das Biest ist schneller als mein Feuerwolf!»

So ein Tempo war der Prinz sichtlich nicht gewohnt. Ich führte ihn zu den Sitzen, wir nahmen Platz, und er starrte auf das vorbeisausende Berlin: Werbeplakate, Hochhäuser, Straßen, architektonische Nachkriegsbausünden … dabei wurde ihm endgültig klar, wie weit er von seinem geliebten Amanpour weg war. Um ihn aus seinen trüben Gedanken zu reißen, fragte ich: «Du hast einen Feuerwolf?»

«Ein wundervolles Tier, sein Fell ist wie aus roten Flammen», wandte er sich mir zu, «er begleitet mich schon seit Kindestagen.»

«Und wie heißt er?»

«Feuer!»

Das war mal eine präzise Namensgebung.

«Feuer rettete in der Schlacht an den Südlichen Wällen mein Leben. Und dabei verlor er sein rechtes Hinterbein.»

Bei mir drängte sich die Frage auf, was das arme Tier dann machte, wenn es mal strullern musste. Es konnte ja schlecht das verbliebene Hinterbein heben. Aber aus Anstand stellte ich die Frage nicht, schließlich liebte der Prinz sein Tier.

«Worüber sinnierst du?», fragte Retro.

«Nichts, nichts …», sagte ich.

«Ich seh es dir doch an.»

Krampfhaft versuchte ich, das Bild von einem Feuerwolf, der auf den Hintern plumpst, zu verscheuchen. Es gelang mir einfach nicht.

«Man sieht es dir immer noch an, Nellie Oswald.»

«Na ja», lenkte ich ein. «Wie macht dein Wolf denn Pipi?»

«Pipi?»

«Wie strullert er?»

«Er bleibt einfach stehen. Er muss kein Bein heben.»

Au Mann, ja, das war logisch.

«Aber er kann es nur von einer Seite machen. Sonst müsste er das andere Bein heben und würde auf den Hintern fallen.»

Das war ebenfalls logisch.

«Feuer vermisst mich sicherlich schon», sagte Retro und blickte wieder wehmütig nach draußen. «Wir waren noch nie so lange voneinander getrennt.»

Ich hätte nicht mit ihm über sein geliebtes Tier reden sollen. Jetzt wirkte der Prinz noch verlorener als zuvor. Am liebsten hätte ich ihn in den Arm genommen und getröstet. Das traute ich mich natürlich nicht. Stattdessen legte ich sanft meine Hand auf seine starke Schulter.

«Was tust du da?», fragte er erstaunt.

«Ich …», sagte ich unumwunden, «wollte dich ein wenig trösten.»

«Trösten?», das verwirrte ihn.

«Ja», sagte ich verlegen.

«Mich … mich hat noch nie eine Frau getröstet», der Umstand verwirrte ihn richtig.

«Das klingt traurig», fand ich und dachte an die Narben. Wie hielt man so einen Schmerz aus, ohne ihn mit jemandem zu teilen?

Für einen ganz kurzen Augenblick war der Prinz von meiner Feststellung verunsichert. Doch schnell riss er sich zusammen, schob meine Hand weg und sagte: «Retro von Amanpour braucht keinen Trost!»

Und das klang einsam.

Einsamer, als ich es je gewesen war.

17

Retro starrte die nächsten Haltestellen aus dem Fenster und schwieg. Da war es auch ganz egal, dass wir nun unterirdisch fuhren und es die meiste Zeit nichts zu sehen gab. Er fragte mich auch nicht, durch welche dunklen Höhlen wir da brausten, vermutlich wollte er vermeiden, dass ich noch mal versuchen könnte, ihn zu trösten.

An einer Haltestelle betrat eine Gruppe grölender Skinheads mit Bierflaschen die Bahn, den Schals nach zu urteilen, waren sie auf dem Weg zu einem Fußballspiel. Die restlichen Fahrgäste mieden jeglichen Blickkontakt mit den angetrunkenen Hooligans und sahen auf ihre Handys oder ihre Schuhe. Eine junge farbige Mutter hastete mit ihrem etwa siebenjährigen Jungen zur nächsten Tür. Garantiert wollte sie bei der nächsten Gelegenheit den Zug verlassen. Nur Retro sah in die Richtung der Skins und erklärte: «Ich kenne solche Männer.»

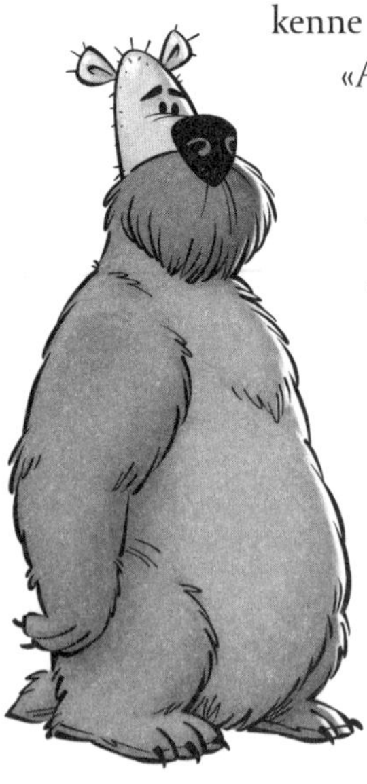

«Ah, ja?»

«Sie sind wie die Graumänner aus dem Nordreich. Grausam wie ausgehungerte Wölfe, feige wie Hyänen und so dumm wie Glatzenbären.»

«Ja, das trifft es ungefähr», sagte ich.

«Ey, Schwatte», brüllte ein riesenhafter, grobschlächtiger Skin der jungen Mutter zu: «Komm mal her und sei ein bisschen zärtlich zu mir!»

Die Frau tat so, als habe sie ihn nicht gehört.

«Ich hab gesagt, komm her!», ließ

der Widerling nicht locker. «Und bring dein Negerkind gleich mit. Dann kann es was von mir lernen.»

Die Frau starrte weiter aus dem Fenster.

«Ich glaube, ich muss dir mal Manieren beibringen!»

Der grobschlächtige Skin machte sich auf den Weg durch den Wagen, seine widerwärtigen Kumpel im Schlepptau. Die Frau starrte weiter auf die Tür in der Hoffnung, dass schnell die nächste Station kommen würde. Dabei hielt sie ihren kleinen Jungen fest an der Hand, der sich nervös auf die Unterlippe biss. Niemand kam ihr zu Hilfe, jeder hatte in seinem Leben schon zu viele Zeitungsartikel über tödlich endende Zivilcourage gelesen. Nur Retro stand auf: «Ich muss der Frau helfen.»

«Du willst es mit sechs Männern aufnehmen?», fragte ich ungläubig.

«Wollen nicht. Aber vielleicht steht mir der Himmel bei.»

«Wie bitte?», staunte ich.

«Gegen sechs habe selbst ich kaum eine Aussicht zu bestehen.»

«Und du willst dennoch …?»

«Es ist das Richtige zu tun.»

Das also war wahres Heldentum.

«Mit Wolfsklinge hätte ich gewiss bessere Möglichkeiten», stellte er fest. Es war kein Vorwurf in meine Richtung, eher eine Feststellung. Dennoch fühlte ich mich schuldig. In einer weniger gefährlichen Situation hätte ich peinlich berührt gelächelt.

Die Skinheads hatten mittlerweile die Frau erreicht, und der Anführer packte sie am Arm: «Ey, Schwatte, ich hab mit dir geredet.»

«Lass mich los!», sagte die Frau.

«Erst, wenn du lieb zu mir bist», kam die Antwort, und die Horde Männer grölte vor Lachen. Der Frau stiegen die Tränen in die Augen, und der kleine Junge klammerte sich an seine Mutter. Retro trat hinzu: «Lasst das Weib in Ruhe oder ihr erlebt meinen Zorn!»

«Was bist denn du für ein Komiker?», wollte der Anführer wissen.

«Ich bin Retro von Amanpour. Der Sohn von Gauwin von Amanpour, der Enkel von Baldowir dem Grauen, Urenkel von Brunswick, dem König der sieben Bergdrosseln …»

Das machte die Sache für die Skinheads nicht unbedingt klarer.

«Lasst das Weib in Ruhe!», forderte der Prinz erneut und schob sich zwischen den Skin und die Frau. Er stand nun vor sechs Skinheads. Gegen die er vermutlich keine Chance haben würde. Und vor denen er dennoch nicht zurückschreckte. Weil es das Richtige war. Es war das erste Mal, dass ich Retro aus vollem Herzen bewunderte.

«Verpiss dich, oder wir machen Döner aus dir.»

«Ihr könnt Retro von Amanpour nichts befehlen.»

Ein Skinhead mit Brille, wohl der Schlaueste der Truppe, sagte: «Der Kerl redet echt gerne von sich in der dritten Person.»

«Was?», fragte der Anführer.

«Wenn man von sich in der ersten Person spricht», erläuterte der Brillen-Skin, «sagt man: ich. Als weitere Formen gibt es den Pluralis Majestatis …»

«Ach, halt die Klappe, Schlauschlumpf», unterbrach ihn der Anführer.

Der Kleine motzte leise: «Manchmal bist du echt intolerant.»

«Und ich habe keine Toleranz für Euch», erklärte Retro.

Das war die einzige Form von Intoleranz, die ich sympathisch fand.

«Schnappt euch den Komiker!», wies der Anführer seine Jungs an. Bevor die sich jedoch auf Retro stürzen konnten, hatte er dem ersten schon einen Kinnhaken verpasst und dem zweiten einen Schlag an die Kehle. Beide gingen sofort zu Boden.

Der Rest der Truppe staunte nicht schlecht, und für einen kurzen Moment hoffte ich, die Skins wären feige und würden kneifen. Und tatsächlich sagte der Professor: «Ich mag es nicht, wenn Opfer sich wehren …»

«Dies ist die letzte Gelegenheit», verkündete Retro, «das Weib und das Kind in Frieden zu lassen.»

«Und wir geben dir eine letzte Gelegenheit, noch ein paar deiner Zähne zu behalten», hielt der Anführer dagegen.

«So sei es!», rief Retro. Er wollte sich auf den Anführer stürzen, doch da zog ihm ein dicker Skin mit Doppelkinn von der Seite eine Flasche über den Kopf. Retro taumelte. Das Doppelkinn und ein drahtiger Skin, der aussah, als würde er bei Käfigkämpfen mitmachen, packten sich Retro und hielten ihn fest. Der Anführer baute sich vor Retro auf und begann, ihm in den Magen zu schlagen. Jeder Treffer härter als der vorherige. Retro konnte sich nicht aus dem Klammergriff befreien. Er stöhnte nur auf, auch als ihm der Skin ins Gesicht schlug. Der kleine Junge weinte, seine Mutter versuchte, ihn zu trösten. Da ich kein Handy hatte, um die Polizei zu rufen, wandte ich mich an die anderen Menschen im Wagen: «Helft ihm!»

Ich dachte an einen Filmklassiker, den meine Eltern immer in den Videorecorder geschoben hatten, als ich klein war, damit ich nicht nur *Power Rangers* sah. *Zwölf Uhr mittags* hieß der Western. Darin kamen, nachdem Grace Kelly sie dazu aufgefordert hat, alle Bewohner einer Westernstadt dem Sheriff Gary Cooper zu Hilfe gegen eine Gangsterbande.

Aber die Fahrgäste der Berliner S-Bahn sahen nur weiter auf Handys und Schuhe.

Klar, ich war nicht Grace Kelly. Und das hier war kein Film. Die Realität ist echt ein solcher Mist!

«Ich mache alles, was ihr wollt», sagte die junge Mutter, die nicht mehr mitansehen wollte, wie Retro zusammengeschlagen wurde. Der Anführer lachte, seine Männer grölten mit. Und Retro nutzte geistesgegenwärtig diese Sekunde der Ablenkung. Er trat dem Anführer zwischen die Beine. So heftig, dass der in Zukunft das Horst-Wessel-Lied im Sopran würde darbieten können. Retro befreite sich zugleich aus dem Klammergriff und stieß die Köpfe der Kerle, die ihn festgehalten hatten, mit voller Wucht gegeneinander. Das Doppelkinn und der Käfigkampf-Skin gingen zu Boden. Retro stürzte sich auf den sich krümmenden Anführer und schlug ihn ebenfalls k. o. Das war ein hübscher Anblick:

Dummerweise hatten wir den Brillen-Skin vergessen.

«Ich mach dich fertig!», rief der und richtete zitternd eine Pistole auf Retro.

«Was ist das für ein Stab?», wollte der Prinz wissen, während die anderen Fahrgäste panisch versuchten, unter den Bänken Schutz zu suchen «Willst du mich verarschen?»

Retro begriff nicht, in welcher Gefahr er sich befand. Er durfte den hektisch wirkenden Skin nicht attackieren, der würde garantiert schießen. Ich musste also etwas tun. Doch ich war wie gelähmt vor Angst.

«Ich mach dich jetzt fertig!», schrie der Brillen-Skin und fuchtelte wild mit der Pistole. Ich wollte abhauen. Aber das durfte ich nicht. Ich identifizierte mich doch in den Geschichten, die ich las, immer mit den Helden und nicht mit den Feiglingen. Ich wollte ein Harry Potter sein, kein Draco Malfoy. Ich musste also handeln, sonst würde ich im Spiegel fortan immer nur eine Dracoline sehen. Doch wie? Ich besaß ja keine magischen Fähigkeiten, keine Superkräfte. Aber die brauchte ich vielleicht auch nicht. Ich musste den Brillen-Skin nur ablenken, damit Retro die Chance hatte, ihn zu überwältigen. In meinem Hirn arbeitete es fieberhaft, in Filmen taten Gefangene immer so, als ob sie krank wären. Aber dem Brillen-Skin wäre es sicherlich egal, wie es mir ging. Was wäre, wenn ich schreien würde? Vielleicht nicht verblüffend genug, konnte man doch erwarten, dass jemand schreit, wenn eine Pistole gezogen wird. Was sollte ich sonst machen? Etwa tanzen und singen? Warum eigentlich nicht? Singen wäre gewiss überraschend in so einer Situation. Da würde sich jeder Bösewicht umdrehen. Selbst Voldemoort. Aber was sollte ich singen? War das nicht völlig egal? Ich sang einfach das erste Lied, das mir in den Sinn kam, weil es das letzte gewesen war, an das ich gedacht hatte:

«Dale a tu cuerpo alegría Macarena …»

Der Brillen-Skin drehte sich erstaunt zu mir um. Und ich begann, Macarena zu tanzen. Perplex ließ er die Waffe ein Stück sinken …

«Que tu cuerpo es pa' darle alegría y cosa buena … Dale a tu cuerpo alegría Macarena …»

… und Retro nutzte die Gelegenheit: Er schlug ihn von hinten nieder. Als der Skin auf dem Boden landete, beendete ich den Song mit einem triumphierenden:

HEY MACARENA!

In einem Film hätten die S-Bahn-Gäste jetzt mitgesungen, und wir alle wären in eine spontane Musical-Tanz-Nummer ausgebrochen. Aber in der Realität starrten die Menschen uns nur stumm an. Retro wischte sich Blut von der Lippe und fragte, mit Blick auf die Pistole, die neben dem Brillen-Skin auf dem Boden lag: «Hätte jener Stab mich töten können?»

«Ja.»

«Dann hätte er auch dich töten können?»

«Hm, ja …», bestätigte ich.

Retro sah mich an. Lange. Und dann sagte er: «Du bist eine mutige Gefährtin, Nellie Oswald!»

Ich war lange nicht mehr so stolz auf mich gewesen wie in diesem Moment.

18

Die S-Bahn kam zum Halt an der Station *Brandenburger Tor*, die zugleich unser Ziel war. Normalerweise hätten wir auf die Polizei warten sollen, die gewiss schon von einem Fahrgast per Handy gerufen worden war, aber da Retro nun mal keinen gültigen Lichtbildausweis besaß, verabschiedeten wir uns rasch von der dankbaren Frau und ihrem Kind. Dabei sagte Retro zu dem noch zitternden Kleinen: «Du bist sehr tapfer, aus dir wird gewiss ein großer Held, über den die Menschen Lieder singen werden.»

Der Junge hörte auf zu zittern und schien um fünf Zentimeter zu wachsen. Fast wollte man glauben, dass dieser Junge dank Retros Vorbild tatsächlich mal ein Held werden könnte, vielleicht einer, der sämtliche verfeindete Völker der Welt miteinander versöhnt. Oder zumindest jemand, der anderen in der S-Bahn hilft, wenn sie angepöbelt werden.

Retro und ich verließen die Bahn, gingen die Treppen hoch zum Ausgang und traten mitten hinein ins sommerliche Touristengewimmel. Retro blickte sich neugierig um. Die Autos, die Reisebusse und die vielen Menschen überraschten ihn nicht mehr. Er begann, sich an die neue Umgebung zu gewöhnen.

«Haben wir es noch weit zur Herberge des Mannes, der uns helfen kann?», fragte er.

«Nein.»

«Und wenn wir mit diesem Mann gesprochen haben, werde ich zurückgehen können nach Amanpour?»

Es gab Retro. Und seine Erinnerungen. Und seine furchtbaren Narben. Also musste es doch auch Amanpour geben, oder? Gewiss musste es das! Das Büchlein war vielleicht eine Art magisches Portal, durch das Menschen aus dem Reich der Phantasie in unsere Welt gelangen konnten.

Doch wenn diese Theorie stimmte, stellten sich einige Anschlussfragen: War es Zufall, dass ich den Prinzen von Amanpour gezeichnet hatte, oder hatte das magische Buch meinen Zeichenstift geführt? Wenn dem so war, zu welchem Zweck? Und vor allem: Konnte Retro zurück in sein Reich, oder war das Portal eine Einbahnstraße?

«Dein Feuerwolf», so hoffte ich inständig, «wird nicht mehr lang allein sein müssen.»

«Du bist die Erste, die sich für das Wohlergehen von Feuer interessiert», stellte Retro erstaunt fest, während wir uns dem Hotel Adlon näherten.

«Ah, ja …?»

«Und auch die erste Frau, die mich jemals trösten wollte …», ergänzte er und machte aus seiner Verblüffung darüber keinen Hehl.

«Ist es schlimm für dich, dass ich das tue?», wollte ich wissen.

Retro überlegte kurz und schüttelte den Kopf.

«Ist es vielleicht sogar gut?», hakte ich nach.

Er überlegte wieder, diesmal etwas länger. Dann lächelte er leicht – sein Lächeln stand ihm wirklich verdammt gut – und sagte: «Sagen wir es so, es ist ungewöhnlich.»

Ungewöhnlich gefiel ihm anscheinend.

Und mir gefiel, dass es ihm gefiel.

«Du solltest mich nach Amanpour begleiten», erklärte Retro, und das ließ nun mich staunen: «Sollte ich?»

«Du hast mein Leben gerettet, daher werde ich dir zu Ehren ein Fest veranstalten.»

Glückshormone wurden in meinen Körper ausgeschüttet. Ein Fest am Hof zu meinen Ehren? Das war eine schöne Vorstellung. Jetzt hoffte ich mit einem Mal sogar, dass Amanpour wirklich existierte.

«Und unser Hofmeister Lorwein kennt auch ein gutes Mittel gegen Bartwuchs …»

Die Glückshormone wurden in Windeseile wieder abgebaut.

«Ein für alle Mal: Ich habe keinen Damenbart.»

«Du musst dich nicht schämen dafür. Viele alte Jungfern haben einen.»

«Ich bin nicht alt.»

«Wie viele Lenze zählst du denn?»

«Ich bin 29.»

«Sag ich doch, alt.»

«Und ich bin auch keine Jungfrau.»

«Bist du nicht?», fragte er, für meinen Geschmack viel zu erstaunt.

«Nein!»

«Das beweist wieder, was meine Amme stets sagte: Jeder Topf findet sein Deckelchen.»

Ich seufzte. Da stand ein echter Prinz vor mir. Und er hielt mich für eine alte Jungfer.

«Was seufzt du so tief, Nellie Oswald?»

«Nun, weißt du», beschloss ich, meine Enttäuschung in Worte zu fassen, «ich hätte von einem Prinzen erwartet, dass er ein wenig galanter wäre und mich nicht mit einem Topf vergleicht.»

«Ich bin galant.»

«Davon merke ich aber nichts.»

«Zu holden Edelfrauen bin ich es. Denen singe ich sogar Lieder.»

«Lieder? Was denn für welche?»

«Solche», und Retro begann, mitten auf dem Pariser Platz im Schatten des Brandenburger Tors zu singen:

Gepriesen sei die Stunde, als sie in mein Leben trat,
die mein Sein und Fühlen bezwungen
und mich mit ihrem Wesen durchdrungen.
Das hat ihre Schönheit und Güte gemacht
und ihr roter Mund, der so lieblich lacht.

Touristen bildeten einen Kreis um uns und hörten begeistert zu. Retro konnte wirklich gut singen. Ich war ganz bezaubert. So sollte mal jemand für mich singen.

Deine Liebe zu mir sei nicht minder

Vielleicht sogar Retro selbst.

Und bitte gebäre mir sieben Kinder …

Oder vielleicht doch nicht.

19

Nachdem Retro aufgehört hatte zu singen, klatschten die Touristen begeistert und wollten ihm Geld zustecken, doch der Prinz lehnte ab: «Gold und Reichtum sind für mich ohne Belang.»

Das war ein Satz, den wohl nur Leute über die Lippen bringen, die sich noch nie Gedanken machen mussten, woher das Geld für die nächste Monatsmiete kommt.

Ich überlegte mir kurz, ob ich die Münzen und Scheine an mich nehmen sollte, wurde aber abgelenkt von einer viel zu niedlichen Zwanzigjährigen, die Retro mit ihren langen Wimpern anklimperte. Sie hatte ein süßes, herzförmiges Gesicht, eine kleine, zierliche Figur und lange blonde Löckchen. Sie trug ein Piercing in der kleinen Stupsnase, zerrissene Jeans sowie ein *legal, illegal, scheißegal*-T-Shirt, auf dem diverse Dax-Manager abgebildet waren. Kurzum, sie sah aus wie die Berliner Version einer Disneyprinzessin.

«Du kannst wirklich wunderbar singen», flirtete sie Retro an, «in unserer Band könnten wir noch jemanden mit deiner Stimme gebrauchen.»

«Band? Du meinst eine Bande?», fragte der Prinz.

«Könnte man so sagen», lächelte das Girlie-Prinzesschen so süß, dass ich schon vom Zusehen Diabetes bekam.

«Warum braucht eine Bande einen Sänger?», wollte Retro wissen. «Überfälle kündigt man doch nicht mit Minnegesängen an. Oder willst du den gelungenen Beutezug am Lagerfeuer besingen?»

«Du bist schräg», strahlte sie ihn an. «Und schräg können wir in der Band immer gebrauchen. Mein Name ist Anna, und wir heißen *Kill Kenny*. Vielleicht hast du ja Lust, mal zu einer Probe von uns zu kommen.» Sie zog einen pinken Lippenstift aus ihrer Tasche, schnappte sich Retros Unterarm und begann, ihre Handynummer darauf zu schreiben. Retro war viel zu verblüfft, um zu reagieren. Von Monstern wie Orks, Untoten oder Skinheads ließ er sich nicht überrumpeln, vermutlich noch nicht mal von untoten Skinhead-Orks …

… aber so ein süßes Mädchen ließ ihn sprachlos werden. Das machte mich eifersüchtiger, als gut war. Am meisten nervte mich aber nicht das Mädchen oder Retro, sondern dass ich mich ihr fast genauso unterlegen fühlte wie der Ärztin ohne Grenzen. Sie war jünger als ich – ich kam langsam in das Alter, in dem Jüngere nicht automatisch lächerlicher waren als man selbst –, sie sah hübscher aus, und vor allen Dingen setzte sie die Niedlichkeitswaffen einer Frau so viel besser ein, als ich es je gekonnt hatte. Als ich das letzte Mal versucht hatte, kokett mit den Augen zu klimpern, hatte mir mein Deutsch-Leistungskurslehrer nicht wie erhofft eine bessere mündliche Note gegeben, sondern nur gefragt, ob mir was ins Auge geflogen war.

«Was ist eine Handynummer?», fragte Retro mich, während er der Girlie-Prinzessin verzückt hinterhersah. Dabei war er so anständig, nicht wie die meisten Männer auf ihren wohlgeformten Po zu starren. Unwillkürlich stellte ich mir die Frage, warum der liebe Gott sich bei meinem Hintern nicht mal ansatzweise so viel Mühe gegeben hatte. Oder war Gott für mein Aussehen gar nicht verantwortlich? War ich am Ende auch von jemandem gezeichnet worden? Und hatte dieser Zeichner Schwächen bei der Hand-Auge-Koordination gehabt? Mein Leben war mit einem Male so verrückt, dass ich mir alles vorstellen konnte. Sogar, dass ich selbst nur eine Erfindung war.

«Handynummern sind nichts für dich», bürstete ich Retro ab und schämte mich gleich darauf für meine Eifersucht. Aber nicht so sehr, dass ich ihm erklärte, was ein Handy war und wie er damit das Mädchen erreichen konnte. Hätte ich in diesem Moment doch nur auch gleich die Nummer von seinem Arm gewischt, dann hätte ich sie nicht noch in der gleichen Nacht in einem Club wiedersehen müssen.

Hastig eilte ich mit dem Prinzen an *Starbucks, Segafredo und Dunkin Donuts* vorbei, direkt auf das Brandenburger Tor zu. Bei dessen Anblick staunte Retro: «Das Tor sieht aus wie jenes der Stadt Tholan. Deren Herrscher Cardassian verabscheut es, seine Kriegsgefangenen zu kreuzigen.»

«Das ist doch gut», fand ich.

«Er lässt sie lieber pfählen.»

«Oh, doch nicht so gut.»

«Und häuten.»

Wenn so etwas bei *Game of Thrones* stattfand, schaltete ich immer auf schnellen Vorlauf.

«Mit stumpfen Messern.»

«Ich würde mich über einen Themenwechsel freuen», bat ich.

«Wenn du willst, dann reden wir nicht weiter über das Häuten.»

«Das wäre sehr schön.»

«Cardassian macht da auch üble Sachen mit deren Augäpfeln …»

«Mir schwebte ein etwas radikalerer Themenwechsel vor», unterbrach ich den Prinzen.

«Verzeih, es ist nur so …», Retro hörte auf zu reden, sah weg, zur Seite. Irgendetwas bekümmerte ihn.

«Es ist nur was?»

«Nichts. Nichts.»

«Oh, oh, oh», protestierte ich, «so fangen wir gar nicht erst an. Du sagst nicht nichts, wenn nicht nichts ist.»

Es war nicht mein freundlich bestimmter Ton, der ihn zum Sprechen brachte, er wollte, er musste seinen Kummer teilen: «Cardassian hatte mich und meine beiden Brüder in seiner Gewalt.»

Daher stammten also seine schrecklichen Narben.

«Ich konnte entkommen, aber meine Brüder …», er stockte, musste aber auch gar nicht mehr weiterreden, es war auch so klar, dass sie gestorben waren.

«Wie furchtbar …»

«Furchtbar ist ein viel zu milder Ausdruck dafür.» Retro blickte zu Boden, und seine Augen glänzten mit einem Mal vor Tränen. Ich wusste nicht, was ich sagen sollte. Wenn jemand überhaupt für so etwas die richtigen Worte finden könnte, dann vielleicht ein Geistlicher oder ein Therapeut oder ein Traumatherapeut, aber die waren gerade nicht da. Nur ich. So nahm ich Retros Hand.

Erschrocken sah er mich an, wollte seine Hand sofort wegziehen, doch ich hielt sie ganz fest. Ich wollte ihn nicht loslassen, ihn in seinem Schmerz nicht allein lassen. Schließlich sagte er leise, kaum hörbar: «Manchmal möchte ich zu meinen Brüdern.»

Das war das Traurigste, was ich je gehört hatte.

20

Ich hätte noch stundenlang so Hand in Hand dastehen können, doch eine Mittdreißigerin trat auf uns zu. Sie besaß ein kantiges, auf herbe Weise schönes Gesicht, trug einen geschmackvollen roten Rock und eine noch geschmackvollere rote Lederjacke. Sie hielt uns ein Flugblatt hin. Retro zog seine Hand weg und wandte sich ihr zu. Mir gegenüber für einen kurzen Moment seine Trauer zuzulassen, war das eine, aber gegenüber einer Wildfremden wollte er das auf keinen Fall.

«Hier», sprach die Frau mit einer angenehm tiefen Stimme. «Eine Einladung zur Transgender-Demonstration vor dem Reichstag morgen Nachmittag.»

Okay, die Frau war also doch keine Frau. Oder etwa doch? Hing die korrekte Bezeichnung davon ab, ob die Person schon umoperiert war oder als was er beziehungsweise sie sich selbst empfand? Eigentlich müsste man sich doch auch Frau nennen können, wenn man selbst ein Mann war, sich aber als

Frau fühlte. Ich beschloss, das nächste Mal besser aufzupassen, wenn eine Gender-Debatte im Fernsehen lief, und nicht gleich umzuschalten, weil Streitereien in Talkshows bei mir schnell den Impuls auslösten, Joghurtbecher gegen den Bildschirm zu werfen.

«Ihr besitzt die Statur einer Amazone», stellte Retro fest. Offensichtlich war ihm nicht klar, wieso die Frau – ich beschloss, sie Frau zu nennen, wenn sie noch keine war, wollte sie ja in jedem Fall eine sein – so groß war wie er selbst. Ich war mir ziemlich sicher, dass es in Amanpour keine Transfrauen gab. Eunuchen gewiss, Transvestiten vielleicht, aber die Medizin in Retros Reich war gewiss nicht in der Lage, solche Operationen durchzuführen. Vermutlich konnte sein Hofmeister Lorwein nicht mal einen Zehnagel entfernen, ohne dass es zu einem mittleren Blutbad kam. Weniger sicher war ich mir, wie Retro reagieren würde, wenn ich ihm das Konzept der Geschlechtsumwandlung erklären würde. Falls er mit Intoleranz darauf reagieren würde, wäre das wirklich schade, denn langsam begann ich, den Prinzen so richtig zu mögen.

«Danke», sagte die Frau geschmeichelt und drückte ihm das Flugblatt in die Hand. «Vielleicht magst du ja morgen zu unserer Demonstration kommen. Ich heiße übrigens Dolores.»

«Du hast kräftige Hände wie die Holzfäller aus dem Kronwald, Dolores», bemerkte Retro staunend.

Das fand die Frau nun weniger charmant.

«Und dennoch», redete Retro unbeirrt weiter, «strahlst du eine große Würde aus.»

Das hatte er zu mir nicht gesagt. Eigentlich hatte das noch nie jemand zu mir gesagt. Na toll, jetzt war ich auch noch auf diese Frau neidisch!

«Und wo wir schon beim Thema Würde sind», lächelte Dolores, «ich würde mich freuen, dich morgen zu sehen.»

Sie ging mit ihren Flugblättern weiter, doch ich sollte sie noch in der gleichen Nacht wiedersehen. In dem gleichen Club wie die Prinzessin. Auf dem Schoß von Retro. Der eindeutig zu viel Whiskey getrunken hatte.

Wir erreichten den Eingang des *Adlon*. Obwohl Retro und ich nicht gerade gut gekleidet waren, nickte uns der Portier in seiner roten Livree mit den goldenen Epauletten zu. Heutzutage musste man keine Edelklamotten tragen, um in ein Luxushotel zu gelangen. Sicherlich hatte der Portier schon viele blasse Typen in Hoodies gesehen, die Millionäre waren.

In der Eingangshalle angekommen, verschlug mir der stilvolle Prunk den Atem. Die hohen Decken waren voller wunderschönem Stuck, die Kronleuchter funkelten, und die roten Läufer wirkten, als hätte sie jemand aus dem Buckingham Palace mitgenommen. Auf ihnen waren vor mir bereits Hollywoodstars wie George Clooney, Jennifer Lawrence oder der kürzlich verstorbene Marc Barton gewandelt. Als was dieser Mann wohl wiedergeboren war? Als Katze? Als Goldfisch? War er gar in der Teewurst gelandet, die mein Vater so gerne aß?

Vom Straßenlärm war nichts mehr zu hören, die Luft roch nach den Rosen, die überall in großen, blau-goldenen Vasen standen. Es war verdammt schwer, in diesem Ambiente keine *Pretty Woman*-Phantasien zu entwickeln.

Mein Blick fiel auf eins der Sofas, mit dessen Anschaffungskosten man gewiss die ein oder andere Berliner Schule hätte renovieren können. Eine ältere Dame, die Ähnlichkeit mit der Chefin des Internationalen Währungsfonds hatte, saß dort mit einem beeindruckend hässlichen Chihuahua auf dem Schoß und ließ sich ein Schokotörtchen servieren. Das Törtchen sah unfassbar lecker aus und hatte sogar ein kleines Sahnehäubchen. Au Mann, ich liebte Sahnehäubchen. Sahnehäubchen auf Torten waren für mich einfach das Sahnehäubchen!

«Nellie Oswald?», sagte der Prinz, der von dem Ambiente kein bisschen beeindruckt schien. Kein Wunder, er war ja gewohnt, in Palästen ein und aus zu gehen. «Dein Mund steht offen. Und du sabberst.»

Ups, ich wischte mir den Mund rasch mit dem Ärmel ab und ging mit Retro zur Rezeption. Dort checkte gerade ein älteres Paar aus – Typ wertkonservativer Familienunternehmer mit Perlenketten-Gattin – und reagierte verlegen, als der adrette Rezeptionist ihnen die Nutzung eines Videofilms berechnete. Das ältere Paar ging mit gesenktem Blick und hochroten Köpfen an uns vorbei. Dann waren wir an der Reihe.

«Was kann ich für Sie tun?», fragte er mit einem Zahnpastalächeln, das man normalerweise nur auf retuschierten Promifotos zu sehen bekam. Er trug einen schwarzen Anzug, und seine Haare sahen aus, als wäre jedes einzelne von einem italienischen Barbier bearbeitet worden. Als Angestellter musste man anscheinend – im Gegensatz zu den Gästen – perfekt aussehen. So also zeigte sich in solchen Hotels der Klassenunterschied.

«Wir möchten gerne zu Mister Moore», erklärte ich.

«Erwartet er Sie?»

«Nun, ähem … nicht wirklich», stammelte ich und dachte mir gleich darauf, dass es vielleicht klüger gewesen wäre, wenn meine Eltern mir nicht als Kind eingebläut hätten, dass man im Leben immer die Wahrheit sagen soll. Eine andere Erziehung hätte mich vielleicht lebenstauglicher gemacht.

«Um was geht es denn?», wollte der Mann an der Rezeption wissen und dimmte sein Zahnpastalächeln ein klein wenig runter.

«Nun, das … das … würde ich gern selbst mit ihm besprechen», stammelte ich noch etwas mehr.

«Dann erwartet er Sie doch», sagte das Zahnpastalächeln wieder in voller Strahlkraft da.

«Ähem, wie bitte?», ich verstand nicht, wie er zu dem Schluss kam.

«Mister Moore», erläuterte er wieder in voller Strahlkraft, «erklärte mir, dass eine Dame nach ihm fragen würde. Sie würde jedoch nicht verraten, worum es ginge. Dabei würde die betreffende Dame, so Mister Moore, gewiss auch stammeln. Ich soll diese Dame dann zu ihm aufs Zimmer schicken.»

Moore hatte also vorhergesehen, dass ich kommen würde. Und dass ich stammeln würde. Also wusste er auch, dass ich ihm das Büchlein geklaut hatte. Das wiederum bedeutete, ich hatte mit meiner Vermutung tatsächlich recht: Moore wusste, was es mit dem Buch auf sich hatte.

Mit einem Mal war ich alarmiert. Ich besaß zwar keinen siebten Sinn, der bei Gefahren in meinem Kopf klingelte wie bei Peter Parker, dem unglaublichen Spider-Man, aber ich besaß meinen Magen, der mir gerade eindeutige Signale gab. Und ich hatte genug Filme gesehen, Bücher gelesen und Comics konsumiert, um zu wissen, dass es unklug war, ein potenziell magisches Objekt einfach so jemand Fremdem auszuhändigen. Schon gar nicht jemandem wie Moore, der eine dunkle Seite besaß, wie man unschwer an seinen Bildern der Hölle erkennen konnte. Falls man wirklich Geschöpfe aus Retros Welt hierherführen konnte, indem man sie zeichnete, könnte ein Schurke Zombie-Orks, finstere Armeen und eine Horde Glatzenbären in unsere Welt einfallen lassen, und die würden Berlin überrannt haben, bevor irgendein Mitarbeiter im Bundeskanzleramt überhaupt nur das Wort «Krisenstab» in den Mund nehmen könnte.

«Hier», drückte ich das Büchlein Retro in die Hände, «pass bitte gut darauf auf.»

«Willst du etwa alleine zu dem Mann, Nellie Oswald?»

«Er wird mir schon nichts tun», erwiderte ich ohne wirkliche Überzeugung. Durch meinen Kopf schoss zugleich die Phantasie, wie Moore mich mit Waffengewalt zwingen würde, den Aufenthaltsort des Büchleins zu verraten, was ich mit einem Pistolenlauf an der Schläfe oder einem Messer an der Kehle auch ohne zu zögern tun würde. Immer wenn ich Heldinnen wie Carrie Mathison in *Homeland* dabei zusah, wie sie jeder Folter widerstanden, dachte ich, dass ich bereits bei der Erwähnung des Wortes «Skalpell» jedem Terroristen die Atomwaffenabschusscodes verraten würde.

«Nellie Oswald, ich lasse dich nicht allein in das Gemach eines Fremden.»

Retro wollte mich beschützen. Das war süß. Noch nie zuvor hatte ein Mann mich beschützen wollen. Die einzige Form der Galanterie, die ich in meinem bisherigen Leben kennengelernt hatte, war, als Jasper mir in der Pizzeria beim Hinsetzen den Stuhl zurechtgerückt hatte. Für Retro aber gehörte es dazu, für eine Frau zu kämpfen. Das war schon mehr als süß. Es wärmte regelrecht mein Herz. Seit langem, seit meiner Kindheit eigentlich, hatte ich mich nicht mehr so beschützt gefühlt. Und genau das verlieh mir die Kraft zu sagen: «Ich schaffe das schon allein.»

Hinter jeder starken Frau steckt nun mal ein starker Prinz.

«Dann werde ich», versprach Retro feierlich, «dieses Büchlein hüten wie meinen Augapfel.»

Ich ging los, doch schon nach ein paar Schritten fiel mir eine weitere Gefahr ein. Ich drehte mich um, ging zu Retro und sagte: «Aber schwör mir bei Gott, dass du da nichts reinzeichnest.»

«Dieser Gedanke wäre mir gar nicht in den Sinn gekommen.»

«Oh.»

«Aber jetzt, wo du davon sprichst, ich habe als kleiner Junge immer gerne gemalt ...»

«Aber jetzt tust du es nicht!», unterbrach ich ihn panisch. «Schwöre es mir!»

Retro war von meiner Vehemenz erstaunt und sagte: «Wie du es wünschst. Bei welchem Gott soll ich es schwören?»

«Wie bitte?»

«Bei dem der sieben Sonnen? Oder bei dem der sieben Monde?»

Für mich klangen beide gleich egal. So antwortete ich: «Bei dem der sieben Monde.»

«Das ist einer der dunklen Götter. Er verlangt ein Blutopfer bei einem Schwur. Ich benötige eine Klinge, um mich zur Ader zu lassen.»

Es war gewiss keine gute Idee, wenn Retro sich in der Empfangshalle des *Adlon* aufschlitzte. Das würde nicht nur der IWF-Chefin den Appetit aufs Törtchen verderben, sondern auch den Sicherheitsdienst des Hotels auf den Plan rufen.

«Ähem, schwör doch lieber bei dem der sieben Sonnen.»

«Für den Schwur brauch ich ein Tieropfer», Retros Blick wanderte zu dem Chihuahua. Hastig fragte ich: «Gibt es auch einen Gott, der für seinen Schwur was Unblutigeres verlangt?»

«Der Gott des Tanzes verlangt einen Sprungtanz.»

Das war zwar weniger blutig, aber auch auffälliger.

«Der Gott des Weines verlangt, dass man sich mit Met betrinkt.»

Der war bestimmt ein sehr beliebter Gott in Amanpour.

«Und der Gott der Nacktheit verlangt, dass man sich auszieht und dann mit seinem Gemächt ...»

«Das will ich gar nicht wissen!»

Götter verlangen von Menschen echt seltsame Dinge. Das hatte ich schon damals im Kindergottesdienst gedacht, als der Pastor uns erzählte, wie Gott von Abraham forderte, seinen einzigen Sohn zu opfern. Das fand ich als Fünfjährige ganz und gar nicht nett von Gott. Und ich verstand damals wie heute nicht, dass Abraham sofort losstiefelte, um sein Kind tatsächlich zu opfern. Was war das denn für ein blöder Vater? Der hört eine Stimme und will seinen Sohn killen? Heutzutage landet man für so ein Verhalten in der Klapse!

Als kleines Mädchen war es für mich nur wenig tröstlich, dass Gott dann auf dem Berg zu Abraham sagte: «April, April. Das war alles nur ein kleiner Test, ob du mir auch gehorchst», und statt des Sohnes ein Widder geopfert wurde. Ich verstand nun mal auch nicht, warum das arme Tier sterben musste. Der Widder hatte doch niemandem etwas getan! Am Ende des Kindergottesdiensts fand ich es deshalb auch verstörend, dass der Pastor uns aufforderte, zu jenem Wesen zu beten, das Abraham so eine fiese Prüfung gestellt und seiner Frau so eine fürchterliche Angst eingejagt hatte. Ich hätte lieber zu Benjamin Blümchen gebetet, der nie so etwas Gemeines von mir verlangt hätte.

«Ich könnte auch», schlug Retro vor, «bei der Göttin der Fruchtbarkeit schwören.»

«Du musst doch nicht etwa dafür mit einer Frau in die Kiste steigen?», fragte ich nervös. Für einen Moment stellte ich mir vor, dass der Prinz mich mit seinen starken Armen in eins der schicken Hotelzimmer tragen würde.

«Warum sollte ich in eine Kiste steigen?», unterbrach Retro meine sie.

«Ich meine, Liebe machen mit einer Frau», stammelte ich und wurde immer nervöser.

«Nein, natürlich nicht.»

«Schade», rutschte es mir raus.

«Wie bitte?»

Oh Gott, ich konnte ja nicht zugeben, was ich da gerade so vor mich hin siert hatte. Aus vielerlei Gründen. Es war peinlich. Es war auch falsch, schließlich gehörte Retro nicht in unsere Welt. Aber vor allem wollte ich nicht hören, dass ich ihm für ein solches Liebesritual zu alt war. Ich musste mir also ganz schnell etwas einfallen lassen, und daher sagte ich hastig: «Ich meinte Wade.»

«Wade? Was soll das bedeuten?»

«Nun also», stammelte ich, «… eine Wade ist das Stück des Beines zwischen Knie und …»

«Mir ist bewusst, was eine Wade ist. Meine Frage war, warum du Wade gesagt hast.»

«Ähem», schaltete ich schnell, aber leider nicht gut, «das ist der Anfang eines bekannten deutschen Lieds, das heißt *Wadde hadde dudde da.*»

Retro sah mich an wie ein Auto.

«Das geht so: *Hadder denn da wat, und wenn ja, wat hadder da, hadder da watt glatt, oder hadder da wat haar da …*»

Und jetzt sah er mich an, als ob ich nicht mehr alle Pfeile im Köcher hätte.

«Wieso wolltest du so etwas singen, Nellie Oswald?»

Gute Frage. Schlechte Antwort: «Ähem, wir singen das in unserer Welt, wenn wir Liebe machen.»

«Ihr singt beim Liebemachen: *Hadder denn da wat, un wenn ja, wat hidder do?*»

«Hadder da», korrigierte ich.

«Wie bitte?»

«Nicht *hidder do,* sondern *hadder da.*»

«Ihr habt in eurem Reich wahrlich erstaunliche Rituale, wenn ihr so etwas beim Liebesspiel singt.»

«Nicht wahr?», lächelte ich verquer.

«Ich hatte vermutet», erklärte Retro, «du wolltest mit Wade ausdrücken, dass deine Wade zwickt.»

Ja, das wäre wohl eindeutig die bessere Ausrede gewesen.

«Bedankt sei die Göttin der Fruchtbarkeit», erklärte Retro, «dass sie für einen Schwur etwas anderes verlangt als ein Liebesritual.»

«Was denn?», fragte ich und war erleichtert und enttäuscht zugleich. Erleichtert, weil ich nicht mehr über das Lied reden musste. Enttäuscht, weil ein kleiner Teil von mir sich gerne mit Retro ins Luxushotelbett gelegt hätte. Egal, wie falsch das auch gewesen wäre.

«Die Göttin will, dass man einer Frau schmeichelt, wie sinnlich ihr Körper ist.»

«Na, dann leg mal los», kicherte ich, albern wie ein Teenager.

«Du glaubst, ich schmeichle dir?», staunte Retro.

«Ähem, warum nicht?»

«Du wolltest doch hoch in das Gemach des Mannes namens Moore.»

Das stimmte. Leider. Mir hätte es sehr gefallen, wenn mir mal jemand so richtig geschmeichelt hätte.

«Ich gehe zu jener Frau», erklärte Retro und deutete auf die Währungsfondschefin.

«Zu ihr?», staunte ich. Wenn ich Retro schon zu alt war, dann war sie das wohl doch erst recht!

«Reife Frauen können so sinnlich sein wie frisch Erblühte», antwortete er. Damit sprach ausgerechnet ein Prinz aus einem mittelalterlichen Reich eine Wahrheit aus, die in unserer Welt den meisten Männern auf ewig verborgen blieb. Das machte mir Retro noch sympathischer. Trotzdem konnte ich nicht zulassen, dass er in der Lobby für Aufsehen sorgte, indem er der Währungsfondschefin auf die Pelle rückte. Auch wenn der französischen Dame das eigentlich gefallen müsste – so etwas bekam sie von den Staatschefs dieser Welt, mit denen sie sich tagtäglich herumschlagen musste, bestimmt nicht zu hören. Zugleich bestand die Gefahr, dass sie sich veralbert vorkommen würde.

«Du brauchst es mir doch nicht zu schwören», sagte ich.

«Ein Schwur schafft aber Vertrauen.»

«Ich vertrau dir auch so.»

«Und nach dem Schwur wirst du es umso mehr tun.»

«Du musst es nicht tun, verdammt noch mal!»

Retro staunte über meine Vehemenz: «Du neigst wahrlich zur Schroffheit.»

Ich atmete durch und betrachtete mir den Prinzen von Amanpour. Auch wenn er seinen Schwur jetzt nicht vollziehen würde, könnte er immer noch irgendeinen anderen

Unsinn in der Lobby veranstalten. Ich musste dafür sorgen, dass jemand auf Retro aufpasste, solange ich bei Moore war. Da ich mit der Trennung von Jasper etwa 99 Prozent meines Freundeskreises verloren hatte – was mich zu der Frage führte, ob das wirklich jemals meine Freunde gewesen waren –, erwog ich, meine Eltern anzurufen. Doch Papa arbeitete, und meine halbtags in der Sparkasse am Schalter stehende Mama hatte jetzt zwar frei, würde Retro aber bestimmt jede Menge peinliche Geschichten aus meiner Kindheit erzählen. So war sie zum Beispiel der irrigen Annahme, alle Menschen würden es genauso lustig finden wie sie, dass ich mit drei Jahren anstatt «schnullern» immer «pullern» gesagt hatte. Ich hatte also keine andere Wahl: Ich ging zum Empfang, bat um das Telefon und rief Lenny an, in der Hoffnung, dass er mittlerweile im Laden erschienen war, vierzehn Uhr war seine durchschnittliche Aufstehzeit.

Ich hatte schon mal bessere Ideen gehabt, als Lenny um Hilfe zu bitten. Und selten schlechtere.

SOLARIUM
DER GOTT DER SIEBEN SONNEN
HIPSTA
DIE GÖTTIN DES BARTWUCHSES
HORMONA
DIE GÖTTIN DER FRUCHTBARKEIT
EFKAHKAH
DER GOTT DER NACKTHEIT
MESCHUGGA
DIE GÖTTIN DES WAHNSINNS
LUNATICO
DER GOTT DER SIEBEN MONDE
NIXDA
DIE GÖTTIN DES NICHTS
CALYPSO
DER GOTT DES TANZES
LAMBRUSCO
DER GOTT DES WEINES
DAS GÖTTERREICH VON AMANPOUR

21

Mit klopfendem Herzen stand ich vor der Zimmertür der Präsidentensuite. Ich war so aufgeregt, dass ich keinen Gedanken daran verschwendete, welche berühmten Menschen hier schon gewohnt hatten und dass Normal-Nellies wie ich es maximal in ein Vier-Sterne-Hotel an die Ostsee schafften, und das auch nur in der Nebensaison mit Discount-Coupon einer Internetseite. Ich wollte gerade meinen Finger auf den goldenen Klingelknopf neben der Tür drücken, da rief Moore von drinnen: «Komm herein, Oswald. Die Tür steht offen.»

Hatte er mich atmen hören? Oder gar mein Herz klopfen? Seit ich das magische Büchlein hatte, war alles vorstellbar, sogar dass es Menschen mit Superkräften gab, Moore ein solcher war und wie *Daredevil* über ein übernatürliches Gehör verfügte. Eine Superkraft, die ich persönlich gar nicht gerne gehabt hätte. Mit der würde man nicht nur plötzlich mitbekommen, was die Menschen hinter dem Rücken so über einen lästerten, sondern auch viel lauter als sonst alle möglichen unangenehmen Geräusche hören wie zum Beispiel Blaulichtsirenen, Baustellenlärm oder die Nachrichten.

Vorsichtig trat ich in die Präsidentensuite ein, erkannte dabei, dass in der Tür ein Guckloch war, durch das mich Moore vermutlich gesehen hatte, also doch kein Supergehör. Die Suite war größer als die Vierzimmerwohnung, in der ich aufgewachsen war, und ich wäre beim Anblick ihres 15 000-Euro-pro-Nacht-Luxus, zu dem unter anderem eine sensationelle vergoldete Kaffeemaschine gehörte, sicherlich wieder in *Pretty Woman*-sien verfallen, wenn Moore mich nicht mit seinem Lächeln sofort gefangen genommen hätte.

Seine Superkraft war vielleicht nicht das Gehör, dafür war er definitiv *Captain Charisma*.

«Schön, dich zu sehen, Oswald», lächelte er. Diesmal trug er keinen schwarz-weißen Anzug, sondern war komplett in Schwarz gekleidet. Edeljeans, Rollkragenpulli, Lederschuhe – alles schwarz. War das ein Hinweis auf sein wahres, dunkles Ich? Wie bei Darth Vader, Lord Voldemoort oder Graf Zahl?

«Ich … heiße eigentlich Nellie», korrigierte ich Moore.

«Was für ein bezaubernder Name», schmeichelte er mir.

Geht so, dachte ich. Schon mein ganzes Leben lang war ich nicht begeistert von dem Namen gewesen. Als Kind mit acht Jahren hätte ich lieber *Jojo* geheißen, als Elfjährige *Pixie Pam Zam*, als Vierzehnjährige *Tattoo* und nach der Zeugnisvergabe am Ende der zehnten Klasse *Killaofteachaz*.

«Möchtest du einen Kaffee?», fragte Moore und deutete auf die vergoldete Maschine. Ich schüttelte den Kopf. Wenn ich etwas gerade nicht benötigte, war es ein Getränk, das mich noch nervöser machte. Daher antwortete ich: «Lieber ein Wasser.»

«Dann bekommst du ein Wasser, Nellie. Mach es dir bequem», deutete er auf die beige Sitzgarnitur mit den braunen Kissen, die einem auf dezente Art zuflüsterte: Ich alleine bin den Zimmerpreis wert. Ich setzte mich auf das Sofa und versank darin so, dass sich das Leder perfekt um meinen Po schmeichelte. Anstatt diesen Luxus jedoch zu genießen, fragte ich mich, was wohl ein Mensch denkt, der über ein paar Jahre hinweg 15 000 Euro Steuern gezahlt hat, wenn er erfährt, dass sein Präsident diese Summe für eine einzige Hotel-Übernachtung raushaut. Auf dem Beistelltisch lagen jede Menge Skizzen vom Brandenburger Tor, die Moore angefertigt hatte. Gezeichnet sah es viel imposanter aus als in echt und auch viel bedrohlicher. Dieser Mann konnte nicht nur Gemälde malen, sondern auch sensationell zeichnen. Im Vergleich zu ihm war ich wirklich eine Dilettantin.

Moore schenkte mir Wasser aus einer blauen Flasche in ein Kristallglas, überreichte es mir und setzte sich nicht, wie ich erwartet hatte, gegenüber in einen der Sessel, sondern neben mich auf das Sofa. Gestern Abend hätte ich es noch toll gefunden, mit Captain Charisma Knie an Knie zu hocken, jetzt wirkte seine Nähe bedrohlich. Moore legte seine Hand auf mein Knie – wer hatte ihm das denn erlaubt? – und lächelte: «Liebe Nellie, lass uns aufhören, um den heißen Brei herumzuschleichen …»

«Sehr gerne.»

«Sag mir lieber: Wo ist das Buch, das du mir gestohlen hast?»

Ich versuchte mich an einem Pokerface wie Ethan Hunt in *Mission Impossible*, ärgerte mich dabei für einen kurzen Moment, dass mir keine einzige weibliche Superagentin einfiel, die ich mir in dieser Situation als Vorbild hätte nehmen können – Hollywood besaß dahin gehend echt noch Nachholbedarf –, und sagte so cool wie möglich: «Das ist in Sicherheit.»

Ich ahnte ja nicht, dass dem nicht ganz so war.

Wie ich später erfuhr, leistete Retro just in diesem Moment in der Lobby doch seinen Schwur bei der Göttin der Fruchtbarkeit. Dafür machte er der Weltwährungsfondschefin Komplimente. Anfangs gefielen die Schmeicheleien der reifen Französin wohl, doch dann erwähnte Retro, dass ihre wundervollen Falten vergleichbar wären mit den ehrwürdigen Ringen eines hundertjährigen Baumes. Die Dame fühlte sich daraufhin veräppelt oder, da sie ja eine Französin war, eher *verpommed* und rief etwas in der Art von *Je suis empöred*. Retro, der des Französischen nicht mächtig war, versuchte, sie zu beschwichtigen, indem er seine starke Hand auf ihre schmale Schulter legte, was wiederum dazu führte, dass der Chihuahua sein Frauchen verteidigen wollte und Retro eine Zeitlang voll und ganz mit ihm beschäftigt war.

In der Präsidentensuite hörte Moore indessen auf zu lächeln und erklärte bestimmt: «Dieses Buch ist mein Besitz.»

«Hmm», sagte ich halb bestätigend, halb abwehrend und nicht mal ansatzweise so souverän wie ein Topspion.

«Und ich will es wiederhaben», ergänzte Moore und drückte meine Knie noch ein wenig fester. Seine Miene verfinsterte sich, und jeden Augenblick erwartete ich, dass in dem Raum eine Schurkenmelodie ertönte wie die von Darth Vader: *Ta-Ta-Ta-Tatata-Tatata, Ta Ta Ta Tatata-Tatata …*

«Erst sagen Sie mir», nahm ich all meinen Mut zusammen, «woher das Büchlein stammt.»

Anstatt mir zu antworten, stellte Moore fest: «Du hast darin gezeichnet.»

«N…, nein», log ich schlecht.

«Gestern», lächelte Moore und tätschelte mein Knie, «hättest du dir auf diesem Sofa nichts sehnlicher gewünscht, als mit mir zu schlafen.»

Da war aber jemand überzeugt von sich.

«Und wir hätten stundenlang Tantra-Sex gehabt.»

Da irrte er sich aber gewaltig. Immer wenn ich Bilder von Tantra sah, dachte ich, dass das sehr unbequem aussah und ich davon bestimmt Rückenschmerzen bekäme. Außerdem schreckte mich jede körperliche Tätigkeit ab, für die man Ausdauer brauchte.

«Jetzt aber bist du nervös in meiner Nähe. Geradezu ängstlich. Du hast etwas zu verbergen.»

Wenn es um Pokerfaces ging, hatte ich von Ethan Hunt anscheinend noch sehr viel zu lernen.

«Also, was hast du in das Buch gezeichnet? Gold kann es nicht gewesen sein, dann wärst du schon Milliardärin und nicht mehr hier.»

Warum war ich dusselige Kuh nicht selbst darauf gekommen?

«Eine Frau wie du hat bestimmt einen schönen bunten

Vogel gemalt, und plötzlich flog er dir aus dem geheimen Büchlein der Shang-Chi-Mönche entgegen.»

Moore wusste um das Geheimnis des Buches, daran gab es keinen Zweifel. Wenn ich ihn weiterreden ließ, würde ich herausfinden, ob man wirklich Lebewesen und Gold aus Amanpour oder auch aus anderen Reichen in unsere Welt holen konnte. Oder ob gar alles, was man hinzeichnete, zum Leben erwachte.

«Es war ein bunter Vogel, nicht wahr?», insistierte Moore.

Ich wollte ihm nicht von Retro erzählen, der im Übrigen zu diesem Zeitpunkt seine Chihuahua-Situation in der Lobby nicht wesentlich verbessert hatte:

«Ich habe», schwindelte ich Moore an, «einen Baum gezeichnet, und der wuchs auf einmal in meinem Zimmer.»

«Und jetzt ahnst du, wie mächtig die Magie der Shang-Chi-Mönche ist.»

«Aber ich weiß nicht, wie sie genau funktioniert.»

«Und das soll ich dir erklären, kleine Nellie?», er quetschte nun mein Knie mit seiner Hand.

«Das wäre nett», sagte ich, bemüht, mir meinen Schmerz nicht anmerken zu lassen.

«Willst du die Welt verändern, kleine Nellie?», fragte Moore und nahm die Hand mit einem Mal weg.

«Wie bitte?», staunte ich.

«Willst du die Welt verändern?»

«Ich verstehe nicht ganz.»

«Das Buch verleiht dir diese Kraft.»

Oh ... mein ... Gott! So weit hatte ich noch gar nicht gedacht.

«Du wirst plötzlich ganz blass», stellte Moore fest. Das konnte ich zwar selbst nicht sehen, da ich ungünstig zu dem goldgerahmten Spiegel an der Wand saß, aber da mir schlecht wurde, glaubte ich ihm sofort.

«Und dein Mund wird bei dem Gedanken, das Schicksal der Welt liegt in deinen Händen, trocken», ergänzte Moore und hatte damit so etwas von recht. Meine Zunge fühlte sich an wie die von Kapitän Haddock bei seinem Wüstentrip in *Die Krabbe mit den goldenen Scheren*.

«Mir ging es genauso wie dir, als ich von der Macht des Buches erfuhr. Mich hat gestern Abend ein alter Mönch aufgesucht. Ich nehme an, du hast ihn gesehen?»

Ich nickte schwach.

«Er erzählte mir seine Geschichte: Die Shang-Chi-Mönche hatten jahrhundertelang friedlich in einem tibetischen Tal gelebt, bis die chinesische Armee einmarschierte. Ihre Tempel wurden von den Soldaten zerstört, die meisten von ihnen kamen ins Gefängnis und kehrten nie zurück. Nach all den

Jahren der Verfolgung waren nur noch zwölf der Mönche am Leben. Sie hatten sich schon zu Beginn der Invasion in den Bergen versteckt und fristeten in den kalten Höhlen ein karges Leben. Die erste Zeit meditierten sie noch und beteten für eine bessere Welt. Irgendwann wandten sie sich enttäuscht von ihrem Glauben ab und den mystischen Kräften zu. Sie hielten verbotene Rituale ab und brauten sich aus Moos und Eselsblut Zaubertränke.»

Zaubertränke wären bestimmt viel populärer, wenn man sie aus Bonbons, Schokoküssen und Sahnehäubchen herstellen könnte. Dann würde man sie bestimmt auch bei *Starbucks* bekommen. Oder in einem Laden namens *Magicbucks*. Oder in einem fahrbaren Laden, den könnte man dann *Magic Bus* nennen.

Au Mann, ich erfuhr gerade, dass es tatsächlich Magie in dieser Welt gab, und mein Hirn dachte nur darüber nach, wie sie von Großunternehmen kommerzialisiert werden könnte? Bestimmt war das nur eine Übersprungshandlung meines Gehirns, weil das wahre Ausmaß dieser Erkenntnis meine Vorstellungskraft sprengte.

«Mit Hilfe dieser Tränke», erzählte Moore weiter, «konnten die Mönche mit ihrem jeweiligen Bewusstsein ihre Körper verlassen. Sie schickten ihr Bewusstsein auf Reisen durch die mystischen Dimensionen. Und schließlich trafen sie auf den schrecklichen Urgott der Finsternis namens Forgahlorosstt.»

«Klingt ein wenig wie Vollhorst», kicherte ich nervös.

«Das würde ich in seiner Anwesenheit besser nicht erwähnen», erwiderte Moore sehr, sehr ernst.

«Hatte ich auch nicht vor», hörte ich auf zu kichern.

«Falls du es doch tun solltest, würde deine Seele für immer

von seinem unsterblichen Leib der Finsternis verschlungen werden.»

Es wäre gewiss für alle Beteiligten gesünder, wenn sich solche Wesen von Gemüse-Smoothies ernähren würden.

«Sein Name steht auf dem Buch.»

Deswegen war der Tibeter im Imbiss weggelaufen, als er die Zeichen gelesen hatte.

«Aber du wirst Forgahlorosstt nicht treffen, wenn du keine Reise wie die Mönche unternimmst.»

Das war beruhigend.

«Der Gott der Finsternis wurde von dem Licht des Lebens auf immer von unserer Welt verbannt. Als die Mönche mit ihrem Bewusstsein zu ihm gelangten, versprach er ihnen, unsere Welt zu verändern. Für einen Preis, den er ihnen noch verraten würde.»

«Und sie willigten ein?», ich konnte es kaum glauben. Jeder, der schon mal einen Horrorfilm gesehen hatte, wusste doch, dass es nie, aber auch wirklich nie eine gute Idee ist, sich mit einem bösen übernatürlichen Wesen auf einen Pakt einzulassen. Andererseits hatten die Mönche in Tibet bestimmt kein Netflix in ihrer Höhle. Amazon belieferte sie gewiss auch nicht. Von daher hatten sie so einen Film bestimmt noch nie gesehen.

«Auf Anweisung von Forgahlorosstt stellten die Mönche in ihrer Berghöhle die Seiten des Buches her. Als sie es fertig hatten, hielten sie ein mystisches Ritual ab, bei dem elf von ihnen ihre Seelen dem Urgott opferten.»

«Das war der Preis», stellte ich fest.

«Das war der Preis. Dafür erhielt der zwölfte Mönch das magische Buch, das die Macht hat, die Welt zu verändern.»

«Indem man Wesen aus Amanpour zu uns holt?», fragte

ich, und meine Beine zitterten so sehr, dass meine Knie gegeneinanderschlugen, würde ich doch nun erfahren, woher Retro stammte.

«Was zum Teufel ist Amanpour?», fragte Moore irritiert.

Und mit dieser Gegenfrage war klar: Amanpour gab es nicht. Die Magie des Büchleins bestand darin, dass alles, was man hineinzeichnete, zum Leben erwachte. Der Prinz, der unten in der Lobby sein Hundeproblem mittlerweile gelöst hatte …

… dieser Prinz war also mein Geschöpf!

22

«Du fragst dich bestimmt, wie ich die Welt verändern will, kleine Nellie», stellte Moore fest, während ich mich vergeblich bemühte, mich von dem Gedanken zu erholen, dass ich Retro erschaffen hatte. Dabei lächelte Moore mich an und wirkte kein bisschen böse, sondern charmant und einnehmend.

«Nun», riss ich mich zusammen und antwortete so tapfer wie möglich, «das ist kein unwesentlicher Punkt für meine Entscheidung, ob ich Ihnen das Büchlein wiedergebe oder nicht.»

Für einen kurzen Moment dachte ich darüber nach, ob man die Welt überhaupt ändern dürfe, selbst wenn es zum Guten sei. Darf jemand die Macht besitzen, den Himmel auf Erden zu erschaffen und damit das Leben aller Menschen zu verändern? Aber wäre es nicht vielleicht ein Segen für alle, wenn ein Mann mit Moores Talenten die Welt zu einem besseren Ort machte? Auf der Erde gab es so viel Mist – Kriege, Hunger, Pegida-Demonstrationen –, und jetzt war mit einem Mal die Chance da, die Menschheit vor allen Übeln zu retten! Hoffentlich würde Moore das tun!

«Ich bin ein Künstler», antwortete Moore.

«Und?»

«Ich interessiere mich nicht für Moral.»

Ta-Ta-Ta-Tatata-Tatata, Ta Ta Ta Tatata-Tatata …

Ich brauchte ein wenig, bis ich meine Sprache wiederfand: «Ich … ich mich aber schon … Sie bekommen das Buch auf gar keinen Fall!»

«Dann muss ich jetzt wohl Gewalt anwenden.»

Panisch sprang ich vom Sofa auf und rief: «Wehe, Sie rühren mich an!»

«Was dann?», grinste Moore.

Eine exzellente Frage.

«Dann … dann …», ich sah mich hektisch um.

«Dann?»

«Moment, ich komm gleich drauf ...»

«Ich kann warten», lächelte Moore.

«Dann», ich schnappte mir ein silbernes Zuckerdöschen, das auf dem Tisch stand, «werf ich Ihnen das an den Kopf.»

«Whao», lachte er, ohne vom Sofa aufzustehen. «Angesichts einer so furchtbaren Bedrohung rühre ich dich natürlich nicht an.»

«Gut», sagte ich, aber erleichtert war ich nicht. Ich konnte mich des Gefühls nicht erwehren, dass die Sache einen Haken hatte.

«Für so etwas habe ich meine Leute.»

Wie ich es hasste, recht zu haben.

«Olf! Dolf!», rief Moore. «Kommt doch bitte mal!»

Aus einer Seitentür traten zwei blonde Hünen in schwarzen Anzügen ins Zimmer. Waren die etwa gemeinsam auf dem Klo gewesen? Nein, wohl eher in einem weiteren Wohnraum der Suite. Die beiden Riesenkerle trugen Sonnenbrillen, hatten ihre langen Haare zu einem Zopf zusammengebunden und sahen aus, als ob sie sich von einer ausgewogenen Diät aus Anabolika und Epo ernähren würden.

«Olf und Dolf sind meine Bodyguards», lächelte Moore. «Sie waren mal Schwedens Meister in Mixed-Martial-Arts.»

Meister in Halma wäre mir lieber gewesen.

«Und bevor sie sich als Bodyguards selbständig machten, waren sie als Söldner für zahllose Schurkenstaaten tätig.»

Für einen kurzen Moment schoss mir die Frage durch den Kopf, ob zwei Riesenschweden es nicht eher schwerhatten, sich unauffällig in Somalia oder dem Südjemen zu bewegen, realisierte aber schnell, dass ich die beiden wohl eher nicht darauf ansprechen sollte.

Die Hünen bauten sich vor mir auf, und Olf – oder war es

Dolf? – sagte mit schwedischem Akzent: «Wir bröken dir die Böne.»

Und ich dachte mir: Möst.

Olf und Dolf gingen langsam auf mich zu, und ich überlegte, wie wohl die weiblichen Heldinnen aus den großen Geschichten an meiner Stelle reagiert hätten. Dummerweise hatte ich kein magisches Lasso dabei wie Wonder Woman, keine Armbrust wie Katniss Aberdeen aus *Panem* und auch keine Zaubersprüche in petto wie Hermine Granger. Ich hatte noch nicht einmal einen Eimer Wasser wie Dorothy in *Der Zauberer von Oz*. Nicht dass der mir bei schwedischen Meistern in Mixed-Martial-Arts sonderlich weitergeholfen hätte. (Als Kind hatte ich meine Eltern immer gefragt, wie die böse Hexe sich eigentlich gewaschen hatte, wenn ein Eimer Wasser sie vernichten konnte. Und wenn sie sich noch nie gewaschen hatte, warum Dorothy dann nicht schon von ihrem Gestank umgekippt war. Darauf hatten meine Eltern – wie auf so viele meiner Fragen – keine Antwort.)

Panisch sah ich zur Tür. Den Weg zu ihr hatten mir die beiden Schweden noch nicht verstellt, denn sie waren ja von der anderen Seite ins Zimmer gekommen. Moore machte keinerlei Anstalten, sich zu bewegen, er saß einfach nur auf dem Sofa und grinste wie ein *James Bond*-Schurke, der sich seiner Sache absolut sicher war. Der Weg wäre also theoretisch für mich noch frei. Allerdings war ich mir sicher, dass mich die durchtrainierten Kerle gewiss einholen würden, bevor ich aus der Suite war. Ich musste sie also für einige Sekunden ablenken. Da ich weder Armbrust schießen noch Zaubersprüche loslassen oder Wassereimer werfen konnte, musste ich wohl meine ganz eigene Superkraft entwickeln. Am liebsten wäre ich jetzt diese Superheldin gewesen:

Aber leider konnte ich mich nicht in Luft auflösen. Doch etwas anderes konnte ich! Da ich mit Verwirren des Gegners schon bei den Skinheads Erfolg hatte, entschied ich mich, erneut *Verwirrgirl* zu sein.

Ich wandte mich direkt an die beiden Schweden und fragte: «Was sagt ein Schwede zu einem anderen Schweden, wenn er ihm in einer Kirche den Altar zeigt?»

Olf und Dolf hielten verblüfft inne.

«Altar Schwede!»

Die Sekunde, in denen sie vor Wortspielschmerz die Augen zukniffen, war der Moment, in dem ich losrannte.

«Schnappt sie euch, ihr Idioten!», reagierte Moore als Erster. Die Hünen öffneten die Augen, schüttelten den Wortspielkopfschmerz ab und machten sich auf die Jagd. Ich drückte die Klinke runter, rannte aus der Suite, den Gang entlang und auf den Fahrstuhl zu, der am Ende lag. Dabei stellte ich fest, dass Angst zwar nicht wirklich Flügel verleiht, aber immerhin deutlich schnellere Beine. Ich hatte Glück, der Fahrstuhl war gerade auf diesem Stockwerk. In ihm angekommen, schlug ich auf den L-Knopf für Lobby! Und während sich die Tür im Zeitlupentempo schloss, stürmten die Schweden in meine Richtung. Ich sah hoch zu der aus vergoldeten Platten bestehenden Fahrstuhldecke und betete: «Bitte, lieber Gott, du kannst doch auch kein Interesse daran haben, dass die beiden mir die Beine wie Knäckebrot brechen. Und ja, ich weiß, dass es ein wenig absurd und egozentrisch ist, zu denken, dass du ausgerechnet mir hilfst, wo du so vielen Menschen in den anderen Kontinenten ja kein bisschen beispringst, wenn die unter Erdbeben, Flutkatastrophen oder Kriegen leiden müssen, aber wie dem auch sei, ich bitte dich …»

In diesem Augenblick schloss sich die Tür des Fahrstuhls endgültig. Gott hatte wohl keine Lust mehr, sich mein Geplärre anzuhören. Olf – oder Dolf – schlug noch dagegen und brüllte etwas, das klang wie «Köcke».

Der Fahrstuhl setzte sich mit einem Ruck in Bewegung, ich lehnte mich an die Wand und hoffte, dass die beiden Schweden durch das Treppenhaus nicht schneller unten wären als ich. Begleitet von dudelnder Fahrstuhlmusik versuchte ich, meine Gedanken zu sammeln: Moore war ein Psychopath und würde die Welt mit dem Buch ins Unglück stürzen. Er durfte es auf gar keinen Fall in die Hände bekommen! Ich musste es notfalls mit meinem Leben beschützen. Gemeinsam mit Retro.

Retro.

All seine Erinnerungen waren nicht real. Seine gefolterten und ermordeten Geschwister hatte es nicht gegeben, auch nicht seinen geliebten Wolf. Von seinen Göttern ganz zu schweigen. Seine Schöpferin war ich. Etwas Ungöttlicheres, Unvollkommeneres als Schöpferin kann man sich kaum vorstellen. Wie würde Retro reagieren, wenn er die Wahrheit erfuhr? Durfte ich sie ihm überhaupt sagen? Wer möchte schon hören, dass sein Schöpfer – um es mit den Worten der Schweden zu sagen – ein Völlpfösten war? Das wäre so, als würde mir jemand sagen, dass es weder Berlin gab noch meine Eltern und all das, was ich je erlebt hatte, nie real geschehen war. Obwohl, was meine Männergeschichten betraf, wäre das sogar ein tröstlicher Gedanke.

Wenn ich hier heil aus dem Hotel herauskäme, so beschloss ich in diesem Moment, würde ich Retro irgendwelche Lügen über das Buch auftischen. Und das, obwohl ich aus vielen Komödien wusste, dass jede Lüge irgendwann auffliegt – natürlich immer im unpassendsten Augenblick – und dadurch Beziehungen für immer zerstören konnte. Es gab ja auch Wichtigeres auf der Welt als die Wahrheit! Vor allen Dingen: Was sollte ich mit dem Büchlein machen? Wem konnte man es anvertrauen? Welcher Mensch würde mit dieser Macht verantwortungsvoll umgehen? Der Papst? Angela Merkel? George Clooney? Bei allen würde die Antwort lauten: Wohl kaum. Ich musste das Büchlein erst mal behalten, bis mir jemand einfiel, der die Welt wirklich zu einem besseren Ort machen würde. Oder sollte ich etwa selbst versuchen, die Welt zu verändern? Ausgerechnet ich, Nellie Oswald?

Während mir diese Gedanken im Kopf herumschwirrten, spielte sich in der Lobby Folgendes ab: Die Chefin des Weltwährungsfonds starrte auf ihren Chihuahua im Einmachglas und war *not amused.* Aber sie rief nicht nach der Polizei. Das musste sie auch nicht, denn das hatte der zahngebleachte Portier schon längst getan. Drei Streifenwagen waren sofort angerauscht – und wäre jemand aus einem benachteiligten Stadtteil anwesend gewesen, hätte er sich gewiss gewundert, dass die Polizei so viel schneller in einem Luxushotel aufkreuzt als in den Blocks des sozialen Wohnungsbaus. Der Leiter des Einsatzes, ein Mittvierziger mit beeindruckender Bierplauze, bat Retro, ihm zu folgen. Retro erklärte, dass er als Prinz nicht die Befehle eines «Gewöhnlichen» entgegennähme. Der Polizist wiederum erklärte, dass er als Gewöhnlicher gewöhnlich verwöhnten Prinzesschen in den Hintern tritt, wenn sie nicht tun, was er sagt. Retro korrigierte, dass es sich bei ihm nicht um ein Prinzesschen handelte, sondern um einen Prinzen, genauer gesagt um Prinz Retro von Amanpour, den Sohn von Gauwin von Amanpour, dem Enkel von Baldowir dem Grauen … aber noch bevor er erwähnen konnte, dass er ebenfalls der Urenkel von Brunswick war, dem König der sieben Bergdrosseln, hatte der dicke Einsatzleiter ihn umrundet und in den Hintern getreten.

Im Folgenden kam es zu einer handgreiflichen Auseinandersetzung, in deren Verlauf Retro mehrere Polizisten niederschlug, bis der Plauzen-Polizist eine Pistole zog. Da Retro lernfähig war und durch die Begegnung mit den Skins wusste, wie gefährlich so eine Pistole sein konnte, ergab er sich und ließ sich abführen. Der dicke Einsatzleiter und ein kleiner dürrer Polizist blieben in der Lobby zurück und nahmen Zeugenaussagen auf. Und noch während sie dies taten, betrat Lenny das Hotel. Er sah sich nach mir um, fand mich jedoch nicht, dafür aber auf dem Boden das Büchlein, das er als meines wiedererkannte. Er steckte es schnell ein und verschwand wieder, denn er fühlte sich immer schnell unwohl, wenn die Polizei in der Nähe war.

So also geriet das Buch in Lennys Besitz. Wie gesagt, es war nicht eine meiner besten Ideen gewesen, Lenny um Hilfe zu bitten.

23

Etwa fünf Sekunden später machte es *Bing*, die Fahrstuhltür ging auf, und ich stellte fest, dass in der Lobby ein außerordentlicher Retro-Mangel herrschte. Auch von Lenny war nichts zu sehen. Dafür würden gewiss die beiden Schweden gleich auftauchen. Hektisch sah ich mich um und erspähte durch die Drehtür gerade noch, wie Retro von Polizeibeamten in ein Dienstauto bugsiert wurde, während zwei andere Einsatzwagen bereits wegfuhren. Ich rannte durch die Tür nach draußen und wusste, dass die Beamten mir gewiss nicht glauben würden, dass ein berühmter Mann wie Moore mir etwas antun wollte wegen eines magischen Büchleins. Wenn ich ihnen das erzählte, würden sie mich für eine Quartalsirre halten und einfach stehenlassen, und die Schweden hätten leichtes Spiel. Ich hatte nur eine Wahl, ich musste ebenfalls verhaftet werden!

Ich rannte durch die Drehtür auf die Beamten zu, deutete auf Retro im Wagen und keuchte völlig außer Atem: «Ich bin seine Komplizin!»

«Du hast also geholfen, den Hund der Weltwährungsfondschefin ins Glas zu stopfen?», fragte der dicke Einsatzleiter.

«Ähem … ja …», staunte ich doch über das, was in meiner Abwesenheit geschehen war.

«Dann bist du verhaftet!»

Schönere Worte hatte ich noch nie von einem Polizisten gehört.

Die Männer packten mich, und während der Dürre die Autotür öffnete und der Dicke mich in den Wagen drückte, traten die Schweden aus der Drehtür, und ich hörte noch, wie einer von ihnen fluchte: «Föck!»

Ich rutschte neben Retro auf die Rückbank, deren Leder bereits jede Menge Risse und Flecken aufwies, von denen man lieber nicht wissen wollte, woher sie stammten. Das Gitter, das uns von den Vordersitzen trennte, war an mehreren Stellen geflickt – man konnte der Berliner Innenbehörde wahrlich nicht vorwerfen, auf verschwenderische Weise in die Ausrüstung der Polizei zu investieren.

«Ergeht es dir wohl, Nellie Oswald?», fragte Retro besorgt. Er wollte nicht als Erstes erfahren, ob ich herausgefunden hatte, wie er nach Amanpour zurückkommen konnte. Mein Wohl war ihm wichtiger als sein eigenes Schicksal.

Ich sah über die Schulter zu den Schweden, die an der Drehtür vor dem Adlon standen, aber keine Anstalten machten, uns zu folgen – die Polizei schreckte sie wie erhofft ab.

«Ja, ja … mir geht's gut.»

Wirklich besser würde es mir erst gehen, wenn sich der Wagen endlich in Bewegung setzte, weg vom Pariser Platz, weg vom Adlon und vor allen Dingen weg von Moore und seinen Mixed-Martial-Arts-Kämpfern.

«Sind diese Männer von der königlichen Garde?», fragte Retro und deutete dabei auf die Polizisten vor uns. Während der Dicke das Steuer in der Hand hielt, spielte der Dürre auf seinem Handy ein Game, bei dem er niedliche Dinosaurier mit Kometen abschoss:

«Wir haben in Deutschland gar keinen König», erklärte ich Retro.

«Wer ist dann euer Herrscher?»

Was sollte man darauf antworten? Wir hatten zwar eine Kanzlerin, aber die konnte ja auch nicht einfach herrschen, wie sie wollte. Und obwohl im Grundgesetz stand, dass alle Staatsgewalt vom Volke ausgeht, fühlte sich das im Alltag oft nicht so an. Ich hatte jedoch wenig Lust, Retro das kapitalistische Bankensystem inklusive Hedgefonds zu erklären. Zum einen verstand ich es selbst nicht, zum anderen hatte ich auch nicht den Eindruck, dass irgendein Banker sein Geschäft wirklich beherrschte. Und selbst wenn es mir gelänge, den modernen Kapitalismus zu erklären, würde Retro unsere Welt dann endgültig für so bekloppt halten, wie sie es auch war.

Nein, wir hatten dringlichere Probleme als die Machtverteilung in Deutschland. Zum Beispiel, dass Magie unsere Welt aus den Angeln heben könnte. Daher fragte ich, während wir in Richtung Wache brausten: «Hast du das Buch?»

«Verzeih mir, Nellie Oswald. Ich habe das Buch aus meinen Augen gelassen, als ich gegen ein Untier kämpfen musste.»

«Ein Untier?»

«Ich wünschte, es wäre ein Trogg gewesen oder ein Schmoog oder ein hinterhältiger Harfenbaum …»

«Hinterhältiger Harfenbaum?»

«Aber es war lediglich eine stark behaarte Ratte.»

«Eine Ratte?»

«Die von der älteren Dame.»

«Das war keine Ratte, sondern ein Hund.»

«Jenes Wesen war ein Hund? Wurde er verzaubert?»

«Nein, er wurde so gezüchtet.»

«Warum tut man das?»

Gute Frage. Nächste Frage. Wichtigere Frage: «Retro, hast du eine Ahnung, wo das Buch jetzt sein kann?»

«Als ich in diese Kutsche verfrachtet wurde, habe ich einen Mann gesehen, der die Herberge damit verlassen hat.»

«Wie sah der aus?»

«Klein und dünn.»

Es war also nicht Moore gewesen.

«Und er hatte eine merkwürdige Kopfbedeckung.»

Das musste Lenny gewesen sein. Uff! Und dann auch wieder nicht uff! Wenn Lenny die Kladde aufschlug und darin seine Traumprinzessin hineinzeichnete, würde Evila in Berlin ihr Unwesen treiben. Wir mussten Lenny unbedingt das Buch abnehmen, bevor er auf den Gedanken käme.

Das Polizeiauto fuhr langsamer, das Revier Friedrichstraße war schon in Sicht, und ich raunte Retro zu: «Wenn wir anhalten, müssen wir fliehen.»

«Einverstanden, es ist alles besser, als in einem Verlies zu landen. Ich war einst in den dunklen Gewölben der Burg Greifenfels gefangen und musste mich dort wochenlang nur von Asseln ernähren. Und als ich fliehen konnte, musste ich tagelang durch das Moor der ewigen Verdammnis wandern.»

Nein, das musstest du nicht!, hätte ich beinahe geantwortet. Alle seine Erinnerungen waren falsch. Früher oder später musste Retro das erfahren.

Wenn es nach mir ging später. Viel später.

«Hast du erfahren, wie ich nach Amanpour zurückkehren kann?»

Ich hatte mir vorgenommen, ihm zu verheimlichen, dass es sein Reich nicht gab, obwohl ich ahnte, dass diese Lüge irgendwann im Desaster enden würde. Aber als Retro mir so voller Hoffnung in die Augen sah, wurde mir klar, dass er mich niemals anlügen würde. Da durfte ich ihn doch auch nicht beschwindeln. Das war ich ihm schuldig. Auch wenn er nur eine Erfindung von mir war, war er doch bewundernswert aufrichtig, mutig und edel. So wie ich es auch gerne wäre. Aber ich brachte es nicht übers Herz, die Hoffnung in seinen Augen erlöschen zu sehen.

So entschied ich mich weder für die Lüge noch für die Wahrheit, sondern für die Feigheit und sagte: «Das erzähle ich dir später. Lass uns erst mal fliehen.»

24

Die Flucht lief anfangs wie gewünscht: Der dürre Polizist machte die Tür auf, Retro schubste ihn beim Aussteigen zu Boden, wir beide rannten los, die beiden Freunde und Helfer hinterher. Dabei keuchten sie – wie zu erwarten bei mittelalten, schlecht trainierten Männern – schon nach wenigen Metern. Rasch konnten wir sie abhängen, und ich hätte vielleicht beim Betreten des S-Bahnhofes Friedrichstraße ein wenig verschnaufen können, wenn nicht etwas passiert wäre, womit ich vermutlich hätte rechnen müssen, aber was ich einfach nicht bedacht hatte: In Berlin gab es noch mehr Polizisten.

Im S-Bahnhof liefen zwei Polizisten Streife, und die waren jünger, größer und mehr im Training. Gerade wurde ihnen per Funk etwas mitgeteilt, und kaum hatten sie uns entdeckt, nahmen sie auch schon die Verfolgung auf. Wir rannten zur Rolltreppe, Retro zögerte, weil er nicht begriff, wie sie funktionierte. Ich japste neben ihm: «Wir müssen da … h… h… hoch.»

Ich nahm ihn an der Hand, zog ihn die – wie er sie nannte – «magische Treppe» hoch. Die Anzeigetafel hielt die unangenehme Nachricht bereit, dass die nächste Bahn erst in zwei Minuten eintreffen würde. Das würde nicht reichen, ich sah die beiden Polizisten schon die Treppe hinter uns hochlaufen.

Ich hatte Seitenstiche, meine Lunge brannte wie Feuer und schien schier zu zerplatzen, aber ich musste zu Lenny und dem Buch. So rannten wir auf dem Bahnsteig weiter, bis an dessen Ende. Dort angekommen, gab es nur zwei Möglichkeiten: sich den beiden Polizisten zu stellen und das Schicksal der Welt ausgerechnet dem Chaoten Lenny zu überlassen oder auf das Gleis zu springen.

«Wir müssen da runter», schnaufte ich.

Retro, der mir anscheinend voll vertraute, sprang sofort. In dem Sekundenbruchteil, in dem er sich im Flug befand, fiel mir ein, dass sich die Helden in Actionfilmen, wenn sie durch die New Yorker U-Bahn-Schächte rannten, immer gegenseitig vor den Stromschienen warnten. Wenn ein Vogel auf einer der Schienen landete, wurde er ja auch zu Kentucky Fried Chicken:

Für eine Warnung war es schon zu spät. Retro landete direkt auf einer der Schienen und … verbrutzelte nicht. Stattdessen balancierte er elegant darauf entlang wie ein Tänzer. Die Berliner S-Bahn funktionierte also anders als die New Yorker Subway. So wie das echte Leben auch anders funktionierte als in den Filmen.

Manchmal kann die Realität also auch besser sein als die sie.

«Worauf wartest du, Nellie Oswald?», fragte Retro und streckte mir seine Arme entgegen. Ich sprang ab, er fing mich auf, als wäre ich eine Feder. Seine starken Arme hatten etwas Beschützendes, und am liebsten hätte ich mich in diesem Augenblick an seiner breiten Brust ein wenig ausgeruht.

«Stehen bleiben, Polizei!», rief einer der beiden Polizisten, die näher kamen.

«Wir müssen weiter», sagte Retro zu Recht. Schweren Herzens löste ich mich aus seinen Armen, und wir rannten über die Gleise davon. Nach etwa hundert Metern sah ich mich um: Die Polizisten folgten uns nicht. Sie waren auf dem Bahnsteig stehen geblieben. Von dort riefen sie irgendetwas, was ich vor lauter Autolärm, der von den Straßen unter den Gleisen her tönte, nicht verstehen konnte.

«Die … die … wollen», keuchte ich, «dass wir uns ergeben …»

«Ich befürchte, sie wollen uns etwas anderes mitteilen», widersprach Retro.

«W… w… was denn?»

«Dass wir uns in Acht nehmen sollen.»

«Wovor denn?»

«Wohl davor», antwortete er und zeigte nach vorne. Ich folgte mit den Augen seinem Finger und sah eine S-Bahn, die gerade um die Ecke bog und auf uns zudonnerte!

«Ach du heilige Kacke!», rief ich aus.

«Ist Kacke bei euch etwa heilig?», staunte Retro.

«NEIN IST SIE NICHT!», schrie ich panisch.

«Das ist beruhigend.»

Hektisch sah ich mich um. Zurück zum Bahnsteig würden wir es nicht schaffen. Ich wusste zwar nicht genau, wie lang die Bremswege von S-Bahnen waren, aber ich bezweifelte, dass der Fahrer noch rechtzeitig stoppen konnte. Leider machte keiner der beiden Polizisten Anstalten, uns zu retten. Die Polizei war in diesem Fall weder Freund noch Helfer. Panisch versuchte ich, einen Ausweg zu finden. Mir fiel nur einer ein: «Wir müssen uns flach auf den Boden legen!»

In Hollywood-Reißern klappte so etwas ja regelmäßig. Die Helden pressten sich auf den Boden, die Bahn ratterte über sie hinweg, und schwups waren sie ihren Verfolgern endgültig entkommen. Aber wie ich bereits festgestellt hatte, war das alles hier kein Film. Wer wusste schon, wie die Berliner S-Bahnen konstruiert waren? Die Ingenieure der Verkehrsbetriebe natürlich, die wussten das. Aber von denen war leider gerade keiner da. Wir mussten also mit der Möglichkeit rechnen, dass die Wagen uns mitreißen würden. Dennoch sah ich nur diese einzige Chance.

Die Bahn war noch etwa dreißig Meter entfernt, ich wollte mich zu Boden stürzen und die nächsten Sekunden mit Beten verbringen, da sagte Retro: «Warum springen wir nicht einfach zur Seite?»

Ich sah auf das Nachbargleis neben dem unseren. Das war in der Tat komplett frei.

«Oder so», stimmte ich zu.

Die Bahn war nur noch etwa zwanzig Meter entfernt. Ich wollte mich bewegen. Aber meine Beine waren wie Pudding.

«Nellie Oswald, jetzt!», schrie Retro, der nicht vor mir springen wollte.

Zehn Meter.

Ich sah in das entsetzte Gesicht des S-Bahn-Fahrers, der sich in diesem Augenblick gewiss fragte, warum er sich nicht schon längst zum Schalterbeamten hatte umschulen lassen.

Fünf Meter.

Ich starrte auf den näher kommenden Zug.

Drei Meter.

Der Fahrer schloss die Augen.

Zwei Meter.

Retro packte mich mit seinen starken Armen …

Ein Meter.

… und sprang mit mir zur Seite. Es war ein Riesensatz. Noch während wir uns in der Luft befanden, sauste die Bahn an uns vorbei. Der Fahrtwind verlieh uns zusätzlichen Schub. Retro drehte sich im Flug so, dass er als Erster auf dem Gleisbett landete. Während der Prinz bei seinem Aufprall nur leise stöhnte, schrie ich auf. Mehr vor Schreck als vor Schmerz. Danach wurden in meinen ganzen Körper Endorphine ausgeschüttet. Völlig euphorisiert lag ich auf Retros Brust. Ich war noch mal mit dem Leben davongekommen. Ich keuchte glücklich. Unsere Lippen waren nur fünf Zentimeter voneinander entfernt. Und dann tat ich etwas, womit ich nie und nimmer gerechnet hatte: Ich küsste Retro.

25

Ich drückte meinen Mund auf seine rauen, aufgesprungenen Lippen, und nach der ersten Verblüffung küsste er zurück. Er küsste wie ein Prinz. Wie ein Traumprinz!

Ich hatte den Kuss meines Lebens.

Auf dem Gleisbett der Berliner Verkehrsbetriebe.

Während des Kusses dachte ich gar nichts. Ich fühlte nur. Erst als wir wieder voneinander abließen, fragte ich mich, ob es für Retro auch der Kuss seines Lebens war? Streng genommen musste es so sein, denn er existierte ja erst seit ein paar Stunden. Vorsichtig öffnete ich die Augen und blickte in Retros Gesicht. Er schien erschrocken von sich selbst zu sein.

Mein Herz hätte sich einen etwas glücklicheren Ausdruck gewünscht.

«Was ... was hast du da getan, Nellie Oswald?»

«Das nennt man küssen», wollte ich ihm behilflich sein.

«Ich weiß, was das ist!», gab er zurück, für meinen Geschmack viel zu unwirsch. «Warum hast du das getan?»

Das wusste ich selbst nicht. In meinem ganzen Leben hatte ich noch nie die Initiative ergriffen. Immer hatten die Kerle mich beim ersten Date geküsst und ich mich währenddessen bang gefragt, ob ich wohl die Erwartungen des Mannes erfüllte. Und auch meine eigenen, die ich an Romantik hatte. Das Ganze hatte stets dazu geführt, dass ich niemandes Erwartungen erfüllte, weil ich nur beobachtete und nachdachte, statt mich einfach beim Küssen fallenzulassen.

Diesmal war es anders gewesen. Das verunsicherte mich: Empfand ich für den Prinzen etwa mehr? Nein, das war absurd! Das durfte nicht sein! Und das war auch bestimmt nicht so! Auf gar keinen Fall! Ich hatte geküsst, weil ich so erleichtert gewesen war, überlebt zu haben. Ja, genau das war es!

«Das waren die Endorphine», sagte ich.

«Die was?»

«Ich hab nicht nachgedacht.»

«Das solltest du aber!», schimpfte Retro, während ich weiter auf ihm lag. «Wegen dir habe ich Filofee betrogen.»

«Wer zum Teufel ist Filofee?»

«Meine Versprochene.»

Retro war verlobt? Besser gesagt, er dachte, er sei verlobt? Mit einer Filofee? Der Name klang wie eine Figur aus einem schlechten Zeichentrickfilm.

«Wie kann ich meiner Filofee je wieder unter die Augen treten?»

Gar nicht!, wollte ich ihn am liebsten anschnauzen. *Die blöde Kuh gibt es nämlich nicht.*

Blöde Kuh? Ich nannte eine Frau, die es gar nicht gab, in Gedanken blöde Kuh? Das letzte Mal hatte ich mich so über jemanden, der nicht existierte, aufgeregt, als ich sieben war und in *Walt Disneys Lustigem Taschenbuch Nr. 25* las, wie gemein Gustav Gans zu Donald Duck war.

«Du hast mich verführt», klagte Retro mich an.

«Einen Quatsch habe ich!»

Ich stützte mich von seiner Brust ab und rappelte mich hoch. Der Prinz stand ebenfalls auf. Wir standen uns nun auf dem Gleis gegenüber. Auge in Auge. Stirn an Stirn. Wütend und noch mehr wütend.

«O doch, du hast mich geküsst», schimpfte er.

«Und du hast zurückgeküsst!», hielt ich dagegen.

«Weil du mich verführt hast.»

«Noch mal: Ich war nicht Herr meiner Sinne. Besser gesagt: Frau meiner Sinne!»

«Das solltest du aber sein!», rügte er mich von oben herab.

«Du warst doch auch nicht Herr deiner Sinne», gab ich zurück.

«Weil du mich …»

«Wehe, du sagst jetzt, dass ich dich verführt habe!»

Es war völlig absurd. Wir standen auf einem Gleis, keine zweihundert Meter entfernt von Polizisten, die uns jagten und sich in diesem Augenblick bestimmt fragten, ob wir noch ganz dicht waren, uns zu streiten, wo doch jeden Augenblick der nächste Zug kommen konnte.

«Du hast mich aber verführt», beharrte Retro auf seiner absurden Sicht der Dinge, die mich von Sekunde zu Sekunde mehr aufregte. So sehr, dass ich sagte: «Föckhuhn.»

«Was?»

«Föckhuhn – das sage ich ab jetzt jedes Mal, wenn du das behauptest.»

Retro staunte.

«Versuch's doch mal», provozierte ich ihn.

Retro schaute noch erstaunter.

«Los!», forderte ich ihn auf.

«Du», hob er ein wenig zögerlich an, «hast mich … verführt.»

«Föckhuhn!»

«Das hast du wirklich …»

«Föckhuhn!», wiederholte ich.

«Ich weiß noch nicht mal, was das sein soll, ein Föckhuhn.»

«Ein Huhn, das föckt!»

«Das macht es nicht verständlicher!»

«Ich hab dich nicht verführt. Das kannst du nicht als Ausrede benutzen gegenüber deiner Prinzessin Lillifee.»

Meine Güte, jetzt redete ich schon, als ob die dusselige Kuh wirklich existierte.

«Sie heißt Filofee!», korrigierte er mich.

«Von mir aus kann sie auch Toffifee heißen!»

«Heißt sie aber nicht!»

«Sei ein Mann», forderte ich ihn auf, «und steh zu dem, was du getan hast.»

«Du stehst ja auch nicht zu dem, was DU getan hast!»

Retro gab einfach nicht nach. Und ich auch nicht. So kamen wir nicht weiter. Und schon gar nicht aus der Gefahrenzone.

«Lass uns das Gespräch woanders fortsetzen», schlug ich vor.

«Einverstanden, sprechen wir woanders darüber, dass du mich verführt hast.»

«Föckhuhn.»

«Vielleicht sollten wir für eine Weile ganz schweigen», bot Retro an.

«Eine exzellente Idee», fand ich.

So gingen wir schweigend weiter über das Gleis, wechselten die Seite, als eine weitere S-Bahn nahte, und fanden schließlich eine Metalltreppe, die hinunter auf eine kleine Seitenstraße führte. Unten angekommen, konnten wir keine Polizisten entdecken. Doch das bedeutete noch lange nicht, dass wir schon aus dem Schneider waren. Die Fahndung nach uns war in vollem Gang. Von daher wäre es bestimmt nicht schlau gewesen, sich jetzt zum Comicladen durchzuschlagen, denn garantiert würden wir auf dem weiten Weg dorthin verhaftet werden. Wir mussten also irgendwie untertauchen. Und was lag näher, als beim Wort «untertauchen» an Bendix und seine Badewanne zu denken? Er wohnte gleich um die Ecke!

Es ist wirklich erstaunlich, wie viele schlechte Ideen man an einem einzigen Tag haben kann.

26

Im Treppenhaus auf dem Weg nach oben fiel mir auf, dass ich erst gestern halbnackt und barfuß aus diesem Gebäude geflohen war. Diesmal war ich zwar angezogen, dennoch fühlte ich mich kaum wohler. Bendix gleich wiederzusehen und ihn um Hilfe bitten zu müssen, missfiel mir. Außerdem gab es da noch die nicht ganz unbedeutende Tatsache, dass Retro ihm verdammt ähnlich sah. Wie sollte ich das nur erklären?

Als wir vor der Wohnungstür standen, zögerte ich zu klingeln. Am Ende würde Marissa öffnen. Was sollte ich dann tun? Allein der Gedanke bereitete mir Bauchschmerzen. Aber wenn man auf der Flucht vor der Polizei ist, kann man nicht wählerisch sein. Das musste schon Harrison Ford in *Auf der Flucht* erkennen. Also nahm ich all meinen Mut zusammen und drückte auf den Klingelknopf. Vom Wohnungsflur hörte ich Schritte. Es war Bendix. Das wusste ich genau, denn jedes Mal wenn ich ihn früher besuchte, hatte mein Herz schneller geschlagen, als er sich der Tür näherte. Diesmal würde er mich nicht in den Arm nehmen und mich küssen, diesmal hatte ich Angst, ihm gegenüberzustehen. Bendix drückte die Klinke herunter, ich hielt den Atem an, die Tür ging auf. Er sah mich, war erst erstaunt, und dann strahlte er. Ja, genau, er strahlte und sagte: «Es ist so schön, dass du vorbeikommst!»

«Ernsthaft?», staunte ich, und meine Beine wurden zu Wackelpudding.

«Ich wollte dich anrufen», erklärte er, «aber dein Handy war ja noch bei mir, und dann bin ich zu dir nach Hause gefahren, aber du warst nicht da …»

Er hatte mit mir reden wollen? Warum? Wollte er sich etwa entschuldigen? Es klang fast so. Wollte er mir gar erzählen, dass er die Ärztin ohne Grenzen in die grenzenlose Wüste geschickt hatte, aus der sie gestern so überraschend aufgetaucht war? Durfte ich so etwas überhaupt denken? Hoffen?

Bevor ich etwas erwidern konnte, verließ das Strahlen sein Gesicht. Bendix deutete auf Retro, der weiter unten im Treppenaufgang stand und stammelte: «Der … der … sieht ja aus wie ich ohne Bart.»

Ich schaute von Bendix zu Retro und wieder zurück und musste feststellen: Auch wenn ich Retros Gesicht nach dem Vorbild von Bendix' erschaffen hatte, war das des Prinzen viel markanter und männlicher. Und das lag nicht nur an dem Hipster-Bart.

Retro war stärker. Imposanter. Königlicher. Traumhafter.

Es war verrückt, gestern noch war Bendix für mich der

attraktivste Mann der Welt gewesen, und sein Strahlen ließ mich noch immer schwach werden, und dennoch: Im Vergleich zu Retro wirkte Bendix irgendwie … so … so … real.

«Wer … ist das?», stammelte Bendix verwirrt.

Die korrekte Antwort wäre gewesen: *Ein Traumprinz, den ich mir nach unserem Badewannendesaster gezeichnet habe und der zum Leben erwacht ist. Er sieht so aus wie du, weil ich ihm dein Gesicht gegeben habe, ohne Bart, dafür mit raueren Lippen, die sich beim Küssen viel besser anfühlen als deine, denn dieser Prinz kann super küssen. Dafür kommt er wie du nach dem Kuss damit um die Ecke, dass er eine Verlobte hat … Ach du Schreck, das bemerke ich erst jetzt: Ihr beide seid euch anscheinend nicht nur äußerlich ähnlich! Ihr seid beide verlobt! Habe ich beim Zeichnen etwa unterbewusst dafür gesorgt, dass der Prinz auch Eigenschaften von dir hat?*

Bendix diese Antwort zu geben, war natürlich keine Option. Also sagte ich: «Das ist Retro … ein Flüchtling.»

«Aus welchem Land ist der denn?», versuchte Bendix, sich wieder zu fangen.

Während ich überlegte, wie ich am besten aus der Nummer kam, schwieg Retro hinter mir beharrlich. Er war immer noch wütend auf mich wegen des Kusses. Überraschenderweise schien er gar nicht zu bemerken, dass Bendix Ähnlichkeit mit ihm besaß. Lag das daran, dass er sein Ebenbild ohne Bart nicht erkannte? Vielleicht wusste er gar nicht, wie er aussah, weil es in Amanpour keine Spiegel gab, sondern nur das Wasser, in dem man sich lediglich verschwommen sehen konnte? Oder gab es dort zwar Spiegel, aber nur jene Sorte, die einem erzählte, wie man im Vergleich mit anderen im ganzen Land so aussah?

Nein, nichts von alldem! Amanpour gab es nicht. Retro

war noch nicht mal einen Tag alt und hatte sich daher noch nie im Spiegel betrachtet. Deswegen bemerkte er seine Ähnlichkeit mit Bendix nicht.

«Wo kommt er her?», fragte Bendix noch mal. Und da ich mit meinen Gedanken gerade in Retros Reich gewesen war, antwortete ich automatisch: «Amanpour.»

Jede andere Antwort wäre schlauer gewesen: Syrien, Kasachstan, Ukraine. Selbst Pforzheim. «Äh … wo liegt denn das …?», fragte Bendix, erstaunt darüber, dass meine Antwort seine umfangreichen Geographiekenntnisse sprengte, die er sich in seinem Job bei UNICEF erworben hatte.

Nur im Kopf des Prinzen wäre die ehrliche Antwort gewesen. Aber ehrliche Antworten fordern ja in der Regel weitere unangenehme Fragen heraus. Also stammelte ich: «Das ist eine sehr gute Frage …»

«Nein, eigentlich ist es eine ganz normale», fand Bendix.

«Normale Fragen sind andere», widersprach ich, um vom Thema abzulenken. «Zum Beispiel: Wie spät ist es? Oder: Wo bitte geht's zu Karstadt? Oder: Warum gibt es keine Mayonnaise ohne Eier?»

«Mayonnaise?», fragte er leicht irritiert, und ich plapperte ohne Unterlass weiter: «Ohne Eier würde die Mayonnaise nicht so schnell schlecht, und es würden sich viel weniger Kinder in den Schulkantinen eine Magenverstimmung holen und …»

«Was redest du da?»

«Wieder eine sehr gute Frage!»

«Ich will doch nur wissen, wo dieses Amanpour liegt», sagte Bendix, ein wenig verzweifelt von meinem Gerede. Hinter mir hörte ich, wie Retro Luft holte, um zu antworten, vermutlich wollte er irgendetwas in der Richtung sagen von «zwischen den Grauschlundsümpfen und dem Meer der tausend Winde» oder «eingerahmt vom Dunkelwald in den Landen der Schürfler» oder irgendeine andere Variation von «hinter den Bergen bei den sieben Zwergen». Aber bevor er sich einbringen konnte, sagte ich hastig: «Afghanistan.»

Bendix musterte den Prinzen. Obwohl dieser eher aussah, als würde er aus einem Keltenreich stammen als aus Asien, und obwohl er so viel Ähnlichkeit mit ihm selber besaß, schob Bendix erst mal alle seine Zweifel beiseite, denn sein Instinkt zur Hilfsbereitschaft setzte ein: «Ich kann mich mit ihm verständigen. Ich spreche Dari.»

Da war er schon mal einer von uns dreien.

Bendix ging auf Retro zu und sagte: «آمدید خوش ما»

Vermutlich bedeutete das so etwas wie: Herzlich willkommen. Aber es hätte genauso gut: *Mein Hut, der hat drei Ecken* heißen können, denn Retro verstand kein Wort. Dafür sagte er:

«Ich spreche deine Sprache.»

«Das ist ja toll», war Bendix begeistert. «Trete ein!»

Als UNICEF-Mitarbeiter gehörte Bendix zu den vielleicht 7,8 Prozent der Deutschen, für die es ganz natürlich war, ohne zu zögern einen wildfremden Flüchtling in seine Wohnung zu lassen.

Wir betraten den wunderschönen Altbauflur, den ich gestern noch mit Badewasser vollgetropft hatte. Ich sah meinen Rucksack an der Garderobe hängen und ging davon aus, dass meine Klamotten von Bendix irgendwo säuberlich abgelegt worden waren. Von Marissa war weit und breit nichts zu sehen. Das war erleichternd. Aber auch merkwürdig.

«Ich muss meine Blase entleeren!», verkündete Retro, eine Spur zu feierlich. Auch in unserer Welt kündigen Männer so etwas gerne an. Sie sagen: «Ich geh pissen», als ob sie gleich vorhätten, zum Mars zu fliegen oder den Krebs zu besiegen oder in die Vergangenheit zu reisen und Hitler zu erschießen.

Bendix führte den Prinzen zur Gästetoilette und bat ihn: «Aber bitte mach im Sitzen.»

Retro blickte für einen Moment völlig verständnislos. Dann lachte er und schlug Bendix auf die Schulter: «Du hast einen wunderbaren Sinn für Humor!»

Nachdem Retro die Tür hinter sich geschlossen hatte, fragte Bendix: «Er wird nicht im Sitzen machen, oder?»

«Nein, das wird er nicht», bestätigte ich.

Hinter der verschlossenen Badtür begann Retro zu singen: *«Ich wässere das Land, von hier bis Ampersand …»*

Bendix und ich gingen in die Küche. Als wir vor dem Küchenblock aus fair gehandeltem Holz standen, sagte Bendix: «Ich wollte mit dir reden, Nellie, weil ich dir unbedingt etwas sagen muss.»

«Und … was?», fragte ich vorsichtig, nicht sicher, ob jetzt eine schlimme oder eine wundervolle Nachricht kommen würde.

Als Antwort ließ Bendix die erste von vier Bomben platzen: «Marissa und ich sind nicht mehr zusammen.»

«Oh …», reagierte ich nicht sonderlich eloquent, aber angemessen.

«Ich habe sie verlassen. Nicht sie mich», ließ er die zweite Bombe platzen.

«Doppel-Oh», staunte ich.

«Wir beide hatten keine Zukunft. Es war eine Fernbeziehung, und es würde immer eine sein.

Aber mit dir …», er trat nah an mich heran und sah mir tief in die Augen, meine Knie wurden weich, «ich sehne mich nach etwas Festem. Etwas, das ein Leben lang hält und bei dem nicht die eine Person ständig durch die ganze Welt reist … Nellie, ich will mit dir zusammen sein. Nur mit dir.»

«Triple-Oh», hauchte ich kaum hörbar.

«Ich», ließ Bendix nun die vierte und zugleich mächtigste Bombe platzen: «… ich liebe dich!»

Ich war wie gelähmt und konnte gar nichts mehr sagen. Das war einerseits gut, weil ich keine Ahnung hatte, wie es nach «Triple» weiterging. Andererseits schlecht. Verdammt schlecht. Denn Bendix nutzte meine Verwirrung und küsste mich.

Er küsste mich!

Und dabei hörte ich aus dem Bad Retro fröhlich schmettern: *«Die grünen Quellen speisen sich aus meinen Wasserfällen …»*

27

Bendix küsste nicht wie ein Prinz. Schon gar nicht wie ein Traumprinz. Es war also nicht der Kuss meines Lebens. Dieser Kuss hier, dieser Kuss war irgendwie real.

Real bedeutete nicht schlecht. Im Gegenteil, der Kuss war ganz und gar nicht schlecht. Bendix gab sich Mühe, all sein Gefühl in den Kuss hineinzulegen und mir zu zeigen, dass er mich wirklich, wirklich liebte. Gestern hätte mich so ein Kuss noch zum Dahinschmelzen gebracht, und auch jetzt klopfte mein Herz höher. Doch ich konnte mich nicht völlig hingeben. Wenn man einmal den Kuss seines Lebens erlebt hatte, war es für jeden Kuss danach schwer zu bestehen. Egal, wie gut er auch sein mochte, er war nun mal nicht der Kuss des Lebens. Nicht das Beste, was einem widerfahren war, sondern maximal das Zweitbeste. Und wer feiert schon den zweiten Sieger? Der war doch nun mal der erste Verlierer.

Nach dem Kuss dauerte es ein wenig, bis ich mich traute, wieder die Augen zu öffnen, und als ich es tat, sah mich Bendix vorsichtig an. Nein, nicht vorsichtig, eher verunsichert. Ganz offensichtlich machte es ihn nervös, dass ich den Kuss nicht so leidenschaftlich erwidert hatte. Die darauf einsetzende Stille zwischen uns beiden wurde erst mal nur von der Klospülung unterbrochen.

«Ich verstehe», sagte Bendix, als er das Schweigen nicht mehr ertragen konnte, «dass du mir nicht vertrauen kannst, nachdem ich nicht ganz offen zu dir war.»

«Nicht ganz offen?», staunte ich über die Untertreibung und trat ein wenig von ihm weg. «Du hast mir nicht gesagt, dass du verlobt bist!»

«Weil ich Angst hatte, dich zu verlieren, Nellie.»

«Wenn du mich wirklich liebst, warum hast du dann nicht mit Marissa schon vorher Schluss gemacht?»

«Das wollte ich ja …»

«Aber?»

«Sie war in Afrika, und so etwas macht man doch nicht per Skype.»

Das meinte er tatsächlich ernst. Irgendwie sprach das sogar für ihn und seinen Anstand. Mit mir hatte Lukas damals aus Peru per Skype Schluss gemacht. Jasper hatte dafür einfach eine SMS geschrieben, und es soll auch Männer geben, die ihre Freundin via Facebook über den neuen Beziehungsstatus informieren.

«Aber du wolltest, dass ich in der Wanne untertauche», schob ich nach.

«Ich hatte Panik.»

Verständlich. Nicht heldenhaft. Aber verständlich. Jedenfalls zum Teil. Eine Sache war nämlich bei alldem ganz und gar nicht verständlich: «Wenn du mich wirklich liebst, warum hast du mich dann von ihr fortjagen lassen? Im Handtuch. Durch die ganze Stadt.»

«Das werde ich mir nie verzeihen», sagte Bendix leise. «Und ich kann verstehen, wenn auch du mir das nie verzeihen wirst …»

Bendix schaute zu Boden, verzweifelt. Das erste Mal, seit ich ihn kannte, fühlte ich mich ihm nicht unterlegen. Ich gehöre jedoch nicht zu den Menschen, die es prima finden, wenn sie in einer Beziehung die Oberhand haben. Ich will einfach nur, dass mich jemand liebt, so wie ich ihn liebe. Warum muss es in der Liebe immer ein Ungleichgewicht geben?

«Wir sind alle mal schwach …», wollte ich Bendix mehr trösten, als ihm vergeben, und ging einen Schritt auf ihn zu. Ein Teil von mir war immer noch verletzt, dass er mich gegenüber Marissa nicht verteidigt hatte, aber ich konnte es nun mal nicht ertragen, wenn jemand so betrübt war.

Bendix blickte hoch, dachte, ich hätte ihm rundum verziehen, und näherte sich mit seinen Lippen erneut für einen Kuss. Ich hätte ausweichen sollen, um meine Welt nicht noch komplizierter zu machen. Aber ich ließ es geschehen. Ich war so durcheinander. Bendix hatte mir gerade eine Liebeserklärung gemacht. Das war schön. Verwirrend, aber schön. Er drückte seinen Mund auf meinen, und gerade als ich den

Kuss erwidern wollte, hörte ich Retros empörte Stimme: «Du küsst schon wieder einen Mann?»

28

In meinem Leben hatte ich nur zweimal am selben Tag zwei unterschiedliche männliche Wesen geküsst. Als ich sechs war, die beiden Dackel meines Onkels. Und als ich dreizehn war, beim *Wahrheit oder Pflicht*-Spiel, meine Klassenkameraden Nico und Konsti, die sich wegen meiner Zahnspange im Nachhinein ärgerten, dass sie sich nicht für *Wahrheit* entschieden hatten.

Jetzt stand ich in der Küche und wurde von einem Prinzen, den ich gerade geküsst hatte, dabei erwischt, wie ich meinen Exfreund küsste.

«Erst küsst du mich, dann ihn?», Retro empörte sich immer mehr.

«Du hast ihn geküsst?», war nun auch Bendix erschüttert, dass ich es mit der Willkommenskultur für Flüchtlinge offenbar übertrieb.

«Ähem», bat ich, «könnten wir uns vielleicht wieder beruhigen?»

«Nein!», antworteten beide unisono. Retro sehr zornig und Bendix eher verletzt.

«Schade», fand ich kleinlaut.

«Was bist du nur für ein Weib?», donnerte Retro.

Ich sah zur Seite zu einem gerahmten Kunstdruck von van Goghs Weizenfeld, der über dem Küchentisch an der Wand hing, überfordert von der Situation und auch ein wenig beschämt. Am liebsten wäre ich für immer in dem Bild verschwunden. Retro gab sich entsprechend selbst die Antwort auf seine Frage, eine, die wenig schmeichelhaft für mich ausfiel: «Ein altes Lustweib!»

«So alt ist sie gar nicht», versuchte Bendix, mir beizuspringen.

«Nicht *so* alt?», blickte ich wieder zu den beiden.

«Ähem, verzeih bitte, ich meine natürlich, dass du gar nicht alt bist.»

«Danke schön», erwiderte ich patzig.

«Und ein Lustweib ist sie auch nicht», wandte sich Bendix an Retro. Obwohl es ihn schmerzte, dass ich einen anderen Mann geküsst hatte, wollte er mich verteidigen.

«Natürlich ist sie lüstern!», widersprach Retro. Vielleicht hätte ich in diesem Augenblick bemerken müssen, dass er damit nur überspielen wollte, wie verletzt auch er war, weil meine Küsse nicht nur ihm galten. Doch es blieb keine Zeit, dies zu realisieren, denn er fügte noch hinzu: «Und in der Tat ist sie alt. Betrachte dir doch nur ihren Damenbart.»

«Sie hat keinen Damenbart», Bendix war jetzt voll im Verteidigungsmodus.

«Oh doch, da über den Lippen ist ein Flaum.»

Bendix sah genau hin, und ich konnte an einem leichten Augenzucken von ihm erkennen, dass er tatsächlich etwas über meinem Mund entdeckt hatte. Gleich darauf bemerkte er, dass ich gesehen hatte, dass er etwas entdeckt hatte. Hastig versuchte er, es zu überspielen, und behauptete etwas übertrieben: «Da ist überhaupt gar kein bisschen Flaum!»

«Kein Flaum?», antwortete Retro. «Willst du mich verhöhnen?»

«Das ist höchstens ein Fläumchen», rutschte es aus Bendix heraus.

«EIN WAS?», ich konnte es nicht fassen.

«Ein süßes, liebenswertes Fläumchen», versuchte Bendix zu retten, was nicht zu retten war. «Das fühlt sich ganz weich an beim Küssen.»

Ich funkelte ihn zornig an, das hinderte Bendix jedoch nicht daran, sich endgültig um Kopf und Kragen zu reden: «Ich mag das Fläumchen total gerne, rasier es bloß nicht ab …»

Diese Äußerung ließ wiederum Retro stutzen: «Du magst Barthaare gerne? Begehrst du etwa auch Männer?»

«Ihr beide seid solche Idioten!», stellte ich fest und fand es bedauerlich, dass ich keine Laserstrahlen aus meinen Augen schießen konnte. Immerhin reichte mein Blick dafür, dass sie ihre Klappe hielten. Ich verließ die Küche, und keiner der beiden Kerle war so töricht, mir zu folgen.

Im Flur lehnte ich mich mit dem Kopf gegen die Wand und überlegte, ob ich meinen Kopf wie die Heldinnen in Filmkomödien rhythmisch gegen die Wand hauen sollte. Ich probierte es einmal aus und stellte fest, dass es ziemlich schmerzhaft war. Also ließ ich es bleiben.

Mein Blick fiel auf meinen Rucksack, der an der Garderobe hing und mich wieder daran erinnerte, dass ich noch ganz andere Probleme hatte als nur zwei Männer, von denen ich den einen selbst erschaffen hatte. Die Zeichenkladde. Moore. Das Schicksal der Welt!

Ich musste Lenny anrufen.

Ich nahm mein Handy aus dem Rucksack, drückte auf *Lenny mobil*, und kaum hörte ich den ersten Klingelton, ging er auch schon ran.

«Lenny hier …», sagte er leise. Das klang nicht gut. Lenny war niemand, der sich am Telefon mit seinem eigenen Namen meldete. Er benutzte jedes Mal einen anderen Namen: Kater Karlo. Aki Kaurismäki. Metzgerei Schnitzel. Aber nie, wirklich nie, nannte er sich am Handy Lenny.

«Lenny, hast du das Büchlein aus dem Hotel mitgenommen?»

«Ja, hab ich …», antwortete er, und seine Stimme zitterte leicht dabei.

«Bitte, bitte, sag, dass du nichts hineingezeichnet hast.»

«Kann ich machen.»

«Gut», atmete ich erleichtert aus.

«Aber dann würde ich lügen.»

«Was hast du hineingezeichnet?», fragte ich alarmiert und hoffte gleichzeitig, dass es nicht so schlimm sein mochte. Vielleicht hatte er sich einen XXL-Joint gezeichnet oder einen LSD-Lolly oder von mir aus auch Ecstasy-Zuckerstangen.

«Evila.»

«EVILA???»

«Evila.»

«Ist sie … ist sie …», irgendwie hatte ich die verrückte Resthoffnung, sie sei vielleicht nicht zum Leben erwacht. Wenn ich Glück hatte, wenn wir alle Glück hatten, funktionierte der Zauber nur bei besonders kreativen Menschen wie Moore und noch bei halbwegs kreativen Menschen wie mir, aber nicht bei Typen wie Lenny.

«Ob sie zum Leben erwacht ist?»

«Ja … ist sie …?», fragte ich leise, und dabei kannte ich die Antwort schon. Wenn Evila nicht zum Leben erwacht wäre, hätte Lenny diese Frage nicht gestellt. Er wäre ja niemals auf diese Möglichkeit gekommen. Aber die Hoffnung stirbt ja bekanntlich zuletzt und meistens einen qualvollen Tod.

«Aber so was von.»

«Ach, du heilige Kacke!»

«Das trifft es nicht mal halb …»

«Was macht Evila?», fragte ich.

«Du meinst außer irre lachen?», fragte Lenny bitter.

«Ja!»

«Sie liest im Lagerraum alte Comics.»

«Das klingt doch noch ganz okay …», sagte ich ein wenig erleichtert, noch hatte das kleine böse Wesen also nichts angestellt.

«Evila», erklärte Lenny, «will sich Inspirationen von den Superschurken holen, was sie alles mit unserer Welt anstellen kann.»

«Das ist das absolute Gegenteil von *ganz okay*», schluckte ich.

«Sie hat sich so ein Schwert geschnappt, das hier im Laden rumlag, keine Ahnung, woher das kam …»

Ich erzählte Lenny nicht, dass es sich dabei um Retros *Wolfsklinge* handelte. Ich musste schnellstmöglich herausfinden, was im Comicladen vor sich ging.

«… dann hat sie mich an den Sessel gefesselt und will jetzt, dass ich mit meiner freien Hand etwas zeichne. Wenn nicht, droht sie mir, die Hand abzuhacken.»

Evila hatte rasch kombiniert, wie sie auf die Welt gekommen war. Sie war also eine ganze Ecke schlauer als Retro. Das, oder Lenny hatte es ihr einfach erzählt. In jedem Falle hatte sie schnell begriffen, viel schneller als ich, welche Möglichkeiten ihr das magische Büchlein bot.

«Sie ist ganz schön brutal», Lenny klang tieftraurig. Mein einziger echter Freund auf der Welt war ein Mensch, der sich noch viel weniger gerne in der Realität aufhielt als ich. Er warf sich die ein oder andere Pille ein, las stundenlang Comics und erträumte sich eine perfekte kleine Antiheldin namens Evila, die in seiner Phantasie lustig war und ihm Freude bereitete. Aber jetzt war das Traummädchen zum Albtraum geworden.

«Was sollst du ihr denn zeichnen?», fragte ich und war mir nicht sicher, ob ich die Antwort wirklich hören wollte.

«Sie hat da was in der Serie *Captain Atom* entdeckt ...»

«Und was?», jetzt war ich mir sogar ziemlich sicher, dass ich die Antwort nicht hören wollte.

«Eine Atombombe.»

Eine Atombombe! Das war der Super-GAU, beziehungsweise er würde es werden, wenn mir nicht schnell etwas einfiel, wie ich ihn vermeiden konnte. In meinem Hirn arbeitete es fieberhaft und mir kam tatsächlich schnell eine Idee: «Zeichne ihr eine Stinkbombe, die aussieht wie eine Atombombe.»

«Das ist eine tolle Idee», fand Lenny.

Das war sie wirklich. Erstaunlich. Ich hatte unter Druck eine gute Lösung für das Problem gefunden!

Unter anderen Umständen wäre ich stolz auf mich gewesen, dass ich so viele Menschenleben gerettet hatte, aber ich war einfach nur erleichtert. Gerade wollte ich mich wieder an die Wand lehnen und ein wenig durchatmen, da seufzte Lenny: «Schade, dass ich die Idee nicht hatte, als ich ihr die Phiolen mit den Ebola-Bakterien gezeichnet habe.»

«DU HAST WAS GETAN???»

«Drei Phiolen mit Ebola gezeichnet», bestätigte Lenny leise, voller Schuldgefühle. Es war nicht auszudenken, was ein Wesen wie Evila mit diesen biologischen Waffen anstellen würde.

«Wir sind sofort bei dir!»

«Super. Aber wer ist wir?»

«Wirst du schon sehen. Halte durch!»

«Mir bleibt ja auch nichts anderes übrig», seufzte Lenny traurig. Er war nicht ängstlich. Er war niedergeschlagen, wie es nur jemand sein konnte, der feststellte, dass Phantasien weniger phantastisch waren, wenn sie wahr wurden.

Ich legte auf und ging zurück in die Küche. Die beiden Männer waren mitten im Gespräch.

«Deine Verlobte heißt Filofee?», staunte Bendix. «Das ist ein ungewöhnlicher Name für eine Afghanin.»

«Amanpour liegt nicht in diesem Reich Afghanistan, von dem ihr fortwährend redet.»

«Wo liegt es denn dann?»

«Zwischen dem Land der Graufelsen und dem Grummelsumpf.»

«Grummelsumpf?»

«Da leben die Grummels. Kleine Wesen. Dem Anscheine nach sind sie possierlich wie die Butterelfen. Aber tödlich!»

«Du machst dich über mich lustig …», glaubte Bendix.

«Dann würde ich darüber reden, dass du dich parfümierst wie ein Weib.»

«Das ist *Bang* von Marc Jacobs.»

«Du redest wirr!»

«Danke gleichfalls.»

Die beiden schienen keine Freunde zu werden, auch wenn sie sich ähnlich sahen.

«Ich unterbreche euch beide ja nur ungern …», sagte ich. «Aber wir müssen die Welt retten!»

«Die Welt retten?», staunte Bendix. «Willst du etwa auf die Demo gegen den Klimawandel gehen?»

«So ähnlich», antwortete ich, «nur ganz anders.»

«Ich brauche da schon ein wenig mehr Infos.»

«Für die haben wir gerade keine Zeit.»

«Dann wohlan», verkündete Retro, «lasst uns zur Tat schreiten, Nellie Oswald!»

Obwohl er wütend auf mich war, vertraute er mir blind. Das hatte noch nie ein Mensch getan.

Und dies berührte mich mehr als jeder Kuss.

29

Wir fuhren in Bendix' dunkelgrünem Achtziger-Jahre-Mercedes, der der Polizei ja unbekannt war, durch die Stadt. Ich versuchte, die beiden Männer auf den Stand der Dinge zu bringen, ohne dass Retro erfuhr, dass ich seine Schöpferin war oder Bendix an meiner Zurechnungsfähigkeit zweifeln musste. So verriet ich nur, dass im Comicladen ein Wesen mit Ebola-Phiolen saß und wir dieses überwältigen mussten.

«EBOLA?», riefen beide gleichzeitig aus. Bendix verlor vor lauter Schreck kurzzeitig die Kontrolle über das Steuer. Fast hätte er eine tätowierte Rentnerin mit Rollator überfahren.

«Du kennst Ebola?», fragte ich den auf der Hinterbank sitzenden Retro, als Bendix wieder auf Spur war.

«Das ist der Extrakt aus den Ebolani-Drüsen.»

«Ebolani-Drüsen?», fragte ich nach.

«Das sind Drüsen von ...»

«... Ebolanis?»

«Die Mehrzahl von Ebolani ist Ebolonimo», korrigierte Retro mich.

«Ah ... ja ...»

«Der Extrakt aus diesen Drüsen kann einem die Haut verbrennen. Aber die Drüsen der Ebolonimo sind gigantisch groß. Wie hat man die in Phiolen bekommen?»

Bendix hörte unserem Austausch zu und blickte dabei entsetzt zwischen uns hin und her wie ein Zuschauer bei einem Tennismatch, dessen Spieler anstatt eines Balles einen kleinen, süßen Hamster benutzen.

«Wenn ...», versuchte Bendix, seine Sprache wiederzufinden, «wenn das wirklich Ebola ist, was ich eigentlich gar nicht glauben kann, so wie ich vieles hier kaum glauben kann, müssen wir die Polizei rufen, ach, was sage ich, das SEK.»

Bendix gehörte zu der Sorte linker Intellektuellen, die zwar ständig über Staatsgewalt und Polizei schimpften, es aber in der einen oder anderen Situation doch ganz prima fanden, wenn ein Sondereinsatzkommando Geiseln befreite oder Terroristen erschoss. Bisher war ich noch nicht dazu gekommen, ihm zu erklären, dass wir uns auf der Flucht vor der Polizei befanden und es deshalb keine gute Idee war, sie einzuschalten. Das musste ich nun wohl nachholen.

«Die Polizei einzuschalten, kommt nicht in Frage, denn Retro und ich könnten dann verhaftet werden ...», begann ich, hörte aber gleich wieder auf zu reden, weil ich ihm nicht den Grund dafür sagen konnte, ohne Bendix noch mehr zu verwirren.

«Weil er illegal hier ist und du ihm geholfen hast», kombinierte er zwar falsch, aber ich korrigierte ihn nicht. «Sieh mal, Nellie, Ebola ist viel zu gefährlich. Wenn das wirklich in dem Laden ist, und ich wiederhole noch mal, dass ich das gar nicht glauben kann, wäre es extrem egoistisch von euch, Menschenleben zu gefährden, nur damit ihr nicht verhaftet werdet. Wir holen die Polizei und ich verspreche euch, ich besorge euch die besten Anwälte, die UNICEF hat ...»

«Wir», verkündete Retro, «werden uns schon um die Drüsen kümmern!»

Er legte seine mächtige Hand auf Bendix' Schulter. Dabei vermittelte er bewusst oder unbewusst, so genau war das nicht auszumachen, den Eindruck, dass er dessen Schulterblatt zerbröseln konnte, wenn er nur wollte. Bendix sagte nichts mehr, sondern schluckte und nickte.

Auf dem Weg in den Comicladen regte ich mich schon ein wenig über Bendix auf, der bereit wäre, uns in den Knast zu schicken. Da konnte seine Argumentation, die Gefahr wäre für die Allgemeinheit zu groß, noch so richtig sein. Wenn er mich wirklich liebte, durfte er mich doch nicht hinter Gitter bringen. Egal, wie gut und richtig das für den Rest der Menschheit sein mochte. Oder? Wir waren doch nicht bei *Star Trek II*, in dem Spock einst sagte: «Das Wohl von vielen, es wiegt schwerer als das Wohl von wenigen oder eines Einzelnen.»

Bendix parkte seinen alten Mercedes vor dem Laden, wir gingen zur Tür, und Retro sagte: «Wohlan!»

Der Prinz stand imposant da wie ein Anführer, der seine Armee in dem entscheidenden Kampf gegen die Zombie-Skin-Orks befehligte. Bendix stand neben ihm und wirkte zögerlich. Vermutlich wurde ihm in diesem Augenblick endgültig klar, dass das hier auch für ihn lebensgefährlich werden konnte. Dennoch rief er nicht die Polizei und lief auch nicht weg. Wenn man es genau betrachtete, besaß Bendix vielleicht sogar mehr Mut als der Prinz. Denn während Retro als Held erschaffen wurde, also quasi in seiner DNA ein Mut-Gen besaß, musste sich Bendix im Wissen um die Konsequenzen für den Mut entscheiden. Machte ihn das nicht vielleicht sogar zu einem größeren Helden als Retro?

Und machte mich mein Verhalten nicht auch zu einer Heldin? Eine, die ich immer hatte sein wollen? Eine, die die Welt rettete? Oder hatte ich schon immer ein Mut-Gen besessen und in meinem langweiligen Alltag nur keine Möglichkeit gehabt, meinen Heldenmut zu beweisen? Gab es womöglich noch mehr Helden auf der Welt, die gar nicht wussten, dass sie Helden waren?

Ich öffnete die Tür, und wir betraten den Laden. In dem Ledersessel saß Lenny. Er war mit einer Urwaldliane gefesselt. Vermutlich hatte Evila ihn gezwungen, sie zu zeichnen.

Einzig und allein seine rechte Hand war frei. In der hielt er einen Stift, und auf seinem Schoß lag das magische Büchlein. Lenny wirkte schwer verstört, vielleicht hatte er sogar geweint, jedenfalls glänzten seine Wangen fiebrig. Neben dem Sessel lag eine Atombombe, wie nur er sie hat zeichnen können.

«Ist das eine …», stotterte Bendix, den sein Heldenmut langsam, aber sicher zu verlassen schien. Um ihn zu beruhigen, antwortete ich schnell: «Das ist nur eine Stinkbombe.»

Bendix war gedanklich völlig überfordert. Andere Menschen an seiner Stelle hätten vielleicht gedacht, dass das Ganze ein sehr ausgeklügelter Racheplan dafür war, was er mir angetan hatte. Doch dagegen sprachen die Tatsachen. Woher hätte ich eine Riesenbombe, eine Urwaldliane und einen Kerl nehmen sollen, der aussah wie Bendix und dann doch wieder nicht.

«Ist Evila noch im Lagerraum?», fragte ich Lenny.

«Ja, sie holt sich gerade Inspiration bei *Aquaman* und möchte von mir eine Bombe, nach deren Explosion alle Menschen aussehen wie Fische.»

Das mit den Fischen war, so verrückt das auch klingen mochte, gut für uns. Wenn Evila sich ständig etwas Neues ausdachte, vergaß sie vielleicht die Ebola-Phiolen. Retro und ich lösten Lennys Fesseln, und kaum war er befreit, raunte er mir leise zu: «Der große Typ sieht ja deinem Hipster ähnlich. Hast du ihn etwa auch …»

Ich machte ein Zeichen, dass er nicht weitersprechen sollte. Normalerweise war Lenny kein Mensch, der auf subtile Hinweise reagierte. Eigentlich noch nicht einmal ein Mensch, der auf Holzhammer-Hinweise reagierte, aber diesmal nickte er. Dabei sah ich, dass seine Augen gerötet waren, er hatte wirklich geweint. Er tat mir so leid. Lenny bemerkte meinen Blick und erklärte: «Wenn ich das hier überlebe, ändere ich mein Leben.»

«Und wie?»

«Ich höre endgültig auf, in der Phantasie zu leben.»

Lenny hatte wegen Evila eine so große Angst vor der Phantasie bekommen, dass er das triste Grau der Realität bevorzugen würde. Das ließ mich erschaudern. Die Magie des Buches konnte anscheinend nicht nur die Welt vernichten, sondern auch die Seelen der Menschen auf ihr.

Noch ging es mir nicht wie Lenny. Ich war hin und her gerissen zwischen meiner Liebe zur Phantasie und der Realität. Nicht nur im übertragenen Sinne, sondern ganz real. Bendix stand zu meiner Linken vor der Tür des Lagerraums, Retro rechts von mir. Mit der Phantasie hatte ich den Kuss meines Lebens gehabt. Und die Realität behauptete mit einem Mal, mich zu lieben.

30

«Ich gehe voran», erklärte Retro. Bendix widersprach nicht, sein Mut reichte gerade noch dafür aus, nicht wegzulaufen. Wer wollte es ihm auch verdenken? Außerdem war es ihm hoch anzurechnen, dass er uns überhaupt begleitete. Während Retro davon ausging, dass es sich bei Ebola um die Drüsen eines Fabelwesens aus seiner Welt handelte, wusste Bendix, dass man davon sterben konnte.

Sterben.

Wenn das hier schiefging, würde ich sterben.

So weit hatte ich noch gar nicht gedacht. Die Helden in den meisten Geschichten dachten nicht groß über den Tod nach, bevor sie zur Tat schritten. Und wenn sie es doch mal kurz taten, waren sie eher stolz darauf, eventuell für eine gute Sache ihr Leben zu lassen (was sie dann in der Regel nicht mussten, das überließen sie den Nebenfiguren). Ich aber bekam mit einem Mal richtig Angst. Ich wollte nicht sterben. Nicht mit neunundzwanzig. Nicht ohne meinen Platz auf dieser Welt gefunden zu haben. Einen Beruf. Einen Menschen, der mich liebt. Und den ich lieben kann bis ans Lebensende. Und das sollte bitte erst im hohen Alter kommen, vielleicht so mit Ende neunzig, ungefähr zwei Minuten bevor Alzheimer bei mir einsetzte. Das erste Mal in meinem Leben wollte ich keine Heldin mehr sein.

«Ich trete die Tür ein», verkündete Retro, als wir vor dem Lagerraum standen.

«Ich bin eher dafür», widersprach Bendix, «dass wir vorsichtig die Lage sondieren.»

Retro sah ihn missbilligend an. Vorsichtigdielagesondierer waren für ihn Warmduscher.

«Du hast recht», sprang ich Bendix bei, schlotterten mir doch ein wenig die Knie. Jetzt schaute Retro auch mich missbilligend an. Ich schob ihn zur Seite, öffnete die Tür einen schmalen Spalt, und wir sahen Evila inmitten eines Chaos von Comicheften. Neben ihr lagen Retros Schwert und die Ebola-Phiolen.

«Ich will auch eine Zombiearmee», führte sie gerade ein Selbstgespräch. Ihre Stimme klang wie die eines kleinen Mädchens, das sich ein Schminkköfferchen wünscht und dafür bereit ist, jede Form des Terrors ihren Eltern gegenüber auszuüben.

«Das … das ist ja ein kleines Mädchen», flüsterte Bendix.

«Das ist so, als ob man Godzilla ein kleines Echschen nennt …», flüsterte Lenny zurück.

«Dieses Kind hat meine *Wolfsklinge*», empörte sich Retro und stürmte in den Lagerraum: «Reich mir sofort mein Schwert, kleines Mädchen!»

Evila sah, recht ungerührt, von ihrem Comic auf.

«Er sollte sie nicht kleines Mädchen nennen», flüsterte Lenny angsterfüllt.

Das befürchtete ich auch.

«Gib es mir, oder ich versohle deinen Hintern!», drohte Retro.

Evila erhob sich und lächelte ganz lieb: «Du willst mir den Hintern versohlen?»

«Das werde ich tun.»

«Du bist aber ein böser, böser Daddy», grinste sie anzüglich.

Retro war für einen Moment still. Vielleicht weil er nicht wusste, was ein Daddy war, ganz sicher aber, weil er verblüfft war, dass das Mädchen keinerlei Angst vor ihm hatte.

«Du willst also dein Schwert, Daddy?», grinste Evila maliziös. Dabei besaß ihre Stimme einen drohenden Unterton. So ungefähr musste Cruella DeVille aus *101 Dalmatiner* als Kind geklungen haben. «Dann sollst du dein Schwert bekommen.»

Lenny, der wie wir an der Türschwelle stehen geblieben war, sagte nur: «Oh-oh!»

Bendix nickte. Er spürte instinktiv, dass dies ein wahrhaftiger *Oh-oh*-Moment war.

«Hier hast du dein Schwert!», kicherte Evila irre und rannte auf Retro zu.

Retro konnte gerade noch rechtzeitig ausweichen, sodass Evila das Schwert in den Türrahmen rammte, wo es steckenblieb. Fluchend versuchte sie, das Schwert wieder zu befreien: «Komm her, du Mistding …!»

«Also», erklärte der nun vollends überforderte Bendix, «das war es dann für mich. Ich ruf das SEK!», und lief davon. Evila war wie eine Naturgewalt. Nein, das stimmte nicht, eine Naturgewalt hätte Bendix noch verarbeiten können. Als UNICEF-Mitarbeiter war er oft in Regionen gereist, die von Wirbelstürmen, Lawinen oder Erdbeben heimgesucht worden waren. Aber Evila war eine ganz andere Hausnummer. Wer hätte

es ihm also verdenken wollen, dass er angesichts des irren Mädchens und der nicht minder irren Situation abhaute?

Ich!

Ich wollte es ihm verdenken. Wenn er mich wirklich liebte, durfte er mich doch mit meiner Angst nicht alleine lassen.

«Dir muss mal einer den Mund mit Steinseife auswaschen», fand Retro und zog das Schwert samt Mädchen mit einem Ruck aus der Wand. Er stellte Evila ab, wollte ihr das Schwert, das sie fest umklammerte, aus der Hand reißen, doch da biss Evila zu. Tief in sein Fleisch.

«AHH», ließ Retro einen markerschütternden Schrei los.

Am liebsten hätte ich gleich mitgeschrien. Das kleine Monster kicherte so irre, dass ich eine Gänsehaut bekam. Eigentlich wollte ich auch nichts wie weg. Lenny zitterte am ganzen Körper und murmelte dabei kaum hörbar: «Ich habe sie erschaffen …»

In Filmen brachen Wissenschaftler voller Schuld zusammen, weil sie Ungeheuer in die Welt gesetzt hatten. Sie weinten vor Verzweiflung, schrien oder stürzten sich aus Hubschraubern. Lenny aber schien eher wie weggetreten, als wäre sein ganzes Ich zerstört.

Während Retro fassungslos seine Wunde betrachtete, begann Evila abwechselnd und in einem irren Tempo, gegen seine beiden Schienbeine zu treten. Retro versuchte, sie zu packen, aber das kleine Mädchen war viel zu flink für ihn. Lachend sprang sie um ihn herum und trat ihm mit solcher Macht in die Kniekehle, dass er zu Boden ging und dabei sein Schwert losließ. *Wolfsklinge* fiel klirrend hinunter. Evila schnappte es sich und kicherte: «Ich hab noch nie jemanden enthauptet. Macht bestimmt Spaß.»

Sie hob das Schwert, hielt es an den Nacken des auf dem Boden knienden Retro und wollte gerade ausholen, da rief Lenny mit einem Male ganz klar: «Evila!»

«Was ist, Papa?»

«Jenes Biest ist deine Tochter?», fluchte Retro, der die Klinge seines Schwertes am Nacken spürte und wusste, dass sie zuschlagen würde, wenn er sich auch nur einen Millimeter bewegte.

«Auf gewisse Weise bin ich das», antwortete Lenny.

«Du solltest ihr mal Benimm beibringen!»

«Ja, Papa, bring mir Benimm bei», kicherte die Kleine.

Lenny ging nicht weiter auf Retro ein und trat stattdessen auf Evila zu: «Bitte töte ihn nicht.»

So ernst hatte ich Lenny noch nie gesehen. Fast kam es mir so vor, als wäre im Augenblick der inneren Zerstörung ein neues reiferes Ich in ihm geboren.

«Was bekomme ich dafür, wenn ich es nicht tue?», fragte Evila.

«Ich schwöre dir, ich zeichne, was du willst.»

«Nein!», protestierte ich. «Das darfst du nicht!»

Evila musterte mich: «Wer bist du denn?»

Coole Helden würden in so einer Situation antworten: Dein schlimmster Albtraum. Aber zum einen war ich mir sicher, dass Evilas schlimmster Albtraum ein Land war, in dem alle sich liebten, den ganzen Tag Apfelkuchen backten und Einhörner kraulten. Zum anderen wurde mir angst und bange bei dem Gedanken, dass ich nun in ihren Fokus gerückt war. Und schon sah sie mich mit einem «Ich frag mich, wie du wohl filetiert aussiehst»-Lächeln an. In diesem Moment wollte ich definitiv keine Heldin mehr sein, höchstens noch *Luftauflösegirl*.

«Sie ist ein Niemand», erklärte Retro.

Unter anderen Umständen hätte ich diese Aussage gewiss uncharmant gefunden, aber er wollte Evila von mir ablenken. Und das, obwohl er selbst gerade dem Tod so nahe war. Retro war wirklich ein Held. Weil ich ihn so gezeichnet hatte. Also gewissermaßen von Geburt an. War das nicht doch besser als ein Bendix, der sich erst für den Mut entscheidet und dann – wenn es richtig gefährlich wird – für die Feigheit? Oder eine Nellie Oswald, die jetzt am liebsten nach ihrer Mama gerufen hätte, auch wenn die Mama in dieser Situation absolut keine Hilfe gewesen wäre? Zum Helden musste man anscheinend doch geboren sein.

«Ein völliger Niemand ist sie», sprang Lenny dem Prinzen verbal bei. Auch er wollte, dass Evila von mir abließ. «Wenn du unter Wikipedia den Begriff *Niemand* eingibst, findest du ein Foto von ihr.»

«Ich weiß nicht, was ein Wikipedia ist», übernahm Retro wieder, «aber hätte die Göttin des Nichts eine Tochter namens Niemand, dann würde sie aussehen wie diese Frau.»

Langsam fand ich, dass die beiden ein wenig übertrieben.

«Die Göttin des Nichts», plapperte Lenny, da Evila mich weiter anstarrte, «würde sich nicht mal an sie erinnern, so unwichtig ist sie. Sie würde sagen: Huch, ich habe eine Tochter?»

Sie übertrieben nicht nur ein wenig.

«Für sie interessiert sich höchstens die Göttin des Bartwuchses …», ergänzte Retro.

«Ich glaube, das reicht jetzt!», unterbrach ich und vergaß kurz meine Angst. «Ich schätze mal, Evila hat verstanden.»

«Oh ja, das habe ich», grinste sie. «Sogar sehr gut. Die Unförmige da …»

«UNFÖRMIGE?», ich hätte dem Biest am liebsten die Ohren langgezogen.

«… ist euch beiden anscheinend sehr, sehr wichtig!»

Und das war schon wieder ein *Oh-oh*-Moment. Ich wollte mich gerade umdrehen und weglaufen, da hob Evila, ohne das Schwert von Retros Hals zu nehmen, mit ihrer freien Hand eine Phiole vom Boden, warf sie in meine Richtung und rief: «Fang!»

Die Phiole flog direkt auf mich zu. Dabei drehte sie sich mehrfach um die eigene Achse. Anderen Menschen an meiner Stelle wären solche Gedanken durch den Kopf geschossen wie: Wenn ich das Ding nicht auffange, werden wir alle sterben! Ich dachte jedoch: Au, Mann, warum bin ich nur so schlecht im Fangen? Wie oft hatte ich schon einen Schlüsselbund ins Auge bekommen, als man ihn mir lässig zugeworfen hatte? Und jetzt musste ausgerechnet ich eine Phiole mit Ebola-Viren fangen?

Hektisch schnappte ich nach dem Glasgefäß, berührte es auch, aber fangen … Fangen ist was anderes. Das Fläschchen fiel in Richtung Boden. Ich versuchte noch mal, im Fall zuzugreifen, konnte es aber erneut nur touchieren. Immerhin bekam es dadurch wieder einen leichten Aufwärtsdrall, aber natürlich näherte es sich kurz darauf unerbittlich dem Boden. Hilflos streckte ich den linken Fuß in die Luft, und die Phiole landete direkt auf meinem *Iron Man*-Sneaker, genau auf Iron Mans metallenem Gesicht. Ich versuchte, das zerbrechliche Ding zu balancieren. Vergeblich. Die Phiole rollte von meinem Fuß und plumpste die letzten paar Zentimeter zu Boden. Ich schloss die Augen, hielt die Luft an und erwartete, ein *Klirr* zu hören. Aber ich hörte nur ein *Plonk*.

Plonk war gut.

Besser als *Klirr*.

Vorsichtig öffnete ich die Augen und sah, wie die Phiole noch ein wenig auf dem Boden kullerte und zur Ruhe kam. Das Ding war heil geblieben. Und *Plonk* war von nun an mein absolutes Lieblingsgeräusch.

«Uff», ließ ich meiner Erleichterung freien Lauf und wischte mir den Schweiß von der Stirn. Es war kein Schweiß von der Anstrengung, sondern Angstschweiß. Er roch beißend. Nach den Ereignissen des heutigen Tages würde ich ganz dringend eine Dusche benötigen. Oder ein Schaumbad in Bendix' Badewanne.

Aber noch war die Situation nicht überstanden. Noch lag das Schwert an Retros Nacken, dem einzigen Helden weit und breit. Noch besaß Evila zwei der Phiolen. Und noch immer hatte ich keinen blassen Schimmer, wie ich sie besiegen konnte. Ich sah zur Seite, hoffte – wider besseres Wissen –, dass ausgerechnet Lenny eine Idee hätte, wie wir das hier überleben konnten, doch er hatte sich aus dem Staub gemacht. Wie zuvor Bendix.

Ich Idiotin hätte dies auch schon längst tun sollen, so weit weg von Evila und Ebola wie nur irgend möglich, um vielleicht doch noch am Leben zu bleiben. Dass ich glaubte, eine Heldin sein zu können, war lächerlich. Geradezu kindisch. Bendix war der Erwachsene von uns beiden, er handelte verantwortungsvoll, indem er die Polizei rief. Ihn dafür zu verurteilen, war nicht okay von mir.

Ich schaute zu Retro, der vor Evila kniete und sich noch immer nicht bewegen konnte, da sie ihn mit seiner Wolfsklinge bedrohte. Wenn ich jetzt weglief, würde ich ihn seinem Schicksal überlassen. Das wäre falsch. Aber vor lauter Angst und Panik hörte ich eine Stimme in mir, die sagte: Der Prinz ist doch gar kein richtiger Mensch. Er kann ruhig sterben.

Ich wollte mich gerade umdrehen und wegrennen, da rief das kleine Biest wieder: «Fang!»

Die beiden restlichen Phiolen flogen auf mich zu. Eben hatte ich doch noch nicht mal eine richtig greifen können. Beide zu erwischen, würde mir völlig unmöglich sein. Ich schloss in völliger Überforderung die Augen. Es war klar, dass ich nicht mein neues Lieblingsgeräusch *Plonk* hören würde, und wenn doch, dann bestimmt nicht zweimal. Es würde mit Sicherheit ein *Klirr* geben, wahrscheinlicher aber ein *Klirr-Klirr.*

Hinter meinen geschlossenen Augenlidern bildeten sich Tränen. Warum hatte ich nur das Büchlein geklaut? Warum gab es das überhaupt? Warum hatten die blöden Mönche es überhaupt erschaffen? Warum hatte die blöde chinesische Armee die blöden Mönche überhaupt vertrieben? Warum waren die Menschen so blöd, Armeen zu erschaffen? Warum konnten wir nicht alle in Frieden leben? Und gemeinsam Kuchen backen und Einhörner kraulen? Dann müsste ich jetzt nicht sterben!

Die Angst vor dem Tod war jedoch noch nicht mal das Schlimmste für mich. Das Schlimmste war die Scham. Ich schämte mich so sehr, dass ich abhauen und Retro seinem Schicksal überlassen wollte. Dass ich seinen Tod in Kauf genommen hätte. Ja, der Prinz war kein echter Mensch, er war ein Produkt meiner Phantasie. Aber er lebte. Und wie! Er hatte mir den Kuss meines Lebens gegeben.

Dieser Prinz hätte mich niemals, aber auch wirklich niemals im Stich gelassen. Sein Leben war so wertvoll wie jedes andere.

Es war nicht richtig gewesen, das Büchlein zu stehlen. Aber hätte ich es nicht getan, hätte Retro niemals gelebt! Ich war froh, Retro in unsere Welt gebracht zu haben. Er war das Größte, was ich vollbracht hatte.

Schmerz.

Liebe.

Ich hatte ein Leben erschaffen.

Mein eigenes Leben war nicht vergeblich gewesen.

31

Ein paar weitere Gedanken schossen mir in jenen Sekundenbruchteilen, in denen die Phiolen durch die Luft flogen, ebenfalls durch den Kopf: Es wäre natürlich schön, wenn mein

Leben weiterginge. Gar nicht schön hingegen wäre, wenn Evila die Macht des Büchleins für ihr Unwesen nutzen würde. Noch schlimmer wäre wohl nur, wenn Moore es in die Hände bekäme, um seine Höllenvisionen umzusetzen. Was würde wohl geschehen, wenn die von Bendix gerufenen SEK-Polizisten das Büchlein konfiszierten? Vermutlich würden sie es der Regierung überlassen, die wiederum dem NATO-Militär, und das würde es gewiss nicht dafür nutzen, dem russischen Präsidenten ein Ballerinakleid zu zeichnen. Da konnte man nur hoffen, die Militärs würden wie in *Indiana Jones* das Potenzial des magischen Gegenstands gar nicht erkennen und es für immer in eine Box verpackt in einem *Warehouse 13* wegstapeln. Ansonsten würde die Welt schrecklich enden. Da wäre es auch kein Trost, dass ich eine solche Apokalypse nicht mehr miterleben müsste, da ich jeden Augenblick das *Klirr-Klirr* hören würde.

Doch ich hörte kein *Klirr-Klirr*. Auch kein *Klirr-Plonk* oder ein *Plonk-Klirr* oder gar ein himmlisches *Plonk-Plonk*. Stattdessen hörte ich ein … *Surr-Surr*.

Surr-Surr?

Das kam ein wenig überraschend. Das *Surr-Surr* wurde lauter, kam anscheinend näher. Ich öffnete die Augen. Mein Blick war leicht verschleiert von den Tränen, die sich hinter den Lidern gestaut hatten und jetzt langsam über meine Wangen abflossen. Verschwommen erkannte ich, dass irgendetwas über uns flog. Es besaß Rotorflügel auf dem Rücken wie *Karlsson vom Dach*. Und zwei Greifarme, mit denen es die Phiolen schnappte.

«Verfluchtes Ding!», schimpfte Evila.

Ich rieb mir schnell die Augen trocken und erkannte einen niedlichen fliegenden Roboter mit freundlich blinkenden

Lichtern, der gut ein verschollener Bruder von R2-D2 oder BB-8 hätte sein können.

Leider hatte ich gar keine Zeit, mich über den niedlichen Flugroboter zu freuen, denn Evila rief: «Ihr habt es so gewollt!»

Sie schickte sich an, das Schwert in Retros Hals zu rammen.

«Nein!», rief ich laut.

«Doch!», lachte Evila, und Retro, ganz der Held, blickte gefasst seinem Schicksal entgegen. Der Roboter jedoch schoss aus seiner Brust Elektroblitze, die jeden Sith-Imperator vor Neid noch blasser hätten werden lassen. Die Blitze trafen Evila, und das kleine Biest zitterte am ganzen Leib. Sie ließ das Schwert fallen, sackte zu Boden, zappelte dort noch ein wenig, und dann war Ruhe.

«Lande und schalte dich ab», befahl Lenny. Mein Kumpel stand mit dem Büchlein neben mir, und der Roboter tat, wie ihm geheißen. Er landete auf dem Boden, piepste noch wie ein Star-Wars-Droide und rollte in eine Ecke.

«Du … du», stammelte ich an Lenny gerichtet.

«Ja, ich habe Robo gezeichnet», bestätigte er und deutete dabei auf das Buch.

«Robo?», fragte ich und stieg über die offenbar ohnmächtige Evila, um das kantenlose Metall des rundlichen Roboters zu streicheln. So musste es sich wohl anfühlen, als X-Wing-Fighter seinen Droiden zu berühren.

«Auf die Schnelle ist mir kein besserer Name eingefallen», entschuldigte sich Lenny.

«Ich verstehe gar nichts …», sagte Retro. Er rappelte sich auf und nahm sein Schwert an sich. «Ist jenes Buch etwa magisch?»

Vor diesem Gespräch hatte ich mich die ganze Zeit gefürchtet. Panisch suchte ich nach einer Erklärung für all das, was hier geschehen war, doch ich konnte ja schlecht sagen, dass kleine fiese Mädchen und fliegende Roboter in unserem Reich völlig normal waren und rein gar nichts mit dem Buch zu tun hatten. Bevor mir ein Antwort einfiel, sagte Lenny: «Jawoll, das ist es.»

Entsetzt blickte ich zu ihm, wie konnte er das einfach so sagen? Er wusste doch, dass ich Retro erschaffen hatte!

«Irgendwann muss dein Prinz es doch erfahren», sagte Lenny, der jetzt viel erwachsener wirkte als jemals zuvor, was mir kein bisschen gefiel. Dabei drückte er mir das Büchlein in die Hand.

«Was muss ich erfahren?», fragte Retro misstrauisch in meine Richtung.

Ich hatte immer gewusst, dass dieser Moment der Wahrheit früher oder später kommen würde. Aber zu wissen, dass etwas auf einen zukommt, bedeutet nicht, gewappnet zu sein.

Ich sah hilfesuchend zu Lenny. Würde er nicht vielleicht die schlechte Nachricht für mich überbringen können? Aber Lenny schüttelte nur den Kopf: «Das ist deine Verantwortung, Nellie.»

Das Blöde an Menschen, die erwachsen argumentieren, ist, dass sie so oft recht haben.

«Ja, Retro», beantwortete ich erst einmal die Frage, «… dieses Buch ist magisch.»

Ein normaler Mensch hätte mir ins Gesicht gelacht, für den Prinzen aus Amanpour jedoch waren magische Gegenstände nichts Ungewöhnliches. So fragte er nur: «Um welche Magie handelt es sich?»

Ich holte tief Luft und antwortete so schnell wie möglich, um es hinter mich zu bringen: «Wasmanindasbuchzeichnet-erwachtzumleben.»

«Bei der Göttin des Wahnsinns!», rief Retro aus.

«Ihr habt eine Göttin des Wahnsinns?», staunte Lenny.

«Ihr nicht?»

«Nein. Aber falls doch, leistet sie auf unserer Welt ganze Arbeit.»

«Dieses Wesen hier», deutete der Prinz auf Robo, «ist also gemalt worden und dann zum Leben erwacht?»

Ich nickte.

«Dieses kleine Scheusal etwa auch?», er zeigte auf Evila.

Ich nickte noch mal. Und ich wusste, welche Frage als Nächstes kommen würde.

«Seid ihr euch sicher, dass ihr keine Göttin des Wahnsinns habt?»

Okay, ich wusste doch nicht, welche Frage als Nächstes kommen würde.

«Was habt ihr nun mit dem magischen Buch vor?», erstaunte mich auch die übernächste Frage. Der Prinz wollte gar nicht wissen, ob auch er gezeichnet worden war. Der Gedanke kam ihm gar nicht in den Sinn. Im Grunde war das auch nicht verwunderlich. Wenn ich erfunden wäre, zum Beispiel eine Figur in einem Roman wäre, würde ich mir das auch nicht vorstellen können.

«Wollt ihr die Magie für eure Zwecke nutzen …?»

Sag es ihm, sag es ihm, sag es ihm, dachte ich mir.

«… oder wollt ihr es verbrennen?»

«Das ist keine schlechte Idee», fand Lenny.

«Das solltet ihr tun», sagte Retro ernst. «So eine mächtige Magie korrumpiert jede Seele.»

Sagesihmsagesihmsagesihm!

«Das wusste schon Frodo», gab Lenny dem Prinzen recht.

«Ist dieser Frodo ein Freund von dir?»

«Nein, er stammt aus einer langweiligen Geschichte, die ich noch nie gemocht habe», erwiderte Lenny.

«Öde Geschichten haben wir auch in Amanpour. Zum Beispiel die Legende von Tallos dem Friedlichen …»

VERDAMMTEHACKESAGESIHM!

«Oder von Garlena, der stets Keuschen. Oder von dem Gärtner Gargowin, der den Pflanzen beim Wachsen zusah …»

«Oder …»

«DU BIST AUCH GEZEICHNET!»

Da, es war raus!

Retro sah mich erstaunt an.

«Ähem», räusperte sich Lenny, «ich geh dann mal die Liane holen, um Evila zu fesseln.»

Er verließ rasch den Lagerraum, während ich versuchte, an Retros Gesicht abzulesen, was meine Aussage bei ihm auslöste. Langsam begannen sich seine Mundwinkel zu verziehen. Gewiss würde er gleich weinen, wenn er begriff, dass Amanpour nur ein Hirngespinst war und sein Wolf, seine Geschwister, selbst seine geliebte Toffifee niemals existierten.

Doch Retro weinte nicht. Er lachte. Schallend. Das ließ mich erstaunen. Zwischendrin klopfte er mir auf die Schulter und japste: «Nellie Oswald, du bist wunderbar komisch!»

«Das war kein Witz.»

«War es nicht?», Retro hörte auf zu lachen.

«Nein», erklärte ich.

Der Prinz dachte einen Moment nach, dann schlug er mir umso kräftiger auf die Schulter, so sehr, dass ich mir auf die Lippen beißen musste, um nicht vor Schmerz aufzuschreien. Dabei lachte er noch lauter: «Schon wieder ein Scherz!»

«Das ist kein Scherz», widersprach ich.

Retro hörte erneut auf zu lachen. Langsam begriff er, dass ich es ernst meinte.

Ich klappte das Buch auf und hielt ihm die erste Seite hin, auf der nur noch die Worte *Retro von Amanpour* und *Wolfsklinge* standen.

«Das … das …», der Prinz, der keiner war, wurde nun blass, «ist nur ein übler Scherz … dieses Buch ist nicht magisch!»

«Doch … das ist es …», erwiderte ich mit stockender Stimme. Es war furchtbar, jemandem – egal, ob gezeichnet oder nicht – den Glauben an sich selbst zu nehmen.

«Beweis es mir», forderte Retro mich auf und zitterte dabei am ganzen Körper.

«Evila und der Roboter … Du hast sie doch gesehen …»

«BEWEIS ES MIR!», er war jetzt völlig außer sich und schüttelte mich.

«Okay, okay, okay. Ich beweise es dir.»

So zeichnete ich ein paar Häschen mit Mützen. Erst wollte ich sie *Die Hasideure* nennen, aber ich nannte sie einfach nur *Die lieben Hasis*. Sie sollten ganz, ganz niedlich sein, ich wollte keine Wesen in die Welt setzen, die alles noch komplizierter machten. Kaum war ich fertig, hoppelten die Mützen-Hasis von den Seiten des Buches ins wahre Leben.

Retro sah ihnen nach. Und dank der Hasen begriff er: «Ich … ich bin nicht echt.»

32

«Filofee», stammelte Retro, «mein Feuerwolf … meine geliebten Brüder … alles Schimären … Wahnvorstellungen …»

Es wäre gewiss nur ein geringer Trost gewesen zu erwähnen, dass es auch die Folter der Geschwister durch den furchterregenden Cardassian nicht gegeben hatte.

«Alles … alles … eine Lüge … eine einzige, verfluchte Lüge …»

Der Prinz, der langsam begriff, dass er nicht nur kein Prinz war, sondern noch nicht mal ein echter Mensch, stand kurz vor dem Nervenzusammenbruch. Ich wollte ihn trösten. Nicht wie eine Mutter ihr Kind. Schon gar nicht wie eine Schöpferin ihr Geschöpf. Sondern wie eine Freundin einen Mann, der ihr viel bedeutet. Womöglich zu viel. Ich wollte seine Hand nehmen, in der abwegigen Hoffnung, damit seinen Schmerz zu lindern, und in der vielleicht nicht ganz so abwegigen Hoffnung, ihm zu zeigen, dass er in dieser Welt nicht alleine war, was immer auch kommen würde.

Ja, dies wurde mir in diesem Moment bewusst: Ich würde an seiner Seite bleiben. Mich um ihn kümmern. Ihm den Halt geben, den er brauchte, um in dieser Welt nicht unterzugehen.

Kaum berührte ich seine Hand, schlug er sie weg. Das erschreckte mich so sehr, dass ich es nicht noch mal versuchte. Stattdessen sagte ich leise: «Ich bin für dich da …»

«Ach ja?», spottete er bitter.

«Ja …»

«Du wolltest wegrennen, als das kleine Monstrum zum Schlag ausgeholt hat!»

Ich hätte mich jetzt rausreden können, dass ich Hilfe holen wollte oder das Buch, um schnell etwas zu zeichnen, das ihn vor der Enthauptung hätte retten können, so wie Lenny es mit Robo getan hatte, doch ich mochte ihn nicht mehr anlügen. Ich schämte mich so sehr für meine Lügen. Und noch mehr für meine Feigheit. Deshalb antwortete ich, noch leiser: «Ich bin nicht so ein Held wie du.»

«Nein, meine Schöpferin ist eine feige Lügnerin mit Damenbart!»

Nun war also der Moment gekommen, in dem er erkannte, dass ich eine verachtenswerte Schwindlerin war. In romantischen Komödien folgten darauf meist fünf bis zehn Minuten Film, in denen Held und Heldin alleine ihrer Wege gingen, dabei kreuzunglücklich sind, aber eine Weile brauchen, bis sie verstehen, dass sie ohne den anderen nicht können, um schließlich im allerletzten Moment ganz dramatisch wieder zueinanderzufinden – gerne an einem Flughafenterminal. Dies hier war jedoch keine Komödie. Schon gar keine romantische. Trotz Kuss des Lebens. Dies war die blöde Realität. Und in der Realität, so jedenfalls meine Erfahrung, lachte man keinem Happy End entgegen. Retro und ich würden uns nie an einem Flughafenterminal in die Arme fallen.

«Ich wäre lieber von der Göttin des Wahnsinns erschaffen worden als von dir!», Retros Verachtung wuchs im gleichen Maße wie meine Hilflosigkeit, mit dieser Situation umzugehen. «Trete mir nie wieder unter die Augen, Nellie Oswald!»

Samt Wolfsklinge schob er sich an mir vorbei auf den Weg nach draußen.

«Bitte, geh nicht …», ich hatte eine solche Angst um ihn. Wie sollte er sich in diesem Zustand allein in Berlin zurechtfinden? Noch mehr fürchtete ich allerdings, ihn für immer zu verlieren. Deshalb lief ich hinter ihm her und stellte mich ihm in den Weg.

«Weiche!», drohte er.

«Das werde ich nicht tun», antwortete ich zitternd.

«Weiche!», seine Augen funkelten mich so zornig an, als würden gleich Blitze aus ihnen schießen. Er zog sein Schwert.

«Nein», wurde ich leiser.

«Weiche, oder ich spalte dir mit Wolfsklinge den Schädel.»

Retro hob sein Schwert. Ich konnte mir nicht vorstellen, dass er zuschlagen würde, dafür war er viel zu edelmütig, zu heldenhaft, selbst wenn er in diesem Moment nichts davon spürte. So blieb ich weiter vor ihm stehen. Und er … er …

… schlug natürlich nicht zu.

Der Prinz, der keiner war, ließ das Schwert sinken und sagte angewidert: «Hättest du nur auch so viel Mut bewiesen und mir von Anfang an die Wahrheit gesagt.»

Ich blickte beschämt zu Boden. Retro ging an mir vorbei. Ich hörte, wie er durch den Laden stapfte, die Tür öffnete und Lenny ihn fragte: «Wo willst du hin?»

«Dorthin, wo Nellie Oswald nicht ist.»

Das verletzte mich mehr als jeder Schwerthieb.

Ich hörte, wie die Tür zugeschlagen wurde, und stand wie gelähmt da. Lenny trat mit der Liane, mit der er Evila fesseln wollte, in den Lagerraum und fragte: «Willst du ihm nicht folgen?»

Ich konnte nicht antworten, mich nicht mal bewegen.

«Er ist deine Verantwortung, so wie Evila meine ist.»

Es war schon sehr erstaunlich, dass ausgerechnet Lenny

auf einmal so viel reifer war als ich. Er hatte sich durch die Ereignisse komplett verändert. Ich hingegen war die gleiche alte Nellie geblieben. Nur dass ich jetzt wusste, wie feige ich genau war.

«Was ist», fragte Lenny, «wenn sich dein Prinz etwas antut?»

Dieser Gedanke ließ mich aus meiner Starre erwachen. «Das … das wird er nicht tun. Er ist doch ein Held.»

«Er weiß jetzt, dass er keiner ist», widersprach Lenny. «Und wer weiß, was das mit ihm macht.»

Ja, Retro war erschüttert. In seinem Wesen. In seinem Glauben. In seiner gesamten Existenz. Wenn das kein Grund war, sich etwas anzutun, was dann?

Ich antwortete Lenny gar nicht mehr, sondern rannte mit dem Buch in der Hand los, durch den Laden und auf die Straße hinaus. Doch von Retro keine Spur.

War er nach links gegangen oder nach rechts? Die Chancen standen fünfzig-fünfzig. Ich entschied mich für links, rannte zu der nächsten Ecke. Der Prinz, der kein Prinz war, noch nicht mal ein echter Mensch, war auch dort nirgendwo zu sehen. Schnell rannte ich in die andere Richtung. Auch da war kein Retro zu erblicken! Verzweifelt rannte ich durch die Nachbarstraßen, die Seitenstiche waren mir egal. Ich rannte weiter, immer weiter, bis ich nicht mehr konnte. Schließlich hielt ich mich keuchend an einer Laterne fest, schaute die menschenleere Straße hinunter, sah, wie die Sonne über den Dächern Berlins unterging und wusste, dass ich Retro für immer verloren hatte.

33

Ich wäre garantiert einfach zu Boden gesunken, hätte mich an die Laterne gelehnt und losgeheult, wenn ich nicht die Sirenen gehört hätte.

So sprintete ich los – trotz der Seitenstiche –, wieder zurück in Richtung Comicladen, und sah schon aus der Ferne, wie ein bis an die Zähne bewaffnetes SEK aus einem Mannschaftswagen sprang.

Die Spezialeinheit würde Retro jetzt nicht mehr im Laden antreffen, auch ich konnte mich verpieseln, bevor die Polizisten feststellten, dass ich auf ihrer Fahndungsliste stand. Aber sie würden Lenny finden, bei ihm einen merkwürdigen Roboter, ein paar Mützen tragende Hasen, aber eben auch Ebola-Phiolen, eine Atombombe und nicht zuletzt ein kleines gefesseltes Mädchen. Die Polizisten würden Lenny also nicht nur für einen Terroristen halten, sondern auch noch für einen Kindesentführer. Entsprechend würden sie ihn behandeln. Und das bedeutete, ich durfte Lenny jetzt nicht allein lassen!

Doch wie konnte ich ihm helfen? Wie würde ich ein ganzes Sondereinsatzkommando davon abhalten können, Lenny zu verhaften und ihm dabei sämtliche Knochen zu brechen?

Ganz einfach. Mit dem Buch.

Es gab so viele Möglichkeiten, die Magie zu nutzen. Ich könnte einen T-Rex zeichnen, der auf die Polizisten zuläuft. Oder einen Komantschen-Indianer-Stamm, der auf sie zureitet. Oder sie von einem UFO entführen lassen – natürlich hätte ich darin nette Aliens gezeichnet, nicht welche, die medizinische Sonden in alle möglichen Körperöffnungen einführten. Doch all diese neuen Lebewesen hätten das Chaos in Berlin und in meinem Leben vergrößert. Ich musste mir also etwas überlegen, was die Polizisten verscheucht und sie am besten auch noch gleich dazu brachte, den Fahndungsaufruf für mich und Retro für immer aus ihrem Computersystem zu nehmen. Und was gibt es Besseres, um Menschen den eigenen Willen aufzuzwingen, als einen Gedanken-Kontroll-Strahler?

Ich zeichnete den Strahler, und der materialisierte sich auch sofort neben mir. Mit ihm ging ich auf die Polizisten zu, sagte «Hey», und als sie sich zu mir drehten, zappte ich die ganze Truppe mit dem Gedanken-Kontroll-Strahler.

«Sprecht mir nach», bat ich sie.

«Sprecht mir nach», antworteten sie im Chor.

«Das jetzt nicht …», wollte ich sie korrigieren.

«Das jetzt nicht …», antworteten sie wieder im Chor.

«Gut, versuchen wir es anders …»

«Gut, versuchen wir es anders …»

«Unterbrecht mich nicht andauernd!!!»

«Unterbrecht mich nicht andauernd!!!»

«Ihr geht mir langsam auf den Sack», seufzte ich.

«Ihr geht mir langsam auf den Sack.»

«ARGGHH!»

«ARGGHH!»

«Ich hätte doch die Indianer auf euch zureiten lassen sollen.»

«Ich hätte doch …

«HALTET ENDLICH DIE KLAPPE!»

Ich wartete auf die Wiederholung. Aber es war ja ein Gedanken-Kontroll-Strahler, mit dem ich die Polizisten getroffen hatte. Sie folgten ja meinen Befehlen, genauso wie sie erst meinem «Sprecht mir nach» nachgekommen waren, hielten sie jetzt die Klappe.

«Ihr werdet wegfahren und die Fahndung nach mir und meinen Freunden aus dem System nehmen.»

Die Polizisten nickten synchron. Mein ganzes Dilemma war also gelöst, und ich konnte es mir nicht verkneifen zu sagen: «Und jetzt macht den Ententanz.»

Die Polizisten begannen zu tanzen und sangen: *«Nanana-nanana-nanananat-nat-nat-nat-nat ...»*

«Und jetzt watschelt alle wie Enten.»

Sie watschelten wie Donald Duck, wenn er gute Laune hatte. Und ich muss gestehen, ich fand es lustig. Nach all dem Wahnsinn wollte ich mich mit ein wenig Spaß von meinem Kummer ablenken.

«Und jetzt macht Synchronschwimmen!»

Die Polizisten legten sich auf den Boden und schwammen in Formation.

«Was machst du denn da?», hörte ich mit einem Mal Bendix' Stimme. Er stand in einem Hauseingang. Bestimmt war er gekommen, weil er so besorgt um mich war. Und nun sah er mich mit einem Gedankenstrahler in der Hand und Polizisten, die auf dem Fußweg synchron schwammen.

Ich fühlte mich so etwas von ertappt, hatte ich doch die Macht des Buches für völligen Blödsinn benutzt. Bendix stieg über die Polizisten, die sich in voller Kampfausrüstung mühten, eine Seerosenformation auf dem Boden nachzubilden. Schnell befahl ich ihnen: «Steht auf und verschwindet.»

Die Männer rappelten sich hoch und sprangen wieder in ihr Fahrzeug. Da ich ihnen gegenüber ein schlechtes Gewissen hatte, gab ich ihnen noch schnell einen weiteren Befehl, damit sie sich wenigstens gut fühlen: «Ihr habt die Goldmedaille gewonnen. Freut euch drüber.»

Die Polizisten strahlten hinter den Scheiben ihres Mannschaftswagens überglücklich, dann stimmten sie *We are the champions* an und brausten davon.

Bendix war fassungslos, konnte erst mal kein einziges Wort herausbringen. All das, was er heute mit mir erlebt hatte, war für ihn nicht mehr zu verarbeiten. Ich hingegen fühlte mich nun so richtig mies. Die Magie so zu nutzen, das hätte Harry Potter nie getan. Er hätte nie einen Zauberspruch losgelassen, der Snapes Frisur in einen Minipli verwandelt hätte. Oder Dumbledores Gewand in einen ballonseidenen Jogginganzug. Oder Voldemort in ein Garagentor. Obwohl, das hätte Harry Potter vielleicht getan, wenn er es denn gekonnt hätte.

«Was … was ist da eben passiert?», Bendix fand nur mühsam seine Sprache wieder.

Das Einfachste wäre es gewesen, nun auch ihn mit dem Gedanken-Kontroll-Strahler zu zappen. Dann müsste ich ihm nicht die Wahrheit über das Buch und Retro erzählen und schon gar nicht gestehen, dass ich ein Mensch war, der Magie nur zur eigenen Belustigung benutzte. Aber wenn ich die Magie auch noch gegen die Menschen, die mir etwas bedeuteten, verwandte, wäre ich ein richtig schlechter Mensch. So erzählte ich Bendix die Wahrheit, die ganze Wahrheit und nichts als die Wahrheit. Unter normalen Umständen hätte er mir wohl kein einziges Wort von meinem Vortrag geglaubt, aber er hatte mittlerweile zu viel gesehen: Roboter, Ebola, Gedankenstrahler und *last, but not least* einen Prinzen, der fast genauso aussah wie er. Nachdem ich ihm alles geschildert hatte, entfuhr Bendix ein «heilige Mutter Gottes». Dabei klang er wie eine Nonne, die mitbekommen hatte, dass der Pastor aus dem Beichtstuhl heraus ein gut florierendes Wettbüro unterhielt.

Geschockt setzte Bendix sich auf den Bordstein, ich gesellte mich mit dem Strahler zu ihm.

«Ich fände es schön, Nellie, wenn du den nicht in meine Richtung hältst.»

Das konnte ich gut verstehen. Ich legte den Strahler neben mich. Nur um ihn gleich wieder in die Hand zu nehmen, nicht auszudenken, wenn er mir wegen einer Unachtsamkeit abhandenkäme. Kein schlechter Mensch sollte die Gedanken anderer kontrollieren dürfen. Schon gar nicht irgendwelche Rassisten. Eigentlich sollte niemand die Gedanken anderer kontrollieren dürfen. Auch ich nicht.

Kaum begriff ich das, zeichnete ich schnell eine Schrottpresse. Als die plötzlich vor uns stand, zuckte Bendix kurz zusammen. Ich rappelte mich auf und warf den Strahler in die Presse. Er wurde, begleitet von lauten Geräuschen, von ihr zermalmt. Sollte ich das Buch vielleicht auch hineinwerfen? Gerade als ich mich dazu entschlossen hatte, rief Bendix: «Tu es nicht!»

«Warum nicht?», wollte ich wissen. Das Buch brachte doch nur Unheil. Und in noch falscheren Händen als meinen würde es die Welt vernichten. Es in die Presse zu werfen, war doch das Klügste, was man machen konnte.

«Nellie, denk doch mal nach … was könnten wir alles bei UNICEF Gutes damit anstellen. Wir könnten Hunger und Armut beenden. All das Elend dieser Welt beseitigen! So vielen Menschen das Leben retten.»

Bendix meinte es aufrichtig. Er war ein guter Mensch. Und mit einem Male wurde mir klar, dass auch ich an seiner

Seite und mit dem Buch Gutes vollbringen könnte. Wir könnten gemeinsam zu den größten Helden der Menschheitsgeschichte werden. Eine ganz andere Sorte Held als die aus den Geschichten. Eine viel, viel bessere. Wir wären Helden, die die Welt nicht nur vor dem Bösen retten, sondern sie besser machen. Was für eine Aussicht tat sich da vor mir auf. Eben war ich noch am Boden zerstört, und jetzt, jetzt könnte alles, aber auch wirklich alles gut werden! Für die Welt! Und auch für mich.

«Deine Augen leuchten ja», lächelte Bendix und streichelte mir über die Wange. Das machte mich verlegen. «Und weißt du, Nellie, es ist alles so irrsinnig, und das Ganze überwältigt mich, und ich kann kaum einen Gedanken fassen, aber eins macht mich bei alldem wirklich glücklich …»

«Und was …?», fragte ich erstaunt.

«Dass du den Prinzen nach meinem Ebenbild gezeichnet hast … das bedeutet, du liebst mich so, wie ich dich liebe …»

Seine Augen strahlten nun auch. Sein Mund kam immer näher. Ich konnte nicht anders als hoffen, dass dies der Kuss meines Lebens sein würde. Schließlich hatten wir dank des Buches jetzt vielleicht eine Zukunft vor uns, die wundervoll werden konnte, in der wir die Welt veränderten. Bendix' Lippen berührten meine, und der Kuss war schön, er war zärtlich, und … er war der zweitbeste Kuss meines Lebens.

Das reicht doch aus, sagte mir mein Verstand, und mein Gefühl wagte nicht zu widersprechen: Lieber ein fast phantastischer Kuss eines realen Manns als ein phantastischer Kuss eines phantastischen Manns, mit dem es nie eine Realität geben kann.

Doch allein dadurch, dass ich verglich, musste ich wieder an den Prinzen denken, der keiner war. Ich sorgte mich um

Retro und dachte an Lennys Mahnung, dass er meine Verantwortung war. Also ließ ich von Bendix ab und sagte: «Bevor wir die Welt verändern, muss ich erst mal Retro retten.»

34

Bendix war nicht davon begeistert, er hätte am liebsten sofort damit losgelegt, Hunger und Elend in der Welt zu bekämpfen. Gewiss war er auch ein wenig eifersüchtig auf Retro, aber er verstand mich und sagte: «Wer auch nur ein einziges Leben rettet, rettet die ganze Welt.»

«Das hat Spock in *Star Trek* gesagt, oder?»

«Nein, Oskar Schindler im echten Leben», antwortete Bendix.

«Oh …», stammelte ich peinlich berührt.

«Komm, Nellie», er war so freundlich, meinen Fauxpas unkommentiert zu lassen, «wir suchen deinen Prinzen.»

Bendix war der verständnisvollste Mann, der mir je begegnet war. Vielleicht nicht der mutigste, das war nun mal Retro. Und auch nicht der ehrlichste, das war ebenfalls Retro. Doch dass Bendix mir nichts von seiner Verlobung erzählt hatte, konnte ich ihm mittlerweile angesichts der Zukunft, die er mit mir erleben wollte, und all der guten Taten, die wir vollbringen wollten, aber vor allen Dingen wegen seiner aufrichtigen Liebe zu mir verzeihen. Dass er geflohen war und das SEK gerufen hatte ebenfalls, hatte er doch verantwortungsbewusst gehandelt. Und dies würde Bendix auch mit dem magischen Buch tun. Aus Superheldengeschichten wusste ich, dass Macht korrumpiert und viele Menschen nicht davor gefeit waren, sie falsch zu nutzen – ich selbst hatte das eben mit den synchron schwimmenden Polizisten eindrucksvoll unter Beweis gestellt –, aber Bendix war mehr wie Spider-Man, er wusste, dass mit großer Macht große Verantwortung einhergeht.

Gemeinsam betraten wir den Laden. Bevor ich Retro suchte, musste ich erst einmal nach Lenny und Evila sehen. Kaum hatte ich die Tür aufgemacht, hörte ich auch schon das kleine Biest im Lager schreien: «Lass mich frei! Lass mich frei!»

«Ich denke gar nicht daran», antwortete Lenny.

«Ich muss aber aufs Klo.»

So ein Problem hatte Bruce Willis nie, wenn er in einem seiner Filme einen Schurken fesselte oder mit Handschellen an ein Heizungsrohr kettete.

«Ich binde dich nur los, wenn du mir schwörst, keinen Blödsinn anzustellen.»

«Ich schwöre es», sagte Evila und klang dabei in etwa so glaubwürdig wie ein Fifa-Funktionär.

Ich bat Bendix, im Sessel zu warten, und er kam meiner Bitte nur allzu gerne nach, waren ihm doch Evila und die Ebola-Phiolen extrem unheimlich. Kaum hatte er sich hingesetzt, fiel sein Blick wieder auf die Atombombe, die immer noch neben dem Sessel lag, und er zuckte zusammen.

«Das ist wirklich nur eine Stinkbombe», beruhigte ich ihn.

Bendix atmete durch, nahm sich den Donald-Duck-Comic *Familie Duck auf Nordpolfahrt* und versuchte, sich damit vom Wahnsinn der Welt abzulenken. Dabei hüpften auf seinem Schoß zwei der Mützen tragenden Hasis, die ihn weit weniger verblüfften als so manch anderes an diesem Tag. Abwechselnd kraulte er sie mit der freien Hand.

Ich blieb im Türrahmen zum Lagerraum stehen und beobachtete, wie Lenny sich zu der gefesselten Evila hockte, ihr lieb über die Wange streichelte und sagte: «Du musst nicht böse sein.»

Sein Käppi hatte er in die Ecke geworfen. Seine Körperhaltung war gerade. Ich hätte mich nicht gewundert, wenn er seine Drogenpillen bereits ins Klo geworfen hatte.

«Böse zu sein ist meine Natur, mein Wesen», antwortete die Kleine, und ich befürchtete, dass sie Lenny auch gleich in die Hand beißen würde.

«Man kann sein Wesen ändern», widersprach Lenny mit der Autorität eines Menschen, der das selbst soeben getan hatte, und zwar fast um 180 Grad.

Seine Worte, mehr noch, wie er sie sagte, beeindruckten Evila: «Wirklich …?»

«Ja, das kannst du mir glauben.»

«Aber du hast mich doch böse gezeichnet …»

«Das heißt nicht, dass du auf ewig so bleiben musst.»

«Oh …», Evila machte das sehr nachdenklich. Für einen kurzen Moment fragte ich mich, ob sie es nur vorspielte, damit Lenny sie losband, doch dann sagte sie ganz kleinlaut: «Ich habe gedacht, ich müsste so sein.»

«Nein, jeder Mensch kann entscheiden, wie er sein will.»

«Ich bin doch kein echter Mensch.»

«Aber auch du kannst das entscheiden.»

«Ich war nie glücklich damit, böse zu sein», Evilas Augen verrieten jetzt einen unglaublichen Schmerz.

«Natürlich nicht …», nickte Lenny, der sichtlich ein schlechtes Gewissen hatte, dass das kleine Mädchen so litt. Behutsam befreite er es von seinen Fesseln.

«Ich hätte es mir nie verziehen, wenn ich den Mann wirklich getötet hätte», kullerten Evila nun Tränen über die Wangen. Lenny nahm sie in die Arme und tröstete sie: «Das glaube ich dir.»

Und ich glaubte es ihr auch. Sie wirkte nicht mehr wie ein Monster, nicht wie eine Schurkin, sondern eher wie ein kleines Mädchen, das in seiner Grundschulklasse keine einzige Freundin hatte.

«Ich wäre viel lieber so wie Gähna, die gute Fee von Borderlina», gab das Mädchen, das gar nicht böse sein wollte, zu und begann, laut zu schluchzen.

«Du weißt», sagte Lenny, «dass es Borderlina und Gähna gar nicht gibt.»

Evila nickte. Die Kleine begriff wirklich so viel schneller als Retro.

«Du kannst aber dennoch eine gute Fee sein», erklärte Lenny.

Evila hörte auf zu schluchzen: «Wirklich?»

«Wirklich», Lennys Stimme war ganz sanft.

«Aber ich habe doch gar keinen Feenstab wie Gähna», sagte Evila und machte dabei mit ihren Lippen Schüppchen.

«Man braucht keine Magie, um eine gute Fee zu sein», sagte Lenny.

«Nicht?»

«Nur Herz.»

Da lächelte die kleine Evila, zum ersten Mal in ihrem Leben nicht böse und irre, sondern ganz lieb. Das ließ das Herz von Lenny aufgehen und das meine erst recht.

Ich hatte keine Ahnung, ob Lenny schon einen Schritt weiterdachte. Ob er Evila adoptieren würde, sie großziehen und zur Schule schicken. Ich wusste ja noch nicht mal, ob er wirklich in seinem Lenny-Mobil übernachtete oder ob er doch ein Zuhause besaß. Klar war nur, er würde sich um Evila kümmern. Und ich konnte ihm helfen: Falls er keine Bleibe hatte, würde ich ihm ein schönes Haus zeichnen und für Evila alle nötigen Dokumente, damit kein Amt sie jemals Lenny wegnehmen könnte. Mit diesen Dokumenten wäre es dann auch kein Problem, sie einzuschulen. Und sollte sie in der Schule Probleme mit dem Lernen bekommen, würde ich ihr eine Maschine zeichnen, mit deren Hilfe man alles Wissen einfach ins Gehirn runterladen kann wie dieses Gerät bei *Matrix*, nur dass es dann nicht um Kampftechniken ginge, sondern um Deklination, Dreisatz und die richtige Interpretation von Goethes *Faust*. So eine Maschine hätte ich in meiner Schulzeit wirklich auch gerne gehabt.

Bildung! Die Magie des Buches konnte ganz schnell ganz vielen Menschen Bildung bringen! In jeden Winkel der Welt.

Au, Mann. Ich hatte mit einem Mal echt viele Ideen, mit deren Hilfe man die Welt verbessern konnte. Ich, Nellie Oswald! Unfassbar!

Doch erst mal musste ich Retro finden. In dem großen Berlin. Einer Stadt mit 3,5 Millionen Einwohnern. Bei so einer großen Stadt ist es gut, wenn man ein magisches Buch hat. Mit dem kann man sich ein Retro-Ortungsgerät zeichnen. Das zeigt einem sofort an, wo sich der Prinz gerade befindet!

Retro, so zeigte es mein flink gezeichnetes Gerät an, befand sich in einer kleinen Pankower Nebenstraße. Ich hätte jetzt auch noch gleich einen Teleporter erschaffen können, der mich in Sekundenbruchteilen von einem Ort zum anderen transportierte, doch ich hatte zu viele Bilder von *Enter-*

prise-Crewmitgliedern im Kopf, die beim Beamen zu Glibberbrei wurden.

So ging ich wieder in den Verkaufsraum zurück und bat Bendix, mich zu fahren. Er war froh zu hören, dass Evila nicht mehr böse war, und legte das Donald-Duck-Heft beiseite mit der Bemerkung: «Dieser Donald ist wirklich ein kleinkapitalistischer Spießbürger!»

Wir gingen zu seinem Auto, ließen fürs Erste Roboter, Ebola und Bombe hinter uns und fuhren durch die von Laternen beleuchteten Berliner Straßen. Die wirkten so wie immer, bevölkert von Menschen, die nicht mal ahnten, dass es in unserer Welt Magie gab. Bendix war nach der anfänglichen Freude jedoch seltsam still während der Fahrt. Erst kurz bevor wir unser Ziel erreichten, wandte er sich an mich und fragte: «Sind wir jetzt eigentlich ein Paar?»

Genau das hatte ich vor dem Badewannendesaster auch geglaubt. Nach meiner Flucht mit Handtuch aus verständlichen Gründen jedoch nicht mehr. Ehrlich gesagt hatte ich mir darüber auch nach Bendix' Liebesgeständnis in seiner Wohnung keine Gedanken mehr gemacht. Doch jetzt musste ich es tun. Mein Verstand erinnerte sich an den wunderbaren Kuss mit ihm. Mein Gefühl hatte ihn ja auch wunderbar gefunden, merkte aber an, dass es eben nur der zweitbeste Kuss war. Der Verstand konterte, das Gefühl solle das Ganze mal etwas sachlicher sehen. Mein Gefühl erwiderte, dass *Dinge sachlicher zu sehen* nicht Bestandteil seiner Stellenbeschreibung war. Mein Verstand wiederum argumentierte, dass der beste Kuss nur eine Illusion gewesen war, da er von einem Wesen stammte, das kein echter Mensch war. Erwachsen zu sein bedeutete, nicht an Märchen zu glauben, sondern das Glück, das einen umgibt, zu erkennen. Das Gefühl motzte nun, dass es Erwachsen-Sein richtig, richtig doof fand. Der Verstand aber ließ sich nicht abbringen und redete weiter: Mit Ende zwanzig läuft man langsam Gefahr, tragisch zu enden, wenn man stetig auf ein Happy End wartet, anstatt in der Wirklichkeit anzukommen. Das Gefühl bekam es bei der Aussicht, tragisch zu enden, mit der Angst zu tun und grummelte noch etwas wie «gna, gna, gna …», hielt schließlich jedoch die Klappe und ließ den Verstand Bendix antworten: «Ja, wir beide sind ein Paar.»

35

Das Retro-Ortungsgerät führte uns zu einem Lagerhaus in Pankow. Die meisten Scheiben des Gebäudes waren kaputt, und an den bröckeligen Klinkermauern hingen jede Menge alte, verwitterte Plakate, die auf Partys oder Konzerte hinwiesen oder auf die Tatsache, dass es bessere Ideen gibt, als mit fremden Personen ungeschützten Sex zu haben. Laut Ortungsgerät musste Retro sich im zweiten Stockwerk befinden. Ich bat Bendix, im Auto auf mich zu warten. Das kaputte Glas der Eingangstür war durch Pappen ersetzt worden, das Treppenhaus übersät mit Graffiti. An den Wänden gab es hässliche Fratzen zu sehen, die einem die Zunge rausstreckten, alberne bunte Schriftzeichen, deren Bedeutung nur die Sprayer selber kannten, und ein Sprüche-Streifzug durch die letzten Jahrzehnte: Von *Macht kaputt, was euch kaputt macht* über *Bush is a weapon of mass destruction* bis hin zu *Oh Lord, would you buy me an Elektroauto.*

Interessanter als die Graffiti war die Tatsache, dass ich laute E-Gitarrenmusik hörte und dazu die Stimme einer Frau, die sang: *«Ich esse Steine, seit du weg bist, ganz alleine …»*

Es war einer jener albernen Songs von der Sorte: «Ich habe Liebeskummer, weil du mich verlassen hast, und ich leide tierisch. Aber ich bin ein ganz schön stolzer Mensch, und du wirst schon sehen, was du davon hast, so jemanden wie mich, der mit seiner Trauer so wunderbar wortakrobatisch umgeht, zu verlassen.»

Ich hatte in meinem Leben schon zu viele solcher Songs gehört.

«Ich esse Steine …», sang die Frauenstimme weiter. *«Steeeeeine …»*

Und ich dachte: Ach, Alte, bestell dir doch einfach eine Pizza.

Ich ging die Treppen höher, der Gesang wurde lauter, ich kam an eine Tür, *Proberaum Kill Kenny* war darauf gesprayt. Schlagartig wurde mir klar, worauf ich schon beim Gesang hätte kommen können: Hier spielt die Band des Girlie-Prinzesschens, das Retro die Handynummer auf den Arm gekritzelt hatte. Wenn er hier war, hatte er sich wohl bei jemandem erkundigt, was diese Nummer auf seinem Arm bedeutete, und Kontakt mit ihr aufgenommen. Aber warum? Weil er nicht allein sein wollte?

«Steine», ertönte nun Retros tiefe Stimme hinter der geschlossenen Tür. Obwohl die Gitarren weiterschrammelten, klang das Lied plötzlich, allein durch seine Intonation, ein wenig wie eine alte Ballade, *«sind echt, sie sind wahr, Steine sind nicht wunderbar, aber was für mich einst war wunderbar, war schlicht nicht wahr …»*

Retro wollte seinen Schmerz raussingen, deswegen hatte er mit dem Mädchen Kontakt aufgenommen. Vorsichtig öffnete ich die Tür. Der Raum sah aus, wie man sich den Proberaum einer solchen Band vorstellte: Eierpappen an den Wänden, Plakate der Band von Auftritten in irgendwelchen Clubs, von denen noch nie ein Mensch gehört hatte, und so viele leere Bierflaschen, dass man mit dem Pfand einen schönen Abend für zwanzig Personen in einer Pizzeria bestreiten könnte. Die drei Männer der Band schrammelten wild vor sich hin. Der Bassist war dick, vollbärtig und hatte einen riesigen schwarzen Hut auf. Der Trommler hatte Ähnlichkeit mit *Tier* von den Muppets. Und der Gitarrist sah aus wie der junge Bowie zu besten Ziggy-Stardust-Zeiten.

Retro stand am Mikro und sang seinen Schmerz heraus: *«Vater, Brüder, Wolf, ich hab euch nie gekannt, es gab niemals unser Land …»*

Wenn man hörte, wie ein Mann mit so einer Stimme seine Trauer besingt, bekommt man nicht nur eine Gänsehaut, sondern auch Tränen in die Augen.

«Ich bin allein und eine Lüge, ich will nicht so sein … ich will nicht so sein, aber ich bin so allein …»

Er war verzweifelt. So sehr verzweifelt.

Die Musik kam zum Ende, und er hauchte ins Mikro: *«Ich wünschte, ich wäre ein Stein.»*

Die Männer waren schwer beeindruckt. «Hammer», sagte der Gitarrist. «Oberhammer», fand der Bassist. «Hat mal jemand ein Taschentuch?», schluchzte das Tier an den Drums. Das Girlie warf sich Retro an den Hals, schaute ihm dabei tief in die Augen und säuselte: «Du bist nicht allein.»

Retro reagierte kaum auf das Mädchen, er war viel zu gefangen in seinem Schmerz. Aber das hinderte das Girlie-Prinzesschen nicht daran, seine Löckchen zu schütteln und ihn anzuklimpern. Und mich hinderte es nicht daran, eine Phantasie zu entwickeln, in der ich sie mit einer Dampfwalze überrollte.

«Lass uns heute um die Häuser ziehen», flirtete sie ihn weiter an, «Shots trinken und Pilze futtern.»

Im Gegensatz zu Retro war mir sofort klar, dass sie mit Pilzen weder Pfifferlinge noch Champignons meinte, deshalb fiel ich ihr ins Wort: «Du wirst mit ihm nirgendwo hingehen!»

Retro und die Bandmitglieder sahen mich erstaunt an.

«Komm, Retro, wir gehen, die Leute hier sind kein guter Umgang für dich …»

«Wie bist du denn drauf, Alte?», fragte mich das Girlie.

«Nenn mich nicht Alte!»

«Dann rede nicht, als ob du seine Mutter bist und er ein kleines Kind», gab sie zurück, und ich fühlte mich ein klein wenig ertappt.

«Er … er ist fremd hier», verriet ich nur einen Teil der Wahrheit. «Und deswegen muss ich mich um ihn kümmern.»

«Das kann ich gerne übernehmen», lächelte das Girlie-Prinzesschen und machte mich damit immer wütender.

«Ich glaube nicht, dass das eine gute Idee ist …»

«Aber ich», mischte sich Retro ein, der sich Mühe gab, mit fester Stimme zu sprechen. «Ich will diese Welt kennenlernen.»

«Ich kann dir dabei helfen», bot ich an.

«Aber das will ich nicht», seine Stimme war nun tatsächlich fest. Und seine Antwort versetzte mir einen Stich.

«Siehst du», grinste das Girlie frech.

Nie hat man eine Dampfwalze zur Hand, wenn man eine braucht!

Okay, ich könnte mir eine zeichnen, aber natürlich wollte ich dem Girlie nicht wirklich Gewalt antun. Vielleicht nur ein paar Brandameisen zeichnen, die in ihre Jeans krabbelten. Ich wusste noch nicht einmal, ob es überhaupt so etwas wie Brandameisen gab, aber ich könnte sie ja erfinden.

«Wohlan, machen wir uns auf den Weg», verkündete Retro.

«Die Welt da draußen», wollte ich Retro warnen, «kann dir schaden.»

«Das mag sein», erwiderte er. «Aber es gibt nun mal keine andere Welt.»

Er hatte mit Amanpour abgeschlossen.

«Komm», lachte das Girlie, nahm ihn an der Hand und zog ihn aus dem Proberaum, die Bandmitglieder folgten ihr.

Ich hätte Retro ebenfalls folgen können, aber er wollte das nicht. Das hatte er jetzt zweimal klar und deutlich gesagt. Eine dritte Zurückweisung brauchte ich nicht, um das zu begreifen. Das Schlimmste daran war nicht etwa, dass er mich nicht mehr sehen wollte. Auch nicht dass ich eifersüchtig war. Obwohl beides zutraf. Das Schlimmste war, genau zu wissen, dass Retro in unserer Welt für immer ein Fremder bleiben würde und ich rein gar nichts dagegen tun konnte.

Oder vielleicht doch?

Es gibt nun mal keine andere Welt.

Aber ich konnte ihm doch eine andere zeichnen.

36

Ich setzte mich auf einen alten Futon, der in einer Ecke des Proberaums stand. Dabei versuchte ich, nicht daran zu denken, was darauf schon alles stattgefunden hatte und wie selten er gereinigt worden war. Ich nahm Buch und Stift … und hielt inne. Meine Idee, Retro ein eigenes Reich zu zeichnen, hatte einen Haken: So ein Land würde ja plötzlich in unserer realen Welt auftauchen, hier in Berlin, mitten in Pankow. Das würde unfassbares Aufsehen erregen. Nicht nur würden Neugierige und Touristen in das Land strömen, so wie nach

Amanpour

DAS GROSSE SCHWEINERENNEN

FAMILIE DERER VON AMANPOUR

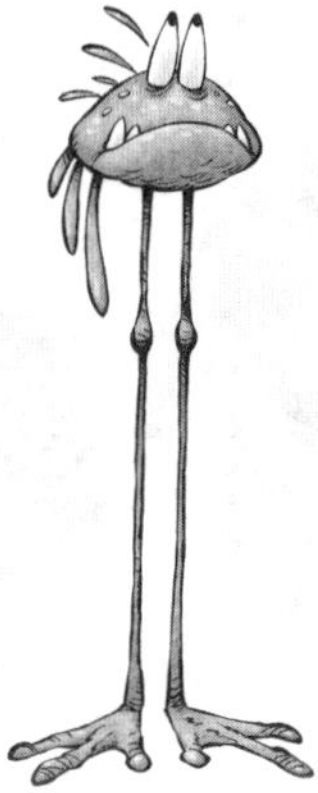

HOPPGLOTZ

DER SCHMOOG

WOLLHORNSCHAF

UTINI

ZUM BLAUEN BOCK

GLÜCKSPILZ

EKSTRA STARK,
HERR VON SOMMERFELL

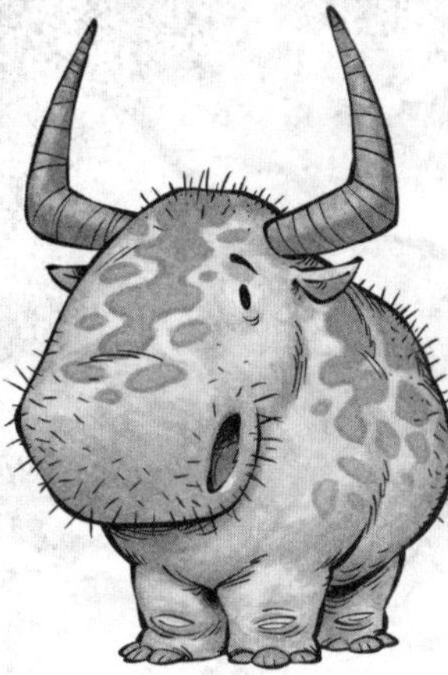

JOMPNICKEL

SIMSALABIMSA

HARALD,
DER HOFNARR

FEUER, DER FEUERWOLF

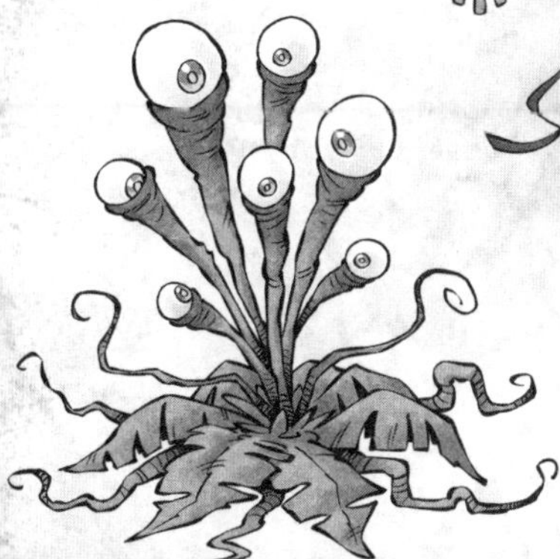

ARGUSKRAUT

SCHLOSS DERER VON AMANPOUR

GORB, DER PHILANTHROP

dem Fall der Mauer in Berlin, bestimmt würden auch Regierung, Geheimdienst und Militär völlig durchdrehen, von den Medien ganz zu schweigen. Retros neues Reich würde also binnen Stunden von unserer Welt korrumpiert, und der Prinz und all seine Untertanen könnten kein glückliches Leben führen. Das Land musste also klein sein, so klein, dass es irgendwo unbemerkt und beschützt liegen konnte. Da kam mir eine Idee: Retros Reich könnte sich doch in einer Schneekugel befinden – das war eine perfekte, kleine und in sich geschlossene Welt. In so eine Kugel würde ich ein Reich zeichnen, das den Namen Amanpour trug. Zusätzlich würde ich einen Strahler malen, mit dem ich Retro auf die richtige Größe schrumpfen lassen könnte, damit er in die Schneekugel passte. Diese Kugel würde ich fortan immer bei mir tragen und beschützen, sodass Retro in dem neuen Amanpour glücklich leben könnte. Das war ich ihm schuldig.

Ich würde dem Prinzen seine Geschwister zeichnen und seinen über alles geliebten Wolf. Aber ich müsste auch Dinge an Amanpour ändern, denn vieles, von dem Retro mir berichtet hatte, war schrecklich gewesen und hatte nicht nach glücklich und zufrieden bis an sein Lebensende geklungen. Also würde es keine furchteinflößenden Monster geben, überhaupt keine Kriege und Hungersnöte und vor allen Dingen keine folternden Tyrannen. Vielleicht würde ich seinem Wolf auch ein viertes Bein zeichnen, damit er es beim Pinkeln einfacher hatte. Aber ein wenig Gefahr musste es auch in diesem Land geben, denn schließlich war Retro ein Held, da musste er auch die Chance haben, Heldenhaftes zu vollbringen. Doch es sollten eher harmlose Gefahren sein, nicht so brutale wie im ursprünglichen Amanpour. Und so erschuf ich eine neue Welt:

Zu guter Letzt, es war mittlerweile drei Uhr nachts geworden, zeichnete ich schweren Herzens noch eine Person in die Schneekugel, die Retro endgültig glücklich machen sollte. Und ich nannte sie nicht Toffifee:

Prinzessin Filofee

37

Bendix gab mir einen Kuss auf die Wange, als ich kurz darauf eine Gitarrenhülle tragend zu ihm ins Auto stieg. In der Hülle befand sich das magische Buch, die Schneekugel und der Schrumpfstrahler. Mein Freund – es war noch ungewohnt, ihn so zu nennen – hatte die Wartezeit genutzt und sich Gedanken gemacht, wie man das Buch nutzen konnte, um das Gute in die Welt zu bringen. Er wollte mir davon berichten, doch ich warf das Retro-Ortungsgerät an und erklärte: «Eins nach dem anderen.»

Das Gerät führte uns zu einem Club nach Kreuzberg. Dort angekommen, bat ich Bendix, erneut im Wagen zu warten, stieg mit der Gitarrentasche aus und ging zum Eingang. An Rauchern und Türstehern vorbei drängelte ich mich hinein, die Musik war ohrenbetäubend und die Beleuchtung eher schwach, wenn man von den albernen Laserlichtern absah, die hin und her zuckten. Mitten auf der Tanzfläche schüttelte das Girlie seine goldenen Löckchen zur Technomusik, als würde es in einem Shampoo-Werbespot die Hauptrolle spielen. Ich wollte gerne unbeobachtet an ihr vorbei, aber sie entdeckte mich und rief: «Hey!»

Ich spielte mit dem Gedanken, rasch einen Knebel zu zeichnen, doch dann sagte sie: «Retro kann echt Party machen!»

Hastig sah ich mich nach dem Prinzen auf der Tanzfläche um, konnte ihn jedoch nicht entdecken.

«Und trinken kann er!»

Na super!

«Und küssen …»

«Er kann … WAS?»

«Küssen!», strahlte sie.

Da war sie wieder, die Eifersucht. Stärker als je zuvor.

«Jetzt sieh mich nicht so wütend an, Spaßbremse. Ich bin nicht die Einzige, die er küsst.»

Mir klappte die Kinnlade runter.

«Schau», sie deutete lachend auf ein Plüschsofa am Rand der Tanzfläche, das die Clubbetreiber bestimmt vom Sperrmüll geholt hatten. Auf dem saß Retro wild knutschend, mit einer Frau auf dem Schoß. Oder besser gesagt, einer Transgenderfrau. Es war Dolores, die uns am Brandenburger Tor das Flugblatt gegeben hatte.

«Retro», lachte das Goldlöckchen, «ist ganz schön experimentierfreudig.»

Ich schob mich an ihr vorbei. Sie rief mir noch hinterher, ob die Tasche nicht dem Gitarristen ihrer Band gehörte. Ich ignorierte das, ging zum Sofa und baute mich vor Retro und Dolores auf, die mich nicht wahrnahmen und einfach weitermachten. Ich räusperte mich vernehmlich: «Hmm, hmm …»

Das war anscheinend nicht laut genug, denn Retro veranstaltete weiter Kokolores mit Dolores.

«Hmm, Hmm!»

Das war immer noch nicht laut genug.

«HMM, HMM!», übertönte ich jetzt den Lärm der Tanzfläche.

«Ich glaube», ließ Dolores von Retro ab, «da will uns jemand etwas sagen.»

Retro sah zu mir hoch. Kaum hatte er mich erkannt, erklärte er: «Ich will es aber nicht hören.»

«Oh-oh», lächelte die Frau, «Ärger im Paradies. Also, wenn ich eine Frau wäre, die sich gerne die Nase pudert, würde ich sagen: Ich geh mir mal die Nase pudern. Aber so gehe ich mir noch einen Tequila Sunrise holen.»

Sie erhob sich von Retros Schoß und verschwand.

«Hast du etwa Pilze gegessen?», fragte ich Retro ein wenig besorgt, aber in erster Linie wütend, dass er sich so gehenließ.

«Nein», antwortete Retro, ohne mich richtig anzuschauen, «die Menschen hier reagieren darauf ähnlich wie die Druiden von Amanpour auf die Tannenzapfen des purpurnen Ginkobaums.»

Er deutete auf die drei Bandmitglieder, die in die Lichter starrten und versuchten, sie mit den Händen zu fangen.

«Nur», ergänzte Retro, nahm sein Glas und starrte hinein, «dass es nie einen purpurnen Ginkobaum gegeben hat. Nie ein Amanpour. Rein gar nichts.»

Noch nie hatte ich einen Menschen so verbittert gesehen.

«Und jetzt lass mich bitte mit Dolores allein.»

«Sie ist doch gar keine echte Frau», sagte ich in der Hoffnung, die Nachricht würde ihn abschrecken.

«Ich weiß», blickte er zu mir hoch.

«Du weißt das?»

«Sie hat mir gestanden, dass sie mal ein Mann war.»

«Und das ist für dich in Ordnung …?», staunte ich.

«Jawohl. Und dies sollte es auch für dich sein», erklärte er bestimmt und schien mich noch mehr zu verachten. Das beschämte mich. Es war ja für mich auch in Ordnung, bloß hatte ich versucht, Dolores für meine Interessen zu instrumentalisieren. Ausgerechnet ein Prinz aus einem Fantasy-Reich erteilte mir eine Lektion in Weltoffenheit und Toleranz.

«Willst du wissen, weshalb ich Dolores geküsst habe?»,

fragte Retro bitter und trank sein Glas in einem Zug aus. «Und Finia?»

Ich ging mal davon aus, dass das der Name von Goldlöckchen war.

«Und Lena …»

«Lena?», staunte ich.

«Und Melanie …»

Er zeigte auf zwei junge Frauen, die an der Bar hockten. Ich konnte es nicht fassen. Retro hatte anscheinend Amok geküsst.

«Und Semra …»

«Ich glaub, das reicht mir an Aufzählung.»

Retro stand auf und baute sich leicht wankend vor mir auf. Ich roch seinen Whiskey-Atem, als er sagte: «Ich hatte mit dir den Kuss meines Lebens, Nellie Oswald.»

Wirklich?

Mein Herz pochte, meine Beine wurden weich, und in meinem Magen drehten die Schmetterlinge Rundenrekorde.

«Aber mein Leben ist keine vierundzwanzig Stunden alt. Und in Wahrheit warst du die einzige Frau, die ich bis dahin geküsst hatte …»

«Und jetzt wolltest du sehen, ob es mit anderen schöner ist?», begriff ich.

«Genau», bestätigte Retro und schenkte sich ein weiteres Glas Whiskey ein. Woher hatte er bloß das Geld für die Flasche? Vielleicht hatte Dolores sie ihm spendiert, vielleicht hatte er aber auch die Barkeeperin geküsst? Einerlei, viel wichtiger war die Frage, die ich mich kaum traute zu stellen: «Und … war … war …?»

«Ob ein anderer Kuss besser war als der mit dir?»

Ich nickte.

Retro trank das Glas auf ex. Ich hörte nichts mehr von der Musik, nur noch mein eigenes Herz, das wie wild pochte. Immer, immer schneller pochte.

«Nein, keiner war besser.»

Jetzt brauchte ich auch einen Whiskey. Ich riss Retro die Flasche aus den Händen, nahm ein Wasserglas vom Nachbartisch, schenkte es mir halb voll und trank ebenfalls auf ex. Danach schüttelte ich mich wie ein Hund, der gerade aus dem Wasser gekommen war. Ich riskierte einen Blick zu Retro. Er verachtete mich. Noch mehr aber verachtete er seine Gefühle für mich. Ich wollte ihm so gern den Schmerz nehmen, und deshalb sagte ich vorsichtig: «Vielleicht ... vielleicht ist es bei Filofee anders ...»

«Filofee gibt es nicht!», brüllte er mich an.

«Es gibt sie», erwiderte ich.

«Halte mich nicht noch mehr zum Narren!»

«Es gibt sie wirklich», ich holte schnell aus der Gitarrentasche die Schneekugel heraus: «Hier drin ...»

«Ich habe gesagt, halte mich nicht zum Narren!»

«Schau», bat ich ihn.

Er schaute natürlich nicht.

«Schau doch mal hin!», insistierte ich.

«Ich lass mir von dir keine Befehle mehr geben!»

Wäre Retro nicht so ein feiner Mann gewesen, hätte ich Angst gehabt, dass er mich gleich ohrfeigte.

«Schau genau in die Kugel», ließ ich nicht locker. «Und wenn du das getan hast, lass ich dich für immer in Ruhe. Wenn du es dann noch willst.»

Die Aussicht, mich nie wieder sehen zu müssen, stimmte Retro ein wenig milder. Er nahm die Schneekugel, blickte hinein und sah in dem Hof des Schlosses namens Ballyhoo eine wunderschöne Prinzessin mit ihren Zofen Ball spielen.

«Filofee …?», seine Hand begann zu zittern.

«Nicht die Kugel fallen lassen!», warnte ich.

Er nahm noch die andere Hand, hielt die Kugel ganz fest in beiden Händen.

«Du … du hast Amanpour erschaffen …?», begriff er.

«Ja, und ich kann dich dorthin bringen.»

«Es sieht so … so anders aus …»

«Es ist auch anders. Es ist ein Land, in dem die Menschen, die du liebst, nicht leiden müssen. Sogar dein Wolf hat wieder vier Beine.»

Er schaute in die Kugel und sah seinen geliebten Feuerwolf durch einen Wald toben.

«Es ist ein … Paradies …», stellte Retro fest.

«Ein Paradies, genau.»

«Aber es ist nicht echt …»

«Echt genug.»

«Jedenfalls so echt wie ich …», sagte Retro nachdenklich. Er sah sich im Club um, betrachtete die reale Welt und ahnte wohl, dass er in ihr nie glücklich sein würde.

«Und du kannst mich in diese kleine Kugel bringen?»

«Ja», antwortete ich.

«Wohlan, dann tu es!», entschied er.

Ich war erleichtert. Zugleich aber auch traurig. Wenn Retro in der Schneekugel wäre, würde ich ihn wohl nie wiedersehen. Außer natürlich, wenn ich in die Kugel blickte, und das würde ich wohl eher nicht tun, denn wer weiß, wobei ich Retro dann ertappte. Ich wollte ja keine Spannerin sein.

«Worauf wartest du?», fragte Retro. Einmal entschieden, wollte er so schnell wie möglich nach Neu-Amanpour.

«Wir müssen irgendwohin, wo wir unbeobachtet sind», sagte ich, denn es war bestimmt keine gute Idee, Retro in aller Öffentlichkeit mit dem Schrumpfstrahler zu zappen. Ich steckte die Schneekugel wieder in die Gitarrentasche und zog Retro hinter mir her aus dem Club. Ich überlegte kurz, ob wir ins Auto gehen sollten, war mir aber schnell ziemlich sicher, dass Bendix mein Vorhaben verkomplizieren würde. So gingen wir weiter, vorbei an torkelnden Clubbesuchern, knutschenden Pärchen und Drogendealern, bis wir eine kleine Seitenstraße erreichten. In der roch es zwar streng, oder wie Retro es ausdrückte, wie in der Latrine eines Heereslagers, aber wir waren allein. Ich holte die Schneekugel und den Schrumpfstrahler aus der Tasche und erklärte Retro den Ablauf: Mit dem Strahler würde ich ihn winzig klein werden lassen, und anschließend würde er durch ein Tor in der Schneekugel, das ich gezeichnet hatte, nach Neu-Amanpour gehen können.

«Bevor du deine Magie vollbringst, will ich noch etwas herausfinden, Nellie Oswald.»

«Was denn?», fragte ich erstaunt.

«Ob der Kuss mit dir eine Ausnahme war. Ob er nur so voller Kraft und Gefühl war, weil es mein erster Kuss war.»

«Und wie willst du das herausfinden …?», fragte ich nervös.

«Indem ich dich noch einmal küsse.»

Er beugte sich zu mir runter. Und ich bekam ein schlechtes Gewissen. Ich war doch mit Bendix zusammen, da durfte ich doch keinen anderen Mann küssen!

«Das … das ist keine gute Idee …», versuchte ich, ihn abzuwehren.

Retro nahm mein Gesicht sanft in seine Hände. Ich hätte mich losreißen sollen, aber mein Gefühl argumentierte gegen meinen Verstand, dass es vielleicht auch gut für Bendix wäre, wenn ich den Prinzen küsse. Da staunte der Verstand und fragte, ob das Gefühl den Verstand verloren habe. Ganz im Gegenteil, meinte das Gefühl, vielleicht sei der Kuss mit Retro ja nur wegen des Adrenalins und der Endorphine der Kuss des Lebens gewesen. Mein Körper mischte sich ein und meinte: Da seien wirklich jede Menge Stoffe durchgerauscht! Das Gefühl, so vom Körper bestärkt, argumentierte weiter: Wäre der erneute Kuss mit Retro nicht so gut wie der mit Bendix, wäre das sicher gut für die Beziehung! Dann würde man nicht jedes Mal, wenn man Bendix küsste, an den tollen Kuss mit Retro denken, weil man ja wüsste, dass der eine durch körpereigene Drogen verursachte Ausnahme gewesen sei.

Der Verstand staunte, er hätte nie gedacht, dass das Gefühl mal so logisch argumentieren würde, und stimmte zu: Ja, genau, es wäre gut für Bendix, wenn ich ihn jetzt betrügen würde!

Mein Verstand hatte den Verstand verloren.

Retros Lippen berührten meine, ganz sanft. Ich erwiderte den Kuss. Er war weniger wild als der erste, dafür umso inniger. Liebevoller. Als Retro von mir abließ, war mir klar: Ich hatte auf den Gleisen nicht den Kuss meines Lebens gehabt. Sondern jetzt in diesem Augenblick, in dieser schäbigen Gasse.

War es Retro genauso ergangen?

Ich wünschte es mir so sehr.

Und dann auch wieder nicht.

Es dauerte eine Weile, bis der Prinz sich gesammelt hatte. Dann sah er mich lange an. Am liebsten hätte ich «Und?» gefragt, hielt aber meinen Mund. Er sah die Frage in meinen Augen und erklärte: «Dieser war noch wunderbarer …»

Beinahe hätte ich vor lauter Glück losgeheult.

Retro sah auf die Schneekugel, die vor uns auf dem Boden lag. Er hatte eine solche Sehnsucht nach dem neuen Amanpour.

«Es … lag …», stammelte er, «… es lag bestimmt an jenem Gebräu namens Whiskey.»

Das versetzte mir einen Stich. Aber ich verstand, dass er jetzt kein Gefühl zulassen wollte, um nicht doch in Versuchung zu geraten, in unserer Welt zu bleiben. Deshalb sagte ich wider besseres Wissen: «Ja, das liegt garantiert an dem Whiskey.»

Es war richtig, das zu sagen. Für ihn. Und für mich.

Retro war so dankbar, dass ich ihm recht gegeben hatte.

Schweren Herzens richtete ich den Strahler auf ihn: «Bist du bereit?»

Retro nickte.

Ich drückte ab. Retro schrumpfte vor meinen Augen. Er stand nun winzig klein wie eine Ameise auf einem Pflasterstein. Obwohl es sehr dunkel war, bildete ich mir ein, ihn zu mir hochwinken zu sehen. Dann ging er durch das kleine Tor und verschwand für immer nach Amanpour.

38

Ich hob die Schneekugel auf, wollte sehen, wie Retro zum Schloss Ballyhoo eilt, seine Filofee in die Arme schließt und sie freudig umherwirbelt, auch wenn mir dies einen Stich versetzen würde. Doch da hörte ich hinter mir eine Stimme: «Whao, die Pilze sind ja echt der Hammer.»

Goldlöckchen hatte alles gesehen. Und dankenswerterweise den falschen Schluss daraus gezogen.

Ich rannte zurück zu Bendix' Auto und stieg ein.

«Konntest du alles regeln?», fragte er mich, während er den Wagen startete.

Ich nickte.

«Aber du willst mir anscheinend nicht sagen, wie.»

Ich konnte ihm ja schlecht erzählen, dass ich gerade wieder einen besten Kuss meines Lebens hatte und wieder nicht mit ihm. Also schwieg ich.

Bendix hakte nicht mehr nach, sondern verkündete stolz: «Ich habe einen wasserdichten Plan gemacht, wie man die Welt retten kann.»

Da hatte er meine volle Aufmerksamkeit.

«Was wird das größte Problem sein, wenn wir Hunger und Ungleichheit ausmerzen wollen?»

«Keine Ahnung.»

«Die jetzigen Machthaber.»

«Kommt auch auf den Machthaber an.»

«Die allermeisten werden es garantiert nicht sein. Und dein Gedankenstrahler hat mich auf eine Idee gebracht.»

«Du willst deren Gedanken kontrollieren?», staunte ich, hatte ich doch gedacht, dass Bendix so etwas für moralisch indiskutabel hielt.

«Das ist zu viel Macht für einen Menschen», blieb er auch bei seiner Ansicht. «Aber wir können einen Strahler erschaffen, der Güte in ihre Herzen bringt.»

Herzensgüte ... Was für eine großartige Idee!

«Doch wir können nicht einfach so mit einem Strahler bei einem G7-Gipfel auftauchen», redete Bendix weiter, «oder beim Weltwirtschaftsforum in Davos oder in saudischen Königspalästen.»

«Geschweige denn in einer IS-Hochburg», ergänzte ich.

«Und selbst wenn es uns gelingen würde, den ein oder anderen Herrscher mit Hilfe des Strahlers zu einem gütigen Menschen zu machen, würden die anderen Machthaber das nur für ihre eigenen Zwecke ausnutzen.»

Da hatte er so eine wundervolle Idee, aber leider erwies sie sich als völlig unpraktikabel. Meine Stimmung sank.

«Schau nicht so traurig, Nellie», lächelte Bendix. «Hab ich dir nicht gesagt, ich habe einen wasserdichten Plan?»

Seine Begeisterung war einfach ansteckend. Ich war gespannt, wie Bendix das Dilemma lösen wollte.

«Wir müssen dafür sorgen», erklärte er, «dass die ganze Menschheit gleichzeitig von dem Strahl der Herzensgüte getroffen wird.»

«Und wie soll das gehen?»

Bendix lachte: «Ich dachte, du wärst diejenige, die mehr alte *James Bond*-Filme gesehen hat als ich.»

«Ein Satellit ...?» Ich dachte sofort an *Moonraker*.

«Ein Satellit!»

Das war genial. Wir würden eine Rakete mit einem Satelliten zeichnen, in dem sich der Herzensgüte-Strahler befand. Sobald der Satellit sich in der Umlaufbahn befand, würde der Strahler die ganze Welt mit seinem Licht umhüllen und die

Menschen könnten endlich alle in Glück und Frieden leben. Unsere Erde würde zu einem Paradies werden.

«Das ist genial!», jubelte ich.

«Das hast du gesagt», lächelte Bendix bescheiden und zu Recht stolz auf seine großartige Idee.

«Wir retten also wirklich die Welt?», ich konnte es noch gar nicht ganz glauben.

«Wir retten die Welt», bestätigte er, und wir beide lachten vor lauter Freude.

Kuss mit Retro hin, Kuss mit Retro her – in jenem Moment war ich überglücklich, dass Bendix und ich ein Paar waren.

39

Wir brausten zum Comicladen, um unseren Plan weiter voranzutreiben, eventuell sogar um direkt vom Hinterhof Rakete und Satellit zu starten. Doch kaum hatten wir den Laden betreten, trafen wir auf drei Personen, die ich vor lauter Aufregung schon fast vergessen hatte: Moore und seine beiden schwedischen Söldner.

Olf und Dolf hatten Pistolen auf Lenny und Evila gerichtet, die vor ihnen auf dem Boden knieten. Moore saß im Sessel und las den Donald-Duck-Comic *Familie Duck auf Nordpolfahrt*, den Bendix auf der Lehne hatte liegen lassen.

«Sie Widerling …», keuchte ich entsetzt.

«Psst», zischte er, ohne vom Comic aufzusehen. «Ich bin noch nicht fertig.»

«Wer ist das?», fragte Bendix leise.

«PSST», zischte Moore noch lauter, und einer der Schweden unterstützte diese Aufforderung, indem er die Waffe auf uns richtete. So schwiegen wir, während Moore *Donald Duck* las. Ich sah dabei rüber zu Lenny, der seinerseits immer wieder traurig und besorgt zu Evila blickte – wie ein Vater, der seine Tochter beschützen möchte. Doch Evila sah eher trotzig drein als ängstlich. Endlich klappte Moore den Comic zu und sagte: «Was für ein Schund.»

Ich verachtete den Mann ohnehin schon, weil er die Erde in ein Abbild der Hölle verwandeln wollte, aber dass er *Donald Duck* als Schund bezeichnete, ließ ihn endgültig zum Unsympath Nummer 1 werden.

«Eine Geschichte über einen talentlosen Kleingeist, von einem talentlosen Kleingeist für talentlose Kleingeister.»

Moore stand auf, deutete auf eine *Single Woman*-Zeichnung, die ich vor langer Zeit mal an eine Pinnwand gehängt hatte: *Die Liga der Nichtperfekten*.

«Die ist bestimmt von dir», stellte er abfällig fest und kicherte dabei ein wenig.

«Ja», gab ich zu.

«Was deine Begabung betrifft, hast du wirklich keine gute Karten», grinste er.

«Dann muss ich wenigstens nicht die ganze Zeit mit meinem Talent angeben wie einige andere Anwesende», teilte ich aus.

Moore hörte auf zu grinsen, wirkte von einem Moment auf den anderen ganz kalt und geschäftsmäßig: «Es hat ein wenig gedauert, bis wir dich gefunden haben. Meine Männer haben den Polizeifunk abgehört, und da der Einsatz in diesem Laden merkwürdig klang und die Beschreibung der gesuchten Person auf dich zutraf, sind wir hergefahren. Nach all dem Warten würde ich mich außerordentlich freuen, wenn du mir mein Eigentum wiedergeben würdest.»

«Ich denke gar nicht daran», antwortete ich.

«Ihm gehört das Buch?», staunte Bendix.

«Er darf es unter gar keinen Umständen bekommen», erklärte ich.

«Und was ist», fragte Moore kühl, «wenn zu den Umständen gehört, dass ich deine Freunde umbringen lasse?»

Er deutete auf Lenny und Evila, die vor den Schweden knieten.

«Ich … habe das Buch vernichtet», log ich hastig.

«Und wer soll dir das glauben?»

«Sie …», antwortete ich tapfer.

«Kein Mensch ist so dumm, so viel Macht aus den Händen zu geben.»

«Och, ich kann ganz schön dumm sein.»

«Das glaube ich gerne», sagte Moore, «aber man muss

nicht nur dumm sein, sondern auch ein sehr, sehr edler Mensch. Und das bist du gewiss nicht. Du bist ein Kleingeist wie die Ente in dem Comic. Gib mir das Buch, oder ich werde deine Freunde töten lassen.»

Lenny sah zu Boden, er wusste, wie gefährlich das Buch in den falschen Händen war, und wollte daher nicht um sein Leben flehen. Evila wollte das erst recht nicht, sie blickte Moore finster an.

«Und deinen Freund lass ich auch töten», deutete Moore auf Bendix, dem Schweiß auf die Stirn trat. «Langsam, ganz langsam … meine Jungs haben schließlich in Damaskus gelernt.»

Bendix begann zu zittern.

«Und du wirst die ganze Zeit zuschauen.»

«Ich gebe Ihnen das Buch», versprach ich hastig.

Was hätte ich tun sollen? Meine Freunde Folter und Tod aussetzen? Wie lange hätte ich es ausgehalten zuzusehen? Eine Minute? Zwei?

«Nicht!», bat Lenny.

«Ich jage dem Kerl eine Phiole in den Hintern!», motzte Evila, die natürlich nichts dergleichen tun konnte.

Bendix hingegen war wie paralysiert. Er hielt mich nicht davon ab, als ich das Buch aus der Gitarrentasche nahm und es Moore überreichte, um sein Leben zu retten. Wer wollte ihm das angesichts der Drohung verübeln? Ich ganz bestimmt nicht! Wer keine Angst vor Folter hat, werfe den ersten Stein.

«Wir werden uns dann mal verabschieden», grinste Moore und klemmte sich das Buch unter den Arm. «Aber deine Freunde nehmen wir mit, damit du keine Dummheiten anstellst.»

Die beiden Schweden forderten Lenny und Evila mit groben Tritten zum Aufstehen auf.

«Nimm mich stattdessen als Geisel», bat ich.

«Das könnte ich wohl machen», lächelte Moore, «aber ehrlich gesagt, ich kann deine Mittelmäßigkeit in meiner Nähe nicht ertragen.»

Vor einigen Stunden hätte mich so eine Beleidigung noch tief erschüttert, aber angesichts der drohenden Apokalypse durch Moore war eine Kränkung meines Egos kaum der Rede wert. Der Maler des Grauens verließ den Laden, seine Männer folgten ihm und schubsten Bendix, Evila und Lenny dabei vor sich her. Die Blicke von Bendix und mir trafen sich. Ich schickte ein Stoßgebet zum Himmel, dass ich die drei lebend wiedersehen würde.

Moore, die Schweden und die Geiseln stiegen in Moores Limousine und fuhren los. Ich starrte dem Fahrzeug lange nach, auch als es schon längst verschwunden war. Ich hatte keine Ahnung, was ich tun sollte. Außer verzweifelt auf den Weltuntergang zu warten und mich selbst zu geißeln, dass ich zwar die Chance gehabt hatte, die Welt zu einem besseren Ort zu machen, aber nicht das Format dafür. Es war lächerlich gewesen zu glauben, dass ich, Nellie Oswald, in dieser Welt irgendetwas bewirken könnte. Geradezu naiv zu denken, ich könnte sie gar retten. Ich konnte ja nicht mal gegen Moore und seine Gefolgsleute bestehen. Ja, ich musste mir endgültig eingestehen: Ich war keine Heldin. Kein Harry Potter, keine Katniss Aberdeen, keine Rey aus *Star Wars*. Und die Welt war verloren, weil ich lediglich ich war.

40

Es dauerte eine Weile, bis ich mich vom Fenster losreißen konnte. Niedergeschlagen wie noch nie schleppte ich mich zu dem Sessel und ließ mich hineinfallen. Mein Blick fiel auf den *Donald Duck*-Comic, den Moore eben noch als Schund bezeichnet hatte. Der Kerl war nicht nur ein Schurke, er war ein Snob! Wenn ich ihn schon nicht besiegen konnte, so konnte ich doch wenigstens besseren Geschmack beweisen als er. Es war albern, geradezu kindisch, aber indem ich den Comic in die Hand nahm, hatte ich das Gefühl, Moore wenigstens ein bisschen etwas entgegenzusetzen. Außerdem wollte ich mich von meiner Angst um Bendix, Lenny und Evila ablenken.

Ich blätterte in *Familie Duck auf Nordpolfahrt*, musste trotz allem grinsen, wie Donald sich über Gustav Gans aufregte und ihn mit einer falschen Schatzkarte zum Nordpol schickte. Ich fühlte mit Donald, als er, vom schlechten Gewissen geplagt, beschloss, zum Nordpol zu fahren, um das Ekel Gustav zu retten. Ich bibberte mit, als er mit seinen Neffen Eisbären, Schnee und Eis trotzte, nur um von Gustav Gans hereingelegt und in der Arktis zurückgelassen zu werden. Und ich freute mich, als Donald am Ende dank der Liebe seiner Neffen nicht nur die Kälte überstand, sondern sogar ein Happy End erlebte.

Donald Duck.

Jähzornig, faul, feige.

Er scheitert, wo es nur geht.

Beim Geldverdienen, in der Liebe, im Leben.

Eine Ente also wie du und ich.

Vor allen Dingen wie ich.

Aber er liebt seine Neffen, und wenn es hart auf hart kommt, ist er auch mutig.

Bendix hatte unrecht, Donald ist kein kleiner Spießbürger. Und Moore hatte noch mehr unrecht, Donald ist auch kein Kleingeist. Was ist klein und spießig daran, für seine Familie das Leben zu riskieren?

Ja, ich würde nie ein Harry Potter sein, nie eine Katniss Aberdeen oder eine Rey. Das waren Heldenfiguren, die für echte Menschen nicht als Vorbilder taugten.

Aber wir alle sind wie Donald Duck.

Voller Fehler.

Angst, Egoismus und Unbeherrschtheit.

Also kann auch ein jeder von uns ein Held wie Donald sein.

Sogar ich.

Und wenn Donald Duck es schaffte, Gustav Gans aus dem Eis zu retten oder seine Neffen aus den Klauen der Panzerknacker zu befreien oder der Hexe Gundel Gaukeley den ersten selbstverdienten Taler Onkel Dagoberts zu entreißen, gab es für mich auch keinen Grund aufzugeben.

Mit neuem Mut stand ich aus meinem Sessel auf. Auch wenn ich keinen Plan hatte, besaß ich ja noch den Schrumpfstrahler. Vielleicht könnte der mir helfen, Moore und seine Schergen zu besiegen. Ich öffnete die Tasche, und mein Blick fiel auf die Schneekugel.

Retro.

Es war ein Fehler gewesen, ihn wegzuschicken. Mit ihm an meiner Seite hätte ich Moore vielleicht vorhin schon überwinden können.

Ob ich ihn um Hilfe bitten sollte?

Es war gewiss nicht richtig, ihn aus seinem frisch gefundenen Glück in Amanpour zu reißen. Andererseits, sollte ich nicht alles versuchen, unsere Welt zu retten, und benötigte ich dafür nicht jeden Beistand? Wer würde mir sonst helfen? Wer würde mir überhaupt meine Geschichte glauben? Nicht die Regierung, nicht die Polizei, vermutlich noch nicht einmal ein Verschwörungstheoretiker mit Aluhut.

Retro wohl wäre der Einzige, der mir beistehen würde. Mit ihm würden meine geringen Chancen, Bendix, Lenny, Evila und die ganze Welt vor Moore zu retten, ein klein wenig größer werden.

Kurz entschlossen richtete ich den Schrumpfstrahler auf mich selbst. Es fühlte sich an, als würde man gleichzeitig mit einem Fahrstuhl nach unten sausen und von einer Schrottpresse zusammengedrückt werden. Als die «Fahrt» endete und der Druck nachließ, stand ich zwischen den Borsten des schäbigen Teppichs, die aus dieser Perspektive wie verdorrte

Bäume wirkten und nach vergammeltem Kaffee stanken. Vor wenigen Tagen hatte Lenny an dieser Stelle seinen Kaffeebecher aus Versehen umgeschüttet. Da er der Ansicht war, dass die Dinge von alleine trocknen, hatte er sich nie die Mühe gemacht, den Teppich zu reinigen. Der Geruch hatte sich nach ein paar Tagen verflüchtigt, jedenfalls wenn man die Nase wie ein normaler Mensch weit über dem Teppichboden trug. Inmitten der Borsten allerdings stank es fürchterlich. Ich hielt mir mit den Fingern die Nase zu.

Vor mir sah ich die gewaltige Kuppel der Schneekugel. Ich schlug mich durch den Borstenwald hin zu dem imposanten Tor aus Eichenholz, das ich in die Kugel gezeichnet hatte. Es stand noch offen, und ich ging in die wunderbare Welt von Amanpour.

41

Ich betrat eine Wiese, auf der leuchtend grünes Gras wuchs und die buntesten Blumen blühten. Diese Landschaft war schon farblich so viel intensiver als jede mir bekannte, sei es der Spreewald, die Hügel der Toskana oder der Feldberg im Schnee. Die Sonnenstrahlen wärmten meine Haut, und die Blüten verströmten einen betörenden Duft. Am liebsten hätte ich mich sofort auf die Wiese gelegt, die Augen geschlossen und all das genossen, aber meine eigene Welt stand nun mal kurz vor dem Untergang. So überwand ich meinen Drang zum Faulenzen, wie es auch Donald Duck immer wieder in seinen Abenteuern tun musste, und machte mich auf die Suche nach dem Schloss von Amanpour. Da ich es von dieser Wiese aus nicht erblicken konnte und ich kein Handy mit der

App *Amanpour-Maps* dabeihatte, beschloss ich, den Erstbesten nach dem Weg zu fragen. Interessanterweise war der Erstbeste ein fröhlicher Baum, der mir auf einem grünen Hügel entgegenwatschelte.

Unter normalen Umständen hätte ich mich über einen spazieren gehenden Baum gewundert, aber die Umstände konnten ja kaum weniger normal sein. So fragte ich ganz so, als ob ich in Berlin jemanden um eine Wegbeschreibung bitten würde: «Verzeihen Sie, mein Herr, können Sie mir sagen, wo sich das Schloss derer von Amanpour befindet?»

«Ah, Sie wollen gewiss zu dem Fest!», lächelte der Baum mich freundlich an, während sich in seinen Ästen ein kleiner bunter Vogel mit Regenbogengefieder niederließ. Und wenn ich sage «Regenbogengefieder», meine ich nicht, dass die Federn des Vogels regenbogenfarben waren, sondern dass er anstatt Federn kleine Regenbogen besaß.

«Um welches Fest handelt es sich denn?», wollte ich wissen.

«Das Fest des vollen Halbmondes», erklärte der Baum.

«Klingt nach einem Fest, bei dem viel getrunken wird», musste ich grinsen.

«Sonst wäre der Halbmond auch nicht voll», lachte der

Baum fröhlich zurück. «Am Ende des Tages hat das Fest denn auch bei den Betrunkenen einen anderen Namen.»

«Und welchen?»

«Fsshht de vlllen Hlbmoooonds», lallte der fröhliche Baum.

Da musste ich lachen. Trotz meiner Sorgen zur Lage in meiner eigenen Welt vermochte Amanpour es, mir Freude zu bereiten.

«Und das Beste an dem Fest ist, dass es einmal im Monat stattfindet.»

Ja, die Leute in Amanpour verstanden sich anscheinend aufs fröhliche Leben.

«Aber so wie heute», sagte der Baum und hielt dabei einen Ast verschwörerisch an die Seite seines Mundes, als ob er mir ein Geheimnis zuflüstern wollte, «wird es das Fest nur einmal geben.»

«Warum das?», fragte ich neugierig.

«Zum einem, weil das große Schweinerennen in den Gassen von Amanpour veranstaltet wird!»

«Aha …»

«Das ist ein noch bedeutenderer Wettbewerb als das Schweine-Weitwerfen oder das Wettrennen mit Frauen über der Schulter oder der Dauerstepptanz der Einbeinigen.»

«Okay …»

«Und zum anderen», freute sich der Baum noch mehr, «heiratet Prinz Retro heute seine Lady Filofee.»

«Er tut WAAAS?»

«Retro von Amanpour heiratet seine Lady Filofee!»

Es war, als hätte mir jemand einen Schlag in die Magengrube verpasst. Zugegeben, ich hatte gewollt, dass Retro hier ein glückliches Leben führte, und ja, ich hatte ihm auch die dusselige Filofee gezeichnet, aber ich hätte es doch gut gefunden, wenn er wenigstens ein paar Tage um mich getrauert hätte. Oder ein paar Monate. Ein paar Jahre wären vielleicht übertrieben gewesen, aber auch in Ordnung.

Von der Hochzeit zu hören, tat noch mehr weh, als Retro mit dem Girlie-Prinzesschen zusammen zu sehen.

Ich musste Retro unbedingt erwischen, bevor er sein Ja-Wort gab. Es war ohnehin ungewiss, ob er mich wieder in meine Welt begleiten würde, um mit mir gemeinsam Moore zu bekämpfen. Wenn er jedoch verheiratet war, würde Retro womöglich seiner neuen Frau zuliebe Amanpour nicht verlassen wollen, zumindest würde er sie nicht ausgerechnet in der Hochzeitsnacht allein lassen. Eine Nacht zu warten, konnte ich mir allerdings nicht leisten, Moore würde gewiss nicht lange fackeln, die Welt in seine ganz persönliche Hölle zu verwandeln.

«Okay, okay, okay», versuchte ich, mich zu sammeln, «wie komme ich jetzt am schnellsten zum Schloss?»

«Das ist ganz einfach ...», lachte der Baum.

«Das ist es nicht!», hörte ich eine tiefe Stimme grummeln. Ich blickte den Hügel hinab. Da stand, vielleicht fünfzehn Meter von uns entfernt, ein weiterer Baum, der deutlich miesepetriger wirkte als sein Kollege.

«Hör nicht auf den Spargelkrumpf», lachte der fröhliche Baum, während wir gemeinsam zu dem Miesepeter gingen. «Er sieht das Leben immer ein wenig zu schwarz.»

«Im Gegensatz zu dir kann ich mich ja auch nicht bewegen», schimpfte der Spargelkrumpf. «Wenn es regnet, kannst du dich bei anderen Bäumen unterstellen, wenn ein Eber kommt und sich an dir reibt, kannst du einfach weggehen, wenn Vögel dich als Klo benutzen ...»

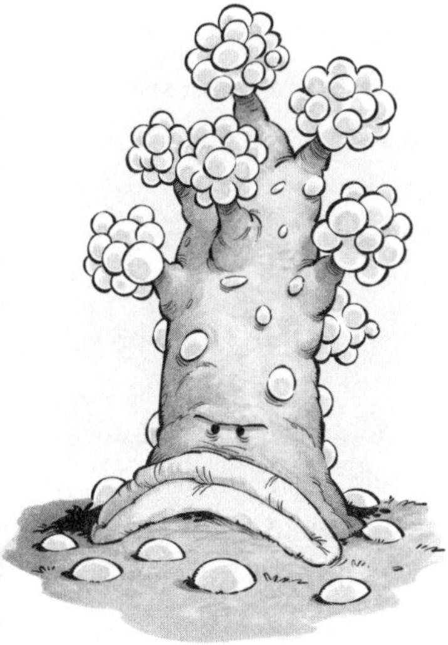

«Immer das Gleiche», unterbrach der fröhliche Baum, «du kannst dich immer nur beschweren.»

«Sie wird es nie rechtzeitig zur Hochzeit schaffen», griesgramte der Spargelkrumpf weiter, «obwohl sie Beine hat.»

«Warum nicht?», wollte ich wissen, und der Spargelkrumpf erklärte es mir: «Selbst wenn du nicht von der Hexe Simsalabimsa zu einer Zutat für ihre Verjüngungspaste verarbeitet wirst, selbst wenn du nicht auf dem Siebten Meer in die Fänge der singenden Piraten gerätst oder du dich selbst in der Wüste des Vergessens vergisst, hast du noch ein weiteres Problem.»

«Noch eins?», mir reichten eigentlich schon die drei erwähnten.

«Ohne eine Einladung gelangst du niemals ins Schloss.»

Ich blickte zu dem fröhlichen Baum, in der Hoffnung, dass er vielleicht ein paar aufbauende Nachrichten für mich parat hatte, aber er zuckte nur lächelnd mit den Ästen: «Vielleicht hat der Spargelkrumpf recht, es ist wirklich nicht ganz so einfach.»

Jetzt ging mir das Lächeln des Baumes fast so sehr auf den Geist wie dem Spargelkrumpf. Ein weiteres Gespräch mit den beiden würde mich wohl nicht weiterbringen, so verabschiedete ich mich schnell und machte mich auf den Weg. Was hatte ich schon für eine Wahl?

Es sollte eine abwechslungsreiche Reise werden. Aber, wie sagte schon mein Vater, als meine Mutter ausnahmsweise einmal indisch gekocht hatte: Abwechslungsreich muss nicht immer gut sein.

42

Kaum hatte ich die Bäume und den schönen Hügel hinter mir gelassen, erkannte ich auf freiem Feld einen Turm, gegen den der von Pisa wie ein Meisterwerk der Statik wirkte.

Als ich näher kam, sah ich, dass aus dem Schornstein Fledermäuse stiegen, der Türklopfer aus einem Totenschädel bestand und alle Pflanzen ringsum verdorrt waren. Das alles, fand ich, sprach sehr dafür, diesen Turm getrost links liegen zu lassen. Aber da hörte ich schon ein irres Gelächter, und kurz darauf schoss eine Hexe auf ihrem Besen durch den Schornstein und direkt auf mich zu. Das musste wohl Simsalabimsa sein, vor der Spargelkrumpf mich gewarnt hatte.

Die Hexe lachte wie eine Hyäne auf Speed, und eh ich mich versah, schlang sie ihren Arm um meine Hüfte, setzte mich hinter sich auf den Besen und sauste mit mir durch die Lüfte. Ich gab mir redlich Mühe, mit meinem Panikgeschrei ihr irres

Lachen zu übertönen, da flogen wir auch schon gemeinsam durch den Schornstein, der offensichtlich lange nicht mehr von einem Mitglied der amanpourischen Schornsteinfegerzunft gereinigt worden war, direkt in ihre Hexenküche. Als wir landeten und vom Besen abstiegen, musste ich wie verrückt husten, und erst als ich mir den Ruß aus den Augen gewischt hatte, konnte ich mir Simsalabimsa genau ansehen. Sie war so hässlich, dass ich mir den Ruß am liebsten wieder in die Augen gerieben hätte.

«Ich werde dir deine Jugend stehlen!», verkündete die Hexe laut lachend.

Wenn ich nicht so ängstlich gewesen wäre, hätte ich geantwortet: Das haben vor dir bereits Jasper, Lukas, Raffael und Jasper getan.

«Ich werde schon bald schöner sein als zuvor», kicherte sie vergnügt.

Und da hätte ich gerne geantwortet: Du könntest dir auch einfach eine Plastiktüte über den Kopf stülpen.

«Ich werde dich rösten und deine Asche rauchen!»

Das klang fies. Für uns beide. Aber noch mehr für mich.

Die Hexe begann, mit ihren Händen Feuerbälle zu formen, die sie mir gewiss gleich entgegenschleudern würde. Ich fragte mich nicht, was Harry Potter, Katniss Aberdeen oder Rey an meiner Stelle getan hätten, hatte ich doch mittlerweile begriffen, dass ich nicht so eine Heldin war und dass außerdem kein normaler Mensch jemals so heldenhaft wie diese Figuren sein könnte. Nein, ich fragte mich in diesem Augenblick: Was würde Donald Duck jetzt tun?

Er würde das tun, was ich auch tun wollte: schreiend vor den Feuerbällen weglaufen!

So rannte ich durch die Hexenküche, während Simsalabimsa ihre Feuerbälle in meine Richtung schleuderte. Einen, zwei, drei, viele! Viel zu viele! Anstatt mich zu treffen, setzten die Bälle Regale, Bücher und Katzenpfotenamulette in Brand.

«Bleib stehen!», schrie die Hexe.

«So seh ich aus!», schrie ich zurück.

Panisch schaute ich mich nach einer Tür um, aus der ich hätte fliehen können, aber es gab keine. Anscheinend benutzte die olle Hexe nur den Schornstein als Ausgang, was gewiss praktisch war, wenn man Besuch von den Zeugen Jehovas vermeiden wollte. Ich brauchte also ihren Besen, wenn ich hier herauskommen wollte, aber ich war viel zu sehr damit beschäftigt, den Feuerbällen auszuweichen. Wie würde ich nur an das Fluggerät herankommen können? Glücklicherweise war das Schmieden von ausgefeilten Plänen sowieso nicht der Donald-Duck-Heldenstil, sondern eher das Ducken. Denn hey, er hieß nun mal nicht Donald Planschmied sondern Donald Duck. Ich duckte mich gerade hinter einen großen silbernen Spiegel, als sie mir den nächsten Feuerball entgegenschleuderte. Im ersten Augenblick hatte ich Angst, das Glas würde dem Feuerball vielleicht nicht standhalten. Doch auf wundersame Weise wurde der Ball wie ein Squashball vom Glas zurückgeschleudert und flog direkt auf Simsalabimsa zu. Die schrie noch: «Ich hasse magische Spiegel!», da hatten die Flammen auch schon ihr Hexenkleid in Brand gesteckt.

Als die Hexe mit dem Hintern voran in einen Wasserbottich hüpfte, sprang ich schnell hinter dem Spiegel hervor, schnappte mir den Besen, der waagerecht in der Luft stand, setzte mich drauf und flog durch den Schornstein davon, begleitet von den Flüchen Simsalabimsas.

Auf dem Hexenbesen brauste ich über die Wälder von Amanpour hin zu einem wunderbar blauen Meer. Dabei musste es sich wohl um das Siebte Meer handeln, das der Spargelkrumpf erwähnt hatte. Nun fühlte ich mich doch ein wenig wie Harry Potter – am liebsten hätte ich jetzt bei einem Quidditch-Turnier mitgemacht und den Schnatz gejagt. Aber während mir noch durch den Kopf ging, dass ich die Regeln für Quidditch eigentlich nie so richtig verstanden hatte, begann der Besen zu stottern, verlor schließlich jeglichen Antrieb und ging in den Sinkflug. Anscheinend war ihm der Zaubersprit oder womit er betrieben wurde, ausgegangen. Ich sank immer tiefer, ruckartig wie ein Flugzeug, das in Turbulenzen geraten war, und weit und breit war kein Land zu sehen. Nur ein alter Windjammer. Mit Piratenflagge. Wenn das mal nicht die singenden Piraten waren!

Piraten, das wusste ich auch, neigten nicht gerade dazu, sonderlich nett zu blinden Passagieren zu sein. Die Alternative wäre jedoch, im Wasser zu landen. Rennen war ja schon nicht mein Ding, aber schwimmen konnte ich in etwa so gut wie ein Steinway-Flügel. Ich würde also nicht weit kommen.

Außerdem sorgte ich mich, welche Wesen hier wohl unter der Meeresoberfläche leben mochten.

So steuerte ich den Besen auf das Schiff zu und schaffte gerade eben noch eine Notlandung. Die Piraten, die mit Schwerterschärfen, Schiffsbodenschrubben und Papageifüttern beschäftigt waren, sahen mich erstaunt an. Der Kapitän klappte seine Augenklappe über dem linken Auge hoch, um einen besseren Blick auf mich werfen zu können. Dann stimmte er an: *«Mimimi …»*

Die anderen Piraten setzten ein: *«Mimimi …»*

Der Kapitän gab mit seinem Holzbein auf den Planken den Takt vor, und alle begannen zu singen. Unfassbar leidenschaftlich. Unfassbar laut. Unfassbar schief. So wie es nur Menschen tun, die keinerlei Bewusstsein für ihr mangelndes Talent besitzen (solche Menschen hatte ich im Übrigen immer beneidet. Wie schön musste es sein, etwas voller Leidenschaft zu tun, ohne jeden Selbstzweifel).

Viel mehr als die schiefen Töne des Piratengesangs missfiel mir jedoch der Liedtext:

Hackfleisch, Hackfleisch,
jeder liebt Hackfleisch,
und daher liebt auch
jeder gleich dich!

Dass die Piraten dabei mit ihren Säbeln, Dolchen und Enterhaken wedelten, beruhigte mich auch nicht gerade.

Weglaufen und Ausweichen war diesmal keine Option, außer dem Piratenschiff gab es weit und breit nur Wasser. Ich musste also eine andere Fähigkeit von Donald Duck anwenden: angeben, dass sich die Balken biegen!

«Ich kann viel besser singen als ihr!», brüllte ich in die Runde, als die Piraten für meinen Geschmack viel zu bildhaft besangen, was sie mit mir zu tun gedachten. Mit meiner Angeberei wollte ich sie zu einem Sängerwettstreit herausfordern. So würde ich zumindest ein wenig Zeit gewinnen, und wer weiß, vielleicht ergab sich doch eine Möglichkeit zu fliehen.

Die Piraten hörten schlagartig auf. Ihr Anführer trat auf

mich zu und fragte mit schnarrender Stimme: «Du willst mich als Kapitän ablösen?»

«Ähem, was …?», fragte ich erstaunt.

«Jeder, der den Kapitän in einem Sängerwettstreit besiegt, wird selber Kapitän. So besagt es unsere Tradition!»

Nun, so dachte ich mir, viele Traditionen sind bescheuert, warum nicht also auch diese hier? Für mich konnte sie gar die Rettung bedeuten, falls ich den Wettbewerb gewinnen und somit Kapitänin werden würde.

«Und wie sind die Regeln des Wettbewerbs?», fragte ich hoffnungsvoll.

Der Kapitän ging mit seinem Holzbein auf mich zu, klappte die Augenklappe wieder herunter und starrte mich mit dem freien Auge an, während der Papagei auf seinen Schultern ein kleines Verdauungsschläfchen hielt: «Du singst den Refrain eines Liedes, und wenn ich ihn nicht nachsingen kann, dann bist du der Kapitän.»

«Und wenn du es kannst?», fragte ich vorsichtig, und die Piraten sangen mir die Antwort:

Püree, Püree,
jeder liebt Püree,
und daher liebt auch
jeder …

«Schon verstanden!», unterbrach ich und dachte fieberhaft nach. Einen Refrain nachzusingen, war ja nicht schwer. Überhaupt nicht schwer. Der Kapitän würde also aller Voraussicht nach gewinnen. Es sei denn … es sei denn, ich dachte mir irgendeinen Text aus, den er vor seinen Männern niemals singen mochte, weil sie ihn sonst hämisch auslachen würden. Ein

Lied vielleicht, in dem er bekennt, wie gerne er Damenkleider trägt …

Nein, halt! Bei Retro hatte ich doch gelernt, dass Menschen aus Amanpour deutlich toleranter sein konnten als viele Menschen in unserer Welt. Der Kapitän würde also locker so ein Lied singen, weil seine Männer sich dabei nicht über ihn lustig machten.

«Ich warte!», knurrte der Kapitän und scharrte dabei ungeduldig mit seinem Holzbein. «Und ich warte nicht mehr lange. Wenn du nicht bald singst, werden wir dich ins Wasser werfen, dem Flanschi zum Fraß!»

Auch wenn Flanschi als Name irgendwie süß klang, sagte mir irgendetwas in meinem Unterbewusstsein, dass mit ihm das Baden kaum Spaß machen würde. So dachte ich wieder über Donald Duck nach. Mir kamen die Geschichten aus Entenhausen in den Sinn, in denen die Ente die wildesten Berufe meisterhaft ausübte. Sei es als Friseur, der die kunstvollsten Haarschnitte zauberte, sei es als Kunstflieger, der die besten Pirouetten fliegen konnte, oder als Schmetterlingssammler, der jeden Falter mit lateinischem Namen benennen konnte. Ich dachte auch daran, wie Donald als Museumswärter alle Dinosaurier-Exponate zu klassifizieren vermochte, und da kam mir der rettende Gedanke. Ich sang einfach etwas, das der Pirat unmöglich verstehen und daher auch nicht nachsingen konnte:

Mein Herz, das schmerzt,
wäre ich doch ein Triceratops
oder ein Archaeroceratops
oder gar Pachycephalosaurus,
dann wär ich nicht so ein Traurigus.

Der Kapitän reagierte so, wie ich es erwartet hatte, und zwar mit: «Häh?»

«Das Wort *Häh* hab ich nicht gesungen», konterte ich schnell. «Du hast verloren!»

«Hoch lebe die neue Kapitänin!», jubelten mir die Piraten zu. Mein Vorgänger wollte noch protestieren, aber die Matrosen sangen zu ihm:

Flanschi ist prima,
Flanschi ist 'ne Wucht,
mit Flanschi macht das Sterben Spaß,
ab ins kalte Wasser
mit dem Algenduft.
Mit Flanschi macht das Sterben Spaß.

Die Piraten hoben ihren ehemaligen Vorgesetzten hoch. Dabei wachte der Papagei auf und flog in die Wanten, um dort weiterzuschlafen. Das Schicksal seines Herrchens interessierte ihn offenbar nicht. Die Crew trug den Kapitän zur Reling, um ihn über Bord zu werfen. Auch wenn viele Angestellte in unserer Welt so etwas auch gerne mal mit ihren Bossen täten, war mir diese Vorgehensweise eindeutig zu radikal. Ich befahl meinen Piraten, ihren ehemaligen Kapitän wieder zu Boden zu lassen, ihn zu verschonen und ihm einen Job in der Schiffskombüse zu geben. Missmutig taten sie wie geheißen, ich hatte sie um ihren Spaß gebracht. Mein Vorgänger war mir jedoch so dankbar, dass er spontan ein Lied trällerte, in dem es darum ging, dass ein gutes Herz mehr wert sei als alle Golddublonen auf dem Grund des Siebten Meeres. Worauf die Besatzung sang, dass ein gutes Herz maximal so viel wert sei wie eine halbe Golddublone und sie ohnehin lieber in Diamanten bezahlt würden. Es war eindeutig, dass meine Crewmitglieder mein menschenfreundliches Verhalten nicht zu schätzen wussten und es nur eine Frage der Zeit war, bis mich einer von ihnen zu einem Sängerwettstreit herausfordern würde. Vorher sollten wir das Festland erreicht haben. Und so befahl ich meinen Männern, so schnell wie möglich an Land zu segeln.

Zwei Stunden später ließ ich mich von meiner Crew an der Küste absetzen. Nach noch nicht mal einem Kilometer Fußmarsch gelangte ich in die Wüste des Vergessens, vor der mich Spargelkrumpf ebenfalls gewarnt hatte.

Schon auf den ersten Metern spürte ich die Süße des Vergessens. Wie schön wäre es, allen Schmerz vergessen zu können? Die Erinnerung an mein so oft gebrochenes Herz verblassen zu lassen, an die Zerrissenheit meiner Gefühle, an meine Selbstzweifel und an die Angst vor Moores Horrorvisionen.

Natürlich begriff ich, dass die Wüste des Vergessens den Wanderern nicht nur den Kummer nehmen wollte, sondern auch alle schönen Erinnerungen an die geliebten Menschen, an die denkwürdigen Erlebnisse, die es in einem jeden Leben gab, und nicht zuletzt an das eigene Ich. Und dann, wenn man nicht mehr wüsste, wer man war, würde man jämmerlich verdursten.

Ein Harry Potter hätte kraft seines Willens die Wüste überstanden, Rey mit der Hilfe der Macht, die in ihr so stark war, und Katniss Aberdeen hätte mit ihrer Armbrust genau den Kaktus getroffen, der die Düfte des Vergessens ausströmte, und ihn dadurch unschädlich gemacht. Donald Duck hingegen wäre wohl eher mit dem Schnabel voran in einen Sandhaufen gesprungen, weil er ihn im Wahn für ein Wasserloch hielt. Aber er hätte sich nicht nur lächerlich gemacht, sondern auch irgendeine Heldentat begangen, die ihm niemand zugetraut hätte, um seine Neffen zu retten, die er so sehr liebte. Da es sich nun mal um die Wüste des Vergessens handelte, hätten alle Enten jedoch beim Verlassen der Wüste diese Heldentat schon wieder vergessen und würden Donald weiter für einen Loser halten.

So ähnlich ging es auch mir. Ich fand aus der Wüste heraus. Aber kaum betrat ich wieder eine grüne Wiese, hatte ich auch schon vergessen, wie genau mir das gelungen war. Das einzige Indiz war eine Sanduhr, die ich mir aus unerfindlichen Gründen an die Stirn geschnallt hatte. Anscheinend hatte sie mir geholfen, die Wüste zu überleben. Wie genau, wusste ich nicht mehr, und ich verspürte auch nicht den Wunsch zurückzugehen, um dem Geheimnis der Sanduhr auf die Spur zu kommen.

Ich warf sie weg und machte mich auf den Weg in die

Hauptstadt des Reiches Amanpour, die den wenig originellen, dafür jedoch präzisen Namen Amanpour-Stadt trug. An ihrem Rand lag der Rotlichtbezirk, in dem recht kreative Liebesleistungen – unter anderem mit Straußenfedern, Erdbeereis oder warmem Schokoladenlikör – angeboten wurden, die verrückter, aber auch zärtlicher zu sein schienen als die in den Bordellen unserer Welt.

In der Stadt selbst herrschte anlässlich des Fests des vollen Halbmondes ein Treiben wie in Rio de Janeiro zur Karnevalszeit. Jede Menge Gaukler tummelten sich auf den Straßen und amüsierten mit ihren Darbietungen die Menschen: Schwertschlucker, Feuerspucker, Jongleure und Dompteure, die ihre phantastischen Tiere wie zum Beispiel den Hoppglotz, das Wollhornschaf oder den Jompnickel tolle Kunststücke aufführen ließen. Musiker spielten fröhliche Melodien, die Leute tanzten und sangen dazu. Leider nicht viel harmonischer als die singenden Piraten.

Auf der Hauptstraße johlte die Menge, weil das große Schweinerennen im vollen Gange war. Sieben Reiter ritten auf ihren grunzenden und blau gefärbten Tieren im Schweinsgalopp durch die Gassen und versuchten dabei, ihre Rivalen mit Schinkenkeulen aus den Sätteln zu prügeln.

Ja, ganz Amanpour feierte die bevorstehende Hochzeit von Prinz Retro und der holden Maid Filofee. Nur ich … ich wollte diese Eheschließung unbedingt verhindern!

Inzwischen konnte ich die Schlosstürme schon über die Häuserdächer ragen sehen. Ich hatte es also nicht mehr allzu weit bis zu meinem Ziel. Das war gut, denn meine Socken qualmten von der Wanderung, und die Beine taten mir weh. Plötzlich hörte ich vom Schloss her Glockengeläut, und meine Erleichterung wich Entsetzen. Dies konnte doch bestimmt nur eins bedeuten: Die Hochzeit würde gleich beginnen!

«Wie weit ist es noch zu Fuß zum Schloss?», fragte ich hektisch einen recht hübschen jungen Schlangenmenschen, der gerade seinen Körper zu einem gordischen Knoten zurechtbog.

«Zu Fuß sind es vielleicht zwanzig Saalen», antwortete er freundlich.

«Saalen?», staunte ich erst, kombinierte dann aber, dass es sich um die hiesige Zeiteinheit handeln musste. «Wie viel ist das umgerechnet?»

«Eine Saale ist genau zwei dreiviertel Pulk. Es sei denn, es ist nachts, dann sind es zweieinhalb Pulk.»

Ich hätte jetzt nach dem Warum fragen können, doch mir war klar, dass mich seine Antwort auch nicht weiterbringen würde.

«Anders ist es nur am heiligen Tag des Efkahkah», lächelte der Schlangenmensch und wickelte seinen Arm gerade ein weiteres Mal um seine Beine.

«Efkahkah?»

«Der Gott der Nacktheit», strahlte der Schlangenmann, während er seinen Knoten vollendete. «An seinem Fest sind wir alle nackt auf den Straßen und vergessen sämtliche Zeit. Bei dem letzten Tag des Efkahkah hatte ich eine wunderschöne blonde Frau getroffen, und wir beide liebten uns die ganze Nacht. Weißt du, wir Schlangenmenschen können Frauen auf viele Weisen beglücken …»

«Das ist mir eindeutig zu viel an Information», unterbrach ich ihn.

«Sie ist dann weggegangen, weil sie einem anderen versprochen war», wurde der menschliche Knoten mit einem Male sehr traurig, «leider hat sie mir ihren Namen nicht verraten.»

Ich würde wohl nie herausfinden, wie viel zweieinhalb Pulk oder zwanzig Saalen umgerechnet in Minuten waren. Da die Glocken inzwischen nicht mehr läuteten, war es aber auch egal. Zu Fuß würde ich es wohl nicht mehr rechtzeitig zum Schloss schaffen! Ich sah nur noch eine Möglichkeit. Ich verabschiedete mich von dem Schlangenmann, rannte zu der Siegerehrung des großen Schweinerennens, und während der Gewinner – ein kleiner Mann, der aussah wie ein Hockeypuck –, begleitet vom Jubel der Menge, den goldenen, einem Schinken nachempfundenen Pokal in die Luft streckte, klaute ich mir sein blaues Schwein.

Unter wütendem Protestgeheul der Zuschauer ritt ich durch die Gassen in Richtung Schloss. Das Tier, das aussah, als hätte es eine ausgewogene Diät von verbotenen Substanzen zu sich genommen, war nur schwer zu lenken, deshalb schrie ich immer mal wieder den Menschen zu: «Platz da!», «Aus dem Weg!» oder «Oh Verzeihung, das wollte ich nicht!»

Schließlich lag das Schloss direkt vor uns, und das Schwein näherte sich mit mir auf dem Rücken im gestreckten Galopp dem Tor. Dummerweise war es geschlossen. So schrie ich dem Tier ins Ohr: «Stopp!», «Halt!», «Brrr!» und «Ich hasse dich!»

Nichts half, das blaue Schwein wollte mit dem Kopf direkt durch das massive Holztor. So blieb mir nur zu hoffen, dass sich das Tor im letzten Moment wie durch ein Wunder öffnen würde. Aber wie die meisten Wunder blieb auch dieses aus. Das Schwein schaffte es tatsächlich, das Tor mit seinem Betonschädel zu durchbrechen. Das gesplitterte Holz flog mir um die Ohren, und ich konnte mich gerade noch im Sattel halten. Das Biest torkelte benommen in den Hof, auf seiner Stirn bildete sich bereits eine gigantische Beule. Nach ungefähr zwanzig Metern kippte es benommen um. Gerade noch rechtzeitig ließ ich mich vom Rücken des Tieres fallen, bevor es alle viere von sich streckte und einschlief. Um mich herum lag weißer Kies, und genau vor mir befanden sich die polierten Stiefel von Retro. Er trug ein festliches weißes Gewand mit rotem Umhang. Ihm gegenüber stand Filofee in einem Hochzeitskleid, das einem Kleinmädchentraum entstammen könnte. Vor den beiden war ein dicker Mönch in Kutte. Und dahinter standen Retros Brüder, die in diesem neuen Amanpour keine Folter hatten aushalten müssen. Um sie herum befand sich die noble Hochzeitsgesellschaft, bestehend aus Rittern und Hofdamen. In dieser Gesellschaft wäre ich auch dann unangenehm aufgefallen, wenn ich nicht gerade von einem torkelnden Schwein abgeworfen worden wäre. Der Prinz blickte erstaunt auf mich herab und fragte: «Nellie … Nellie Oswald?»

«Ja …», stammelte ich, während ich mich aufrappelte. «Ich bin es wirklich.»

Retro schwieg. Lange. Dann sagte er mit nur mühsam verborgener Wut: «Verschwinde.»

Und in diesem Augenblick wurde mir klar, dass ihn zu überzeugen die schwierigste Prüfung von allen würde. Schwerer, als Simsalabimsas Hexenturm zu entkommen, die singenden Piraten beim Singen zu bezwingen oder den Weg aus der Wüste des Vergessens zu finden. Hier ging es nicht um Kampf, List oder Findigkeit. Hier ging es um Gefühle. Und wenn es um die geht, half es einem bestimmt nicht weiter, wie Donald Duck zu reagieren.

43

«Ich habe gesagt: Verschwinde!», wiederholte Retro und zog seine Augenbrauen wütend zusammen. Er sah aus, als würde er mich am liebsten so weit wie möglich von sich stoßen, in einem hohen Bogen über die Schlossmauern, heraus aus Amanpour-Stadt, durch die Wüste des Vergessens und das Meer zurück in meine Welt.

«Kennst du diese Frau?», fragte Filofee mit einer Stimme, die so lieblich klang wie der Gesang von Schalmeien. Doch egal, wie schön Filofees Stimme auch ertönte, die Prinzessin war nicht erfreut darüber, dass ihre Hochzeitsfeier gestört wurde.

Viele Männer aus meiner Welt hätten an Retros Stelle jetzt geflunkert, dass sie mich noch nie zuvor gesehen hatten. Auch Jasper hatte mir damals seine Pharmaziestudentin erst mal nur als flüchtige Bekannte vorgestellt. Dass er anstatt ins Fitnessstudio zu gehen, schon seit mehreren Wochen bei ihr in der Wohnung einer anderen Form der körperlichen Ertüchtigung nachgegangen war, hatte er wohlweislich für sich behalten.

Doch Retro war nicht Jasper. Er mochte seine Filofee nicht anlügen. Allerdings wollte er der Prinzessin auch nicht von unseren Küssen berichten. So zog er mich zur Seite, vorbei an dem bewusstlosen blauen Schwein, an den feinen Hofdamen, die ob der Unterbrechung entsetzt tuschelten, und an den edlen Rittern, von denen einige sich an die Diener wandten und ein Glas Wein verlangten.

«Was willst du von mir, Nellie Oswald?», fragte Retro streng, als wir außer Hörweite waren.

«Meine Welt braucht deine Hilfe.»

«Der ist nicht mehr zu helfen», erwiderte der Prinz. Auch wenn das viele Menschen bei uns schon von dem Normalzustand der Welt dachten, konnte ich das nicht so stehenlassen. Hier ging es darum, Moores Apokalypse zu verhindern!

«Ich weiß, dass ich zu einem ungelegenen Zeitpunkt komme …», hob ich an.

«Ungelegener Zeitpunkt? Ungelegener Zeitpunkt? Ich wollte gerade heiraten!»

«Ja, und du hast es auch ganz schön eilig damit!»

Retro spürte, wie verletzt ich war, und zügelte sich ein wenig: «Das hier ist nun mal mein neues Leben.»

Ein Leben mit einem eigenen Schloss, einem eigenen Reich und einer Prinzessin. All das, von dem ich glaubte, dass es Retro glücklich machen würde, hatte ich mir doch so sehr ein schönes Dasein für ihn gewünscht. Nur, irgendwie wirkte er kein bisschen glücklich. Und das lag nicht nur daran, dass ich gerade in seine Hochzeit geplatzt war.

«Findest du es hier denn schön?», fragte ich vorsichtig.

Retro antwortete nicht.

«Gefällt dir dein neues Leben?», versuchte ich es noch mal.

«Ich habe deine Frage schon verstanden.»

«Aber nicht beantwortet.»

Der Prinz sah nachdenklich zu Filofee und zu der Hochzeitsgesellschaft, der jetzt in der Tat Wein serviert wurde. Einige Soldaten schleppten ächzend das ohnmächtige Schwein vom Hof.

«Ich wurde als Prinz erschaffen, es ist daher meine Bestimmung, einer zu sein.»

«Das ist keine Antwort auf meine Frage.»

«Ich bin ein Prinz», wich er mir erneut aus.

«Willst du überhaupt einer sein?», wollte ich wissen und dachte dabei an Lenny, der Evila gefragt hatte, ob sie denn überhaupt böse sein wollte.

Retro schwieg erneut, diesmal länger, seine Wut war komplett verflogen, dafür wirkte er von Sekunde zu Sekunde verletzlicher. Schließlich blickte er mich traurig an: «Ich weiß nicht, was ich will ...»

Das Gefühl kannte ich nur zu gut.

«Seitdem ich lebe, gab es nur zwei Momente, in denen ich nicht verwirrt war, sondern ganz mit mir im Einklang.»

«Und die waren ...?»

Retro blickte mir in die Augen: «Als wir uns geküsst haben.»

Die Antwort traf mich wie ein Schlag. Es war ihm gegangen wie mir. Denn auch ich war in diesen Momenten ganz bei mir gewesen. Selbst als ich Bendix küsste, war das anders.

Jetzt hätte ich Retro gerne wieder geküsst. Doch durfte ich das? Bei seiner eigenen Hochzeit? Obwohl ich mit Bendix zusammen war?

Retro sah mich sehnsüchtig an, er wünschte sich den Kuss auch so sehr. Aber er kämpfte wie ich dagegen an, ein Teil von ihm glaubte immer noch, er müsse das Leben eines Prinzen leben. Er konnte diesen Gedanken nicht so schnell aufgeben wie Evila ihren Wunsch, böse zu sein. Denn wenn Retro ihn aufgab und mich hier küsste, würde er Filofee verlieren und den Respekt seiner Höflinge (die im Übrigen gerade danach fragten, ob man nicht bereits ein paar von den gefüllten Nashorn-Ohren servieren könnte). Er hätte dann nur noch mich. Und wer wollte schon das eigene Sein von einem einzigen Menschen abhängig machen? Und dann auch noch ausgerechnet von jemandem wie mir?

Während ich noch mit mir haderte, ob es ihm gegenüber fair war, die Initiative zu ergreifen – nahm uns jemand die Entscheidung ab.

«Du hast sie geküsst?», fragte Prinzessin Filofee, die sich hinter einer Palme versteckt und uns belauscht hatte. Obwohl ihr Kleid nur ansatzweise vom Stamm der Palme verdeckt wurde, hatten wir sie nicht entdeckt. Wir waren einfach zu sehr mit uns selbst beschäftigt gewesen. Empört kam sie auf uns zu: «Du hast diese Gewöhnliche geküsst?»

«Nun», wich Retro aus, «sooo gewöhnlich ist sie gar nicht …»

Vielen Dank, dachte ich mir.

«Hast du sie nun geküsst oder nicht?»

Retro überlegte, atmete tief durch und entschloss sich für die Wahrheit: «Ja, das habe ich.»

Filofee war wie vor den Kopf geschlagen, sie taumelte ein wenig, dann hielt sie sich die Hände vors Gesicht. Bestimmt würde sie gleich losweinen oder ohnmächtig werden. Vermutlich erst das eine, dann das andere.

«Filofee ...», Retro fühlte sich schuldig und machte einen unbeholfenen Schritt auf sie zu, um sie zu trösten. Doch bevor er sie berühren konnte, kicherte Filofee hinter den Händen, in denen sie ihr Gesicht vergraben hatte.

Mein Gott, sie war wahnsinnig geworden! Der Schmerz, dass ihr Prinz sie mit einer anderen Frau betrog und diese Frau auch noch die Hochzeit platzen ließ, war zu viel für sie.

«Efkahkah sei Dank!», lachte Filofee.

«Efkahkah?», verstand Retro genauso wenig wie ich.

«Der Gott der Nacktheit», lachte Filofee weiter und nahm die Hände vom Gesicht.

«Ich weiß, wer der Gott der Nacktheit ist», sagte Retro indigniert.

«Weswegen fragst du dann?», grinste Filofee, die ganz und gar nicht irre wirkte, sondern irgendwie ... befreit.

«Warum dankst du ihm?»

«Weil ich bei dem letzten Fest ihm zu Ehren einen Mann geküsst habe ...»

«Du hast einen Mann geküsst ...?»

«Es war nicht irgendein Mann», strahlte Filofee mit leuchtenden Augen.

«Ein Ritter?»

«Nein.»

«Etwa ein Zauberer, der dich verhext hat? Selbstverständlich, das muss es sein, was könnte dich sonst dazu bringen, einen Fremden zu küssen?»

«Es war auch kein Zauberer», schüttelte die Braut den Kopf.

«Doch nicht Ekstra Stark, der Herr von Sommerfell?»

«Nein.»

«Sag bitte nicht, es war Schielo, der Hypnotiseur!»

«Nein, es war nicht Schielo!»

«Dem Gott der verhinderten Katastrophe sei Dank!»

«Es war ein Schlangenmann.»

Oh-oh, dachte ich. Wenn es der Schlangenmann war, von dem ich glaubte, dass er es war, dann hatte Filofee viel mehr gemacht als nur zu küssen.

«Ein Schlangenmann?», Retro war nun vollends verblüfft. «Wie konntest du einen Gewöhnlichen küssen?»

«Du hast doch auch eine Gewöhnliche geküsst», gab Filofee zurück.

«Das ist etwas anderes!»

«Und warum ist das etwas anderes?»

Da war ich jetzt auch neugierig.

«Weil … weil …», suchte Retro nach einer Antwort.

«Das hab ich mir gedacht», triumphierte Filofee, und Retro blickte beschämt zur Seite.

«Sicherlich hast du auch mit dieser Frau Liebe gemacht», deutete Filofee auf mich, «wie ich mit dem Schlangenmann.»

«Du … du hast mit dem Mann Liebe gemacht …?», stammelte Retro.

«Und wie!», strahlte sie bei der Erinnerung.

«Warum hast du dich nicht für mich aufgehoben?»

«Es war ein Schlangenmann, wie kann man da nein sagen?»

«Was hat er, was ich dir nicht bieten kann?»

«Nun, er ist sehr beweglich.»

«Beweglich? Was soll das bedeuten?»

«Seine Arme und seine Hände finden jede Stelle am Körper … und meine Güte, seine Zunge erst …», Filofee schwelgte in ihrer Erinnerung. Retro wurde rot. Und ich auch ein wenig. «Und auch sein bestes Stück ist wahrlich enorm flex…»

«Das reicht!», rief Retro.

Dem konnte ich mich nur mit einem Nicken anschließen.

«Das habe ich ihm auch immer wieder gesagt», hörte die Prinzessin jedoch nicht auf zu schwelgen, «aber er hat immer weitergemacht … das ganze Fest hindurch …»

Retro konnte den Anblick seiner Braut, die allein schon von der Erinnerung in Wallung geriet, nicht mehr ertragen. Er wandte sich mir zu und erklärte: «Ich komme mit dir, Nellie Oswald!»

«Heißt das», hoffte Filofee, «dass ich zu meinem Schlangenmann darf?»

«Und ob es das heißt!»

«Juchhu!», jubelte sie und rannte mit ihrem wallenden Hochzeitskleid los in Richtung zersplittertes Tor, vorbei an den Wein trinkenden Rittern, die mit den Hofdamen schäkerten und sich dabei von ihnen gerne an den gerüsteten Hintern fassen ließen.

Die Menschen in Amanpour waren mir wirklich lebenslustig geraten. Selbst die wenigen Geschöpfe, die böse waren, wie Simsalabimsa oder die Piraten, waren gar nicht wirklich schlimm und hatten nur den Zweck, durch ihre Existenz die anderen Wesen von Amanpour noch liebenswerter zu machen.

Wie hatte Moore doch gesagt: In uns allen liegt die Kraft, Welten zu erschaffen.

Und meine war voller Freude und ohne echtes Leid.

Darauf konnte ich stolz sein.

Jedoch war Amanpour nicht die Welt, in der Retro sich noch länger wohl fühlte. Schweigend verließen wir den Schlosshof. Die Hochzeitsgesellschaft nahm davon keine Notiz. Sie war mittlerweile viel zu sehr mit sich beschäftigt, um sich die Freude an der Hochzeitsfeier von dem lächerlichen Umstand verderben zu lassen, dass sie nicht stattfand.

Wir gingen durch die Straßen von Amanpour, vorbei an den feiernden Menschen, Gauklern und Musikern. Als der Jockey des von mir geklauten Siegerschweins schimpfend und drohend auf mich zugerannt kam, nahm Retro ohne ein Wort zu sagen dessen Schinkenkeulen-Pokal und briet ihm damit eins über. So war auch dieser Disput rasch geklärt.

Wir verließen die Stadt durch den Rotlichtbezirk, wo der Prinz die Avancen von drei Damen, eine Nacht in ihrer *Hütte der karamellisierenden Wollust* zu verbringen, mit einer müden Handbewegung ablehnte.

Auch in der Wüste des Vergessens schwieg Retro, jedenfalls soweit ich mich erinnern kann. Und selbst an Bord des Schiffes der singenden Piraten blieb er still, obwohl er mit seiner wohlklingenden Stimme jeden von ihnen hätte besiegen können. Simsalabimsa, deren Hintern immer noch leicht kokelte, war sehr froh, dass ich ihr ihren Besen wiedergab. Aber auch sie konnte Retro nicht aus seiner trüben Stimmung reißen. Erst recht nicht der Spargelkrumpf und der fröhliche Baum, die gerade darüber diskutierten, wie lebenswert ein Leben sein konnte, bei dem man stets in dieselbe Richtung schauen musste.

Erst als wir zu dem Tor gelangten, das aus der Schneekugel hinausführte und das immer noch offen stand, brach Retro sein Schweigen: «Nellie Oswald …?»

«Hah!», erschrak ich mich, da er so lange nichts gesagt hatte. «Ich meine … was ist?»

«Ich kann dir bei deinem Kampf nicht helfen.»

«Willst du etwa einen Rückzieher machen?»

Ich konnte es nicht glauben, da hatte ich mich durch ganz Amanpour geschlagen und sämtliche Prüfungen bestanden, und jetzt wollte der Prinz in den Sack hauen?

«Nein, das will ich nicht», sagte Retro.

«Aber?»

«Ich bin kein Held. Ich war auch nie einer. Nur in meiner Einbildung.»

«Du hast der Frau und dem Kind gegen die Skins geholfen», widersprach ich.

«Weil ich noch an die Illusion geglaubt hatte.»

«Du kannst immer noch ein Held sein.»

«Ich fürchte, dafür fehlt mir das Vertrauen in mich selbst.»

«Sagt dir Donald Duck etwas?», fragte ich.

«Donald Duck?»

«Das ist eine Ente», lächelte ich.

«Ente?»

«Du kannst so sein wie sie.»

«Ich soll watscheln?», Retro verstand kein Wort.

«Nein …», musste ich lachen.

«Quaken?»

«Nein», ich musste noch mehr lachen.

«Was dann?»

«Du kannst ein Held mit Fehlern sein.»

«Mit Fehlern?»

«Mit Feigheit, Egoismus und Schwäche.»

Retro dachte ein wenig nach, dann lächelte er: «Ich glaube, so ein Held könnte ich wahrlich sein.»

Es war schön, ihn endlich wieder lächeln zu sehen. Obwohl, auf diese Weise hatte er es noch nie getan. Er lächelte nicht mehr wie ein Prinz, sondern wie ein echter Mensch.

44

Mit frischem Mut verließen wir Amanpour und traten durch das Tor hinaus zwischen die Teppichborsten. Kaum roch ich wieder den Gestank des getrockneten, leicht schimmelnden Kaffees, sehnte ich mich nach den Düften von Amanpour zurück. Retro schloss hinter uns das Tor der Schneekugel und fragte mich hoffnungsfroh: «Auf welch magische Weise werden wir wieder wachsen, Nellie?»

«Ähem … nun …»

Ich musste feststellen, dass ich noch etwas mit Donald Duck gemein hatte: Wir waren beide nicht sonderlich gut darin, Dinge zu Ende zu denken.

Ich blickte zu dem Schrumpfstrahler, der riesengroß vor uns lag wie ein abgestürzter imperialer Sternenkreuzer auf Jaaku. Neben dem Sensorknopf zur Schrumpfung hatte ich ihm zusätzlich noch drei Drucksensor-Flächen gemalt. Ob, und falls ja, welche Funktionen diese besaßen, wusste ich nicht. Ich konnte nur hoffen, dass ich uns mit der Berührung einer der Flächen vergrößern konnte.

«Ich weiß nicht genau, wie, aber ich krieg das schon irgendwie hin», erklärte ich tapfer.

«Wir», widersprach Retro.

«Was?»

«Wir bekommen das hin.»

Er war nicht mehr der Prinz, der alles allein schaffen wollte, und ich nicht mehr die Frau, die ihm alles Mögliche verheimlichte: Wir waren jetzt ein Team!

Im Moment dieser schönen Erkenntnis wurde die Erde erschüttert wie bei einem Erdbeben.

«Was ist das?», rief Retro mir über das Dröhnen zu, während wir beide versuchten, auf dem bebenden Untergrund das Gleichgewicht zu halten. Ich sah hoch: Da hüpfte in der Nähe des Sessels einer der niedlichen Hasen, die ich gezeichnet hatte. Es war der mit der Fellmütze. Leider wirkte er aus unserer Perspektive ganz und gar nicht mehr so niedlich. Und außerdem hoppelte er direkt auf uns zu.

«Was würde dein Donald Duck jetzt machen?», schrie Retro über das Beben hinweg.

«RENNEN!»

«Ein ausgezeichneter Plan!»

«Wir müssen da hin!», rief ich, deutete auf den Strahler und rannte mit Retro durch den Borstenwald. Dabei geriet ich immer wieder aus dem Gleichgewicht, und zweimal stürzte ich beinahe zu Boden. Das eine Mal konnte ich mich gerade noch an einer Borste festhalten, das andere Mal fing mich Retro mit seinen kräftigen Armen auf. Selbst in diesem Moment der Panik fand ich es schön, kurz von ihm gehalten zu werden.

In allen anderen mir bekannten Geschichten, in denen Menschen geschrumpft wurden, schlugen sie sich mit Spinnen, Ratten oder anderem Ungeziefer herum, wir aber mussten aufpassen, dass wir nicht von einem süßen Hasen getötet wurden und die Welt damit nicht ihre letzte Chance auf Rettung verlöre. *Angriff des Killerhasen* – das war ein Film, der noch nicht gedreht worden war und mit einem Mal viel zu real wurde.

«Ich muss da hoch!», rief ich Retro zu, als wir den Strahler erreichten, und kletterte sogleich am Griff hoch. «Stell du dich vor die Mündung!»

«Wie du meinst, doch beeile dich!», antwortete Retro mit Blick auf den Hasen, der zwar nicht mehr direkt auf uns zuhüpfte, dafür aber seine Kameraden so zum Spielen animierte, dass sie nun allesamt im Laden umherhoppelten. Es würde nur eine Frage der Zeit sein, bis einer von ihnen auf Retro hopste.

Da ich den Strahler etwas schraffiert gezeichnet hatte, rutschte ich auf der rauen Oberfläche beim Laufen nicht ab und erreichte schnell die Sensorflächen. Wie abgemacht baute Retro sich vor der Mündung auf. Leider fiel mir schon wieder auf, dass ich Dinge nicht zu Ende gedacht hatte: Falls die Flächen nur zur Zierde da sein sollten, könnten sie uns nicht retten und Retro wäre mit mir hier oben sicherer vor den Hasen als unten auf dem Boden. Und wenn die Flächen eine ganz andere Funktion hatten, also zum Beispiel jemanden pulverisierten, würde ich Retro killen. Statt seiner sollte ich das Risiko auf mich nehmen, mich vor den Lauf zu stellen, und ihn abdrücken zu lassen! Immerhin hatte ich das Ding gezeichnet.

«Retro?»

«Ja …»

«Wir müssen den Plan ändern!»

«Dann aber schnell», rief er und zeigte auf den Hasen mit der Baseballcap, der direkt auf ihn zuhoppelte. Ich hatte keine andere Wahl, als auf eine der drei Sensorflächen zu springen. Eine war rot, eine blau und eine gelb. Ich fühlte mich wie einer jener Sprengstoffexperten in Actionfilmen, der sich entscheiden musste, welchen Draht er durchschneiden sollte, während gleichzeitig eine vom Bombenleger netterweise bereitgestellte Digitaluhr den Countdown runterzählte. Auch ohne Digitaluhr wusste ich, dass ich keine Zeit mehr hatte. Ich musste mich entscheiden, auch wenn ich damit Gefahr lief, Retro zu töten. Sollte ich die rote Fläche wählen? Die gelbe? Die blaue?

Es war egal! Ich sprang mit beiden Füßen auf die gelbe Sensorfläche. Ein gelber Strahl zischte aus der Waffe, traf Retro und ... vergrößerte ihn!

Das wäre ein Grund zum Jubeln gewesen, wenn es ihn nicht auch gleichzeitig in ein lebendes Baguette verwandelt hätte.

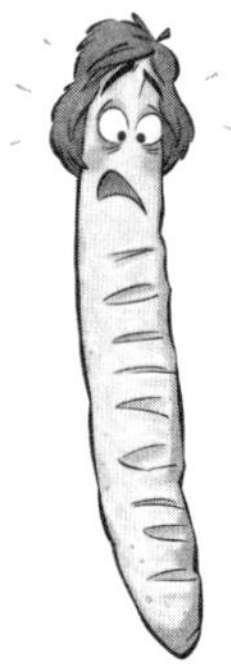

Sämtliche Hasen hoppelten auf das Baguette zu. Mochten Hasen eigentlich Baguette? Falls ja, war Retro, der gerade seinen neuen Baguette-Körper entsetzt betrachtete, geliefert. Hastig sprang ich auf die blaue Sensorfläche. Ein blauer Strahl schoss auf das Baguette namens Retro, und es verwandelte sich tatsächlich.

Das Resultat hatte durchaus Vorteile: Die Hasen würden einen Toaster nicht essen. Aber es hatte auch Nachteile. Der größte war: Retro war nun ein verdammter Toaster!

Ich sprang auf die rote Sensorfläche. Es war unsere letzte Chance. Ein roter Strahl schoss auf Retro, und … er wurde zu einem Menschen.

So erleichtert wie ich in diesem Augenblick musste sich auch der Sprengstoffexperte im Film fühlen, wenn der Countdown stoppte und das Kreuzfahrtschiff, in dessen Maschinenraum er sich mit der Bombe befand, weiter in Richtung Madeira tuckerte.

Retro streichelte die Hasen, die sich an seine Beine schmiegten, und sagte: «JETZT DU!»

Er sagte es ganz normal, aber für mich geschrumpftes Wesen war es ohrenbetäubend laut.

Er nahm mich behutsam in die Hand – seine Handlinien waren für mich wie tiefe Furchen in einem Feld –, setzte mich zwischen die Teppichborsten ab, nahm den Strahler und richtete ihn auf mich.

«Drück auf die rote Fläche», brüllte ich, so laut ich konnte. Doch mein Stimmchen war zu dünn. So traf mich als Erstes der gelbe Strahl. Es kribbelte in meinem Körper. Ich wuchs, dehnte mich aus und verwandelte mich in ein Baguette. In dem neuen Leib – oder sollte ich besser Laib sagen? – fühlte ich mich noch unförmiger als sonst.

Die Hasen schnüffelten mit ihren feuchten Schnauzen an mir, und ich hoffte so sehr, dass sie keinen Appetit auf Kohlenhydrate hatten. Auch machte ich mir für einen Moment Gedanken, wie schnell ich als Baguette wohl schimmeln, verderben und im Bioabfall landen würde. Retro drückte auf die blaue Sensorfläche, die entsprechenden Strahlen trafen mich und verwandelten mich in einen Toaster. Die Vorstellung, so zu bleiben, ließ meine Drähte vor Panik glühen. Schließlich berührte Retro die rote Fläche, und ich verwandelte mich endlich zurück in Nellie Oswald.

Retro und ich standen uns gegenüber im wieder normal proportionierten Comicladen. Um uns herum hoppelten die Häschen, die sich in ihrer Fröhlichkeit auch nicht von unseren merkwürdigen Verwandlungen beeinträchtigen ließen. Ja, ich hatte nicht nur in Amanpour, sondern auch in unserer Welt freundliche Wesen erschaffen, die das Leben genossen.

«Das …», suchte Retro nach Worten, «war eine erstaunliche Erfahrung.»

«Und mit erstaunlich meinst du merkwürdig», stellte ich fest.

«Und wie.»

Wir mussten beide lachen. Es war so schön, mit ihm zu lachen. Der Prinz wurde immer mehr zum Menschen.

«Wir sind ein gutes Paar», strahlte Retro mich an.

Paar?

Das Wort verunsicherte mich. Und Retro verunsicherte es, dass es mich verunsicherte.

«Verzeih, ich meinte dies im kameradschaftlichen Sinn.»

Hatte er es wirklich nur so gemeint? Oder doch anders? In dem Sinn, wie Bendix und ich ein Paar waren?

Bendix!

Oh mein Gott, wir mussten ihn befreien! Und Lenny! Und Evila!

Doch wie genau? Moore hatte die schwedischen Schläger an seiner Seite. Vor allen Dingen aber besaß er das Buch, mit dem er sich höchstwahrscheinlich schon eine Horde von Ungeheuern erschaffen hatte, die gegen uns kämpfen würden. Was hatten wir dagegen aufzubieten?

Hastig machte ich eine kleine Inventur: Wir besaßen einen Schrumpfstrahler, der einen auch wahlweise in ein Baguette oder einen Toaster verwandeln konnte. Und wir hatten den Roboter, den Lenny erschaffen hatte. Nicht schlecht. Natürlich auch nicht gut. Aber besser als überhaupt nichts.

Die Phiolen mit Ebola waren mir zu gefährlich, die würde ich hierlassen. Die große Stinkbombe auch, war sie doch einfach zu schwer. Sollte ich womöglich mit dem Strahler Amanpour wachsen lassen und alle Wesen darin an meiner Seite kämpfen lassen? Nein, die wären zu verwirrt von unserer Welt. Ich schnappte mir also nur den Strahler und steckte ihn in einen *Spiderman*-Rucksack. Retro betrachtete sich derweil Wolfsklinge.

«Willst du sie mitnehmen?», fragte ich ihn.

«Ich weiß nicht. Ich habe Wolfsklinge doch in Wahrheit nie geschwungen», sinnierte er. «Was hätte deine Ente mit dem Schwert getan?»

«Sich damit in die eigene Hand geschnitten.»

«Dann lasse ich die Klinge lieber hier.»

Ich hielt das für eine weise Entscheidung. So ein scharfes Schwert passte nicht zu diesem feinen Mann. Er legte es auf dem Sessel ab und ging mit mir zur Tür, Robo flog über uns. Die Hasen hoppelten auch mit uns los. Ich versuchte, sie zurückzuschicken, waren sie doch viel zu süß, um gegen Moore in den Kampf zu ziehen, doch die Mümmler grinsten mich nur an. Sie schienen zu spüren, dass es hier um etwas Wichtiges ging, und wollten helfen. So zogen wir alle gemeinsam aus, um die Menschheit zu retten.

In der Realität gewinnen die Underdogs niemals gegen die Bösen.

In den Geschichten immer.

Es wurde also Zeit, der Realität mal so richtig in den Hintern zu treten!

45

Als wir den Laden verließen, befürchtete ich, die Straßen würden bereits in Flammen stehen, Zombiehorden würden durch sie laufen, und im Himmel über Berlin würden feuerspeiende Dämonen auf feuerspeienden Drachen herumfliegen. Doch die Stadt wirkte wie immer. Menschen, Straßen, graue Häuser, alles war wie zuvor. Moore hatte anscheinend noch nicht losgelegt. Die einzigen ungewöhnlichen Wesen weit und breit waren wir. Unser Trupp fiel so sehr auf, dass es auch den an einiges gewohnten Berlinern schwerfiel, uns zu ignorieren. Passanten wechselten die Straßenseite, und selbst die übermüdete Mutter, die am ersten Tag unseres Abenteuers am Comicladen vorbeigegangen war, wurde bei unserem Anblick schlagartig wach. Sie schüttelte heftig ihren Kopf hin und her, als ob sie ihren Augen nicht traute. Vermutlich dachte sie, dass es sich bei uns um eine durch Müdigkeit hervorgerufene Halluzination handelte, und überlegte, sich vom Hausarzt ein paar Pillen verschreiben zu lassen. Um nicht ganz so viel Aufsehen zu erregen, beschloss ich, Robo unter den Arm zu klemmen. So sah er aus wie ein überdimensioniertes Spielzeug. Retro bedeutete ich, sich die Hasen zu schnappen. Auf diese Weise schien unsere Truppe wenigstens ein kleines bisschen mehr von dieser Welt zu sein.

«Wo sollen wir jetzt hin?», fragte Retro.

Jetzt hätte man ein Moore-Ortungsgerät gebraucht, aber ich konnte mir ja keines zeichnen. Ich wandte mich an den Roboter unter meinem Arm: «Du hast nicht zufällig ein Programm, das andere Personen orten kann?»

«Biep-biep-buhh», antwortete das runde Ding und versuchte dabei, mit den Achseln zu zucken, die es gar nicht hatte. Dabei rollte es ein wenig betrübt die Augen, um mir zu signalisieren, dass es ihm leidtat.

«Schon in Ordnung, du kannst ja nichts dafür, wie Lenny dich gezeichnet hat», sagte ich, merkte dann, dass sich das nicht ganz so nett anhörte – man mochte ja selber auch nicht Sätze hören wie «Du kannst ja auch nichts dafür, dass dein Körper zu Cellulite neigt» –, und fügte deshalb schnell hinzu: «Du bist toll, so wie du bist.»

Da strahlte Robo über das ganze Metall.

«Wohin führt uns der Weg?», fragte Retro erneut.

Nun, wo würde ich an Moores Stelle zuerst zuschlagen? Im Reichstag, um den Politikern richtig Feuer unter dem Hintern zu zeichnen? Im Pergamonmuseum, um zu demonstrieren, dass er mit seiner neuen Höllenkunst sämtliche historischen Meisterwerke in den Schatten stellt? In der Nikolaikirche, weil er Gott die Stirn bieten möchte? Oder in Marzahn, wo man sich richtig Mühe geben musste, schrecklicher zu sein als die Umgebung?

Mit einem Mal wusste ich die Lösung: «Zum Brandenburger Tor! Davon hatte er unzählige Skizzen gezeichnet.»

Wir eilten zur nächsten S-Bahn-Station. Auf deren Gleis zogen Mütter ihre Kinder von uns weg, ein paar Geschäftsleute schimpften, dass die vielen Filmdrehs in Berlin sie langsam nervten, und zwei alte Frauen tuschelten, dass Retros Schenkel in der engen weißen Hose ziemlich sexy waren. Eine Beurteilung, der ich mich in Gedanken nur anschließen konnte. Und es waren nicht nur die Schenkel, auch die Waden, die Knie, der Po …

Retro merkte, wie ich ihm auf den Hintern starrte. Ertappt sah ich weg und war verdammt froh, dass in diesem Moment die Bahn einfuhr.

Als wir einstiegen, fiel mir auf, dass ich wieder mal keine Fahrkarte hatte, beruhigte mich aber damit, dass die Wahrscheinlichkeit, innerhalb von 48 Stunden zweimal kontrolliert zu werden, denkbar gering ist.

«Fahrkarten bitte!», ertönte es, kaum dass wir uns hingesetzt hatten.

Anscheinend war die Wahrscheinlichkeit nicht gering genug.

«Fahrkarten bitte!», wiederholte die Stimme.

Ich sah hoch, und da stand er wieder vor mir, der Mittvierziger mit Migrationsvordergrund, der mich schon das letzte Mal davonkommen ließ, weil er meine Geschichte so lustig gefunden hatte.

«Oh, ich sehe, die Prinzessin ist wieder da?», lächelte er freundlich.

Retro schaute erstaunt zu mir, er hatte mich geküsst, sogar sehr gerne geküsst, aber als eine Prinzessin hatte er mich bisher noch nie betrachtet.

«Lass mich raten», lächelte der nette Mann weiter, «du fährst wieder ohne Fahrschein.»

«Gut geraten», gab ich zu und fragte mich fieberhaft, wie ich mich diesmal am besten herausreden sollte. Wir konnten es uns nicht leisten, wegen Schwarzfahrens und mangelndem Geld für die Strafgebühr zur nächsten Polizeistation geschleppt zu werden, wo wir den Rest des Tages verbringen würden, da Retro nirgendwo gemeldet war und wir außerdem einen merkwürdigen Roboter dabeihatten, der den Google-Entwicklern für Künstliche Intelligenz die Freudentränen in die Augen getrieben hätte.

«Leider», sagte der Kontrolleur, «kann ich nicht noch einmal ein Auge zudrücken.»

«Wirklich nicht?» Ich blickte ihn flehend an.

«Nein, ich hab schon Ärger mit meinem Chef, da ich immer so viele laufen lasse, meistens Landsleute.»

«Und wenn ich ganz lieb bitte?»

«Auch dann nicht», erwiderte der Mann freundlich, aber bestimmt.

Wir durften uns nicht einfach so abführen lassen, wir mussten doch die Welt retten. Doch was sollte ich jetzt tun, ich hatte ja kein magisches Buch mehr, und den Schrumpfstrahler konnte ich in keinem Fall einsetzen, denn in der U-Bahn würde der geschrumpfte Kontrolleur schnell von einem Stöckelschuh, einem Airmax-Turnschuh oder von einer herunterfallenden Pommes zerquetscht werden. Sollte ich Robo auf den Mann hetzen? Durfte ich überhaupt Gewalt gegen den Kontrolleur anwenden? Hier ging es ja um das große Ganze, da wäre es doch eine lässliche Sünde, jemanden auszuschalten, egal, wie sympathisch der im Grunde war. John McClane zerrte in den *Stirb langsam*-Filmen ja auch gerne mal Passanten aus einem Auto, um damit die Verfolgung des Oberschurken aufzunehmen. Dabei war es ihm auch völlig einerlei, ob der Passant seine Kinder nicht mehr rechtzeitig von der Schule abholen konnte, dadurch Ärger mit seiner Ehefrau bekam, mit der er sich ohnehin bereits in Paartherapie befand und die ihn dann vor lauter Wut mit dem Tennislehrer betrog, obwohl sie sich doch so sehr vorgenommen hatte, dies nicht zu tun, egal, wie beeindruckend dessen Hüftschwung beim Return auch war.

John McClane konnte so etwas ohne Gewissensbisse tun, denn er war verdammt noch mal erfunden! Genauso wie der Passant, seine Kinder, seine Frau und deren Tennislehrer mit dem beeindruckenden Hüftschwung. Aber der Kontrolleur hier war echt. Und ich durfte keinen Unschuldigen verletzen. Egal, wie furchtbar die Lage auch war, egal, wie viel auf dem Spiel stand, weder Harry Potter noch Rey, noch Donald Duck verletzten gute Menschen.

«Und wenn ich morgen einfach die Fahrkarten vorbeibringe?», schlug ich vor.

«Es tut mir wirklich leid, Prinzessin», sagte der Kontrolleur aufrichtig.

«Sie ist keine Prinzessin», widersprach Retro.

Wir beide sahen erstaunt zu ihm, ebenso wie die Hasen, die auf Retros Schultern und seinem Kopf hockten, und Robo, dessen Augen dabei kullerten.

«Nellie Oswald ist keine Prinzessin!».

Der Kontrolleur verstand nicht, was der Mann im weißen Outfit eigentlich von ihm wollte. Und mir war auch nicht klar, warum Retro so darauf insistierte.

«Ich kenne Prinzessinnen, und Nellie Oswald hat rein gar nichts mit ihnen gemein.»

Das wusste ich ja selbst, und dennoch fand ich es ganz schön uncharmant, dass Retro es einfach so gegenüber einem Fremden formulierte. Nach alldem, was wir durchgemacht hatten, sollte er doch eine höhere Meinung von mir haben und etwas freundlicher über mich reden, oder etwa nicht?

«Diese Frau ist mehr wert als jede Prinzessin.»

Ich?

Mehr wert als eine Prinzessin?

Meinte er das ernst?

Er sah mich an, stolz, mich zu kennen.

Mein Gott, er meinte es ernst!

«Ich sehe», lachte der Kontrolleur laut auf, «du hast deinen Prinzen gefunden.»

Hatte ich das?

«Dieser Mann liebt dich.»

Völlig aufgewühlt sah ich wieder zu Retro, der dem Kontrolleur nicht widersprach und mich ansah wie kein Mann jemals zuvor. Mit einem verzückten Lächeln auf dem Gesicht. Sah so jemand aus, der mich wirklich liebte und nicht nur ein bisschen verknallt war wie Jasper, Lukas, Raffael, noch mal Jasper und … Bendix? Ja, auch Bendix hatte mich noch nie so angesehen.

Es war verdammt schön, so angesehen zu werden.

Und verdammt furchteinflößend.

«Ihr liebt euch», lachte der Kontrolleur. «Und Liebenden nehme ich nicht das Geld weg. So etwas machen nur Schmuggler. Habt eine gute Fahrt und ein schönes Leben zusammen!»

Er ging in Richtung Ausgang und pfiff dabei ein fröhliches Lied, vielleicht eine afghanische Weise, die von einem jungen Mann handelte, der in einem Café in Kabul das erste Mal seine Traumprinzessin erblickte.

«Nellie Oswald …», der Prinz sah mir tief in die Augen.

«Ja?», flüsterte ich.

«Ich …», hob er zu einer Art Geständnis an und hörte dann gleich wieder auf zu sprechen.

«Du …?», ich wusste nicht, was ich hoffen sollte. Dass er mir die Liebe gestand, so wie er mir gebeichtet hatte, dass die Küsse die einzigen Momente waren, in denen er keine Zweifel besessen hatte. Oder dass er mir sagen würde, dass er mich doch nicht liebte, dann wäre mein Leben einfacher, schließlich war er doch kein echter Mensch.

«Ich …», Retro suchte weiter nach Worten.

«Du …?», hauchte ich atemlos, mein Herz raste.

Die Hasen auf seinen Schultern und unter seinem Arm hielten vor Spannung die Luft an. Robo versuchte das auch, stellte aber fest, dass er gar keine Luft zum Atmen brauchte, und beschloss daher, seinen kugelrunden Körper einfach kein bisschen mehr zu bewegen.

Retro nahm all seine Tapferkeit zusammen und gestand: «Der Mann hat die Wahrheit gesagt: Ich liebe dich.»

Da, er hatte es ausgesprochen.

Mein Herz begann so laut zu wummern, dass ich dachte, ein jeder in der S-Bahn müsste es hören. Und die Welt begann sich zu drehen. Nur um mich und Retro.

«Ich weiß es, seit wir uns zum ersten Male küssten, ich wollte es mir nur nicht eingestehen. Wegen Filofee.»

Jetzt hörte ich auch noch auf zu atmen. Ich war kurz davor, ohnmächtig zu werden, auf genau die richtige, schöne Art.

«Und du?», fragte Retro. «Geht es dir genauso?»

Ja, ganz genauso. Dies wurde mir in diesem Moment endgültig klar. Ich wollte mich in seine Arme werfen, ihn umarmen, küssen, Fahrkarten, Moore, Weltuntergänge und einfach alles, alles andere für immer vergessen. Doch in dem spärlichen Rest meines Hirns, der noch in Betrieb war, wurde eine Frage laut. Eine Frage, die meinem Gefühl nicht gefiel, die aber absolut ihre Berechtigung hatte: Durfte es mir so gehen? Ich sollte doch Bendix lieben. Der war ein echter Mensch!

Die Welt um mich und Retro herum drehte sich wieder ein wenig langsamer.

«Nellie?», fragte der Prinz.

Und noch langsamer.

«Nellie … ich hab dich etwas gefragt», hakte er nach mit dem Mut desjenigen, der bereits seine Liebe gestanden hatte und jetzt nicht mehr ans sichere Festland der Freundschaft zurückrudern konnte.

«Ich …», suchte ich nach einer Antwort, während die Welt langsam wieder zum Stillstand kam. Wofür sollte ich mich entscheiden? Für Bendix und die Realität oder für den Prinzen und die Phantasie?

Was für eine Zukunft könnte ich mit Retro schon haben? Mit einem erfundenen Prinzen aus einer anderen Welt? Mal abgesehen von der Tatsache, dass er gar kein echter Mensch war und dass ich ihn mir ausgedacht hatte. Retro würde doch hier keinen Tag glücklich sein und sich nach einem Amanpour zurücksehnen, das es so niemals gegeben hatte. Er würde mir Vorwürfe machen, dass er wegen mir in dem garstigen Berlin geblieben war, wir würden uns streiten, und Retro würde lieber in das Amanpour der Schneekugel zurückkehren, als bei mir zu bleiben. Wir wären nicht das erste Paar, das an kulturellen und sozialen Unterschieden scheiterte. Und verschiedener als unsere beiden Welten konnten die Hintergründe gar nicht sein. Mein Herz würde also über kurz oder lang wieder gebrochen werden. Schlimmer als je zuvor vermutlich, denn meine Gefühle waren doch auch stärker als je zuvor.

Auch wenn ich die Realität noch nie sonderlich gemocht hatte, auch wenn ich ihr heute mal so richtig in den Hintern treten wollte, musste ich doch in ihr leben, falls es sie nach diesem Tag weiterhin geben würde. In der Realität fand man nicht seinen Traumprinzen. Man führte erwachsene Beziehungen mit erwachsenen Menschen wie Bendix und wurde in ihnen so erwachsen glücklich, wie es eben ging. Genau so machten Erwachsene das!

«Du …?», fragte Retro noch mal, leise, voller Angst vor Ablehnung. Ich bewunderte ihn für seinen Mut.

Die Hasen auf Retros Schultern knabberten vor Aufregung schon an ihren Mützen, und Robo hielt sich seine Greifarme vor die Kulleraugen, weil er die Spannung nicht mehr ertragen konnte.

Ich musste ihm jetzt das Herz brechen.

So etwas Furchtbares hatte ich in meinem ganzen Leben noch nicht getan. Aber, sprach ich mir selbst Mut zu, es war doch auch in Retros Sinn, wenn wir kein Paar wurden. Auch er würde auf lange Sicht glücklicher sein, wenn er ohne mich lebte. Das würde er irgendwann verstehen, wenn er sich in Amanpour ein anderes Leben aufgebaut hatte. Dann würde er in seinem Schloss am Fenster stehen, zufrieden auf seine Stadt im Sonnenuntergang blicken, in deren Gassen sich die Bewohner gerade auf ein fröhliches Fest vorbereiteten. Und er würde dabei denken: Nellie Oswald hat weise gehandelt.

Hoffentlich würde es so kommen.

Ich holte tief Luft, sah in die erwartungsvollen Augen von Retro, der so verletzlich wirkte, spürte, wie die Hasen und Robo mich anstarrten, und dann gab ich endlich meine Antwort. Ich sagte das, zu dem ich in jenem Moment fähig war, das, was ich gerade zutiefst empfand: «Ich liebe mich nicht.»

Die Hasen ließen enttäuscht ihre Mützen zu Boden fallen. Robo schlug sich mit dem Greifarm vor die runde Stirn und verursachte dabei ein hohles metallenes Geräusch.

Retros Augen wurden feucht. Er würde doch nicht etwa anfangen zu weinen? Das erste Mal in seinem Leben? Dann müsste ich bestimmt mitweinen, und die Hasen, die gerade auf den Boden sprangen, um ihre Mützen aufzuheben, und Robo, der vermutlich keine Heul-Funktion besaß, würde traurig vor sich hin biepen.

Retro führte den Kampf seines Lebens. Mit den Tränen. Es

dauerte, bis er ihn für sich entscheiden konnte. Das war das Tapferste, was ich je gesehen hatte.

Der Prinz stand auf und verkündete: «Wohlan, wir sind angekommen!»

Tatsächlich hielt die S-Bahn an der Station Brandenburger Tor, ich hätte es fast nicht bemerkt. Retro schritt in Richtung Ausgang, gefolgt von dem fliegenden Robo, der nicht mehr länger von mir getragen werden wollte, und den Hasen, die beim Hoppeln ihre Mützen aufsetzten.

Auch ich stand auf. Fast genauso erschüttert wie Retro selbst. Mein Leben lang hatte ich gedacht, es sei viel einfacher, die Herzen anderer zu brechen, als das eigene gebrochen zu bekommen. Ich war ja noch nie in dieser Situation gewesen. Doch jetzt hatte ich ausgerechnet so einen wunderbaren Menschen wie Retro verletzt. Und ich fühlte mich hundeelend, noch schlechter als mit einem gebrochenen Herzen.

Erwachsen zu sein macht absolut keinen Spaß.

46

Unsere Truppe schritt, hoppelte und flog zum Pariser Platz. Dabei vermied Retro es, mich anzusehen. Und ich schaute beim Laufen lieber auf meine Ironman-Sneakers. Ich nahm kaum wahr, wie die Touristen aus aller Welt ihre Handys zückten und unsere illustre Truppe fotografierten, nicht ahnend, dass ihr Leben bald von Moore ausgelöscht oder zumindest radikal verändert würde. Auf dem Platz angekommen, biepte Robo ganz aufgeregt: «Biep-biep-biep!»

«Was hast du?», fragte ich und sah dann doch mal von meinen Sneakers auf.

«Biep-biep-biep!», wiederholte Robo erneut. Mir war völlig schleierhaft, wie Luke bei R2-D2 oder Rey bei BB-8 es schafften, ihre Androiden zu verstehen. Ich verstand jedenfalls kein einziges Biep.

«BIEP-BIEP-BIEP!», regte sich Robo nun richtig auf und deutete mit seinem Greifarm zum Brandenburger Tor. Zwischen den mittleren Säulen standen Bendix, Lenny und Evila, hinter ihnen die beiden Schweden mit Sonnenbrillen. So verkrampft unsere Freunde aussahen, konnte man davon ausgehen, dass die Söldner sie durch ihre Sakkotaschen mit Waffen bedrohten. Evilas Augen funkelten vor Zorn, Lenny versuchte, sich tapfer zu geben, und Bendix schaute verzweifelt hin und her, hielt nach Rettung Ausschau, die nicht kam. Keiner von den dreien sah in unsere Richtung. In dem ganzen Touristengewimmel würde er uns wohl nur entdecken, wenn er wüsste, wo wir standen. Ich hatte Angst um die drei. Die kleine Evila, egal, wie tough sie sich gab, war noch ein Kind. Lenny, egal, wie erwachsen er inzwischen wirkte, war nur ein liebenswerter Chaot. Und Bendix war vielleicht ein UNICEF-Held, aber ansonsten ein ganz normaler Mann, der genauso überfordert war von der Situation, wie es jeder andere normale Mann auch gewesen wäre.

Hätte ich nicht am meisten Angst um Bendix haben müssen? Er war doch der Mann, mit dem ich mein Leben teilen wollte. Mit einem Male hatte ich ihm gegenüber ein schlechtes Gewissen. Ich hatte mir ein Leben mit Retro vorgestellt, ich hatte dem Prinzen sogar auf Schenkel und Po gestarrt und mich nach einem Kuss von ihm gesehnt, obwohl Bendix währenddessen als Geisel festgehalten wurde. Was war ich für eine Freundin, die im Moment einer solchen Gefahr nicht die ganze Zeit nur an ihren Freund dachte?

Beschämt beschloss ich, mich nun voll auf die Befreiung von Bendix zu konzentrieren. Ein paar Schritte von den Geiseln entfernt entdeckte ich jetzt Moore, er trug wieder seinen schwarz-weißen Showanzug. Kein Wunder, bereitete er sich doch gerade auf seine finale Galavorstellung vor. In einer Hand hielt er das aufgeschlagene Buch, in der anderen einen *Montblanc*-Füllfederhalter, mit dem er sich anschickte, etwas auf die magischen Seiten zu zeichnen.

«Biep!», fluchte ich, als ich sah, wie er die Feder ansetzte.

«Was immer dies auch heißen mag, ich gebe dir recht, Nellie Oswald», brach Retro, der die Situation sofort erfasste, sein Schweigen. Vom Liebeskummer-Modus hatte er direkt in den Kampf-Modus umgeschaltet. So gefiel er mir schon besser und er sich sicherlich auch. Wir konnten uns wieder ansehen. Nicht ohne mulmige Gefühle dabei zu haben, aber immerhin. Mit etwas Glück war dies der Moment, in dem wir uns auf den langen Weg machten, irgendwann in ferner Zukunft einfach nur gute Freunde zu sein.

Moore war voll konzentriert auf seine Zeichnung. Was für Höllenwesen würden gleich in unserer Welt erscheinen, wenn wir ihn nicht rechtzeitig daran hinderten, die Zeichnung zu vollenden? Ich dachte an die Bilder von den Dämonen, die Inquisitoren in Kochtöpfen brodeln ließen. Was für eine schreckliche Phantasie der Kerl besaß! Egal, wie gering er mein Talent schätzte, ich konnte froh sein, dass meine Phantasie nicht solche Bilder hervorbrachte, sondern Wesen wie die Hasen und die Bewohner von Amanpour. Wie Retro!

Mein Gehirn, das sich inzwischen an unvorhergesehene Extremsituationen gewöhnt hatte, arbeitete auf Hochtouren. Wie würden wir den Umstand am besten nutzen können, dass wir noch unentdeckt waren? Wie konnten wir am sinnvollsten die Hasen, den Roboter und den Schrumpfstrahler einsetzen? Binnen weniger Sekunden spuckte es ein Ergebnis aus, und ich verkündete: «Ich habe einen Plan.»

«Ist er ähnlich wenig durchdacht wie dein letzter Plan, als ich zu Stangenbrot wurde?», fragte Retro mit dem spitzen Tonfall eines Menschen, der einen Korb bekommen hatten.

«Auf die Schnelle ist er das Beste, was mir einfiel», gab ich kiebig zurück, wie es nur diejenigen zu tun vermochten, die von Menschen, denen sie einen Korb gegeben hatten, angezickt wurden. Wir hatten wirklich noch einen weiten Weg vor uns, wenn wir jemals einfach nur gute Freunde werden wollten.

«Dann lass mal hören», forderte Retro.

«Du nimmst den Strahler und machst die beiden Helfer von Moore zu einem Baguette oder Toaster …»

«Was ist ein Toaster?»

«Das eckige Ding, in das ich dich verwandelt hatte», antwortete ich gereizt, hatten wir doch keine Zeit zu verlieren.

«Und wozu ist das gut?»

«ZUM TOASTEN!»

«Was ist das: toasten?»

«ARGHH!»

«Das ist keine zufriedenstellende Antwort», perfektionierte er seinen spitzzüngigen Tonfall.

«Meine Güte, man kann damit schnell eine Scheibe Weißbrot rösten.»

«Eine schlaue Erfindung», staunte Retro. «In deiner Welt gibt es anscheinend auch ein paar sinnvolle Dinge.»

Trotz der Situation staunte ich über Retro: Es war das erste Mal, dass er sich positiv über unsere Welt äußerte. Für einen kurzen Moment stellte ich mir vor, wie ich dem Prinzen die schönen Seiten von Berlin zeigte, wie wir ins *Einstein* Kaffee trinken gingen, wie Retro und ich unter den Arkaden Tango tanzten – nicht dass ich das konnte, aber mit Retro könnte ich es lernen –, wie wir über den Gendarmenmarkt schlenderten oder einfach nur ins Kino gingen, um uns schöne Filme anzusehen.

«Nellie Oswald, schildere mir deinen Plan weiter», riss Retro mich aus meinen Gedanken. Er war wieder voll bei der Sache. Also sollte ich es verdammt noch mal auch sein!

«Während du dich um die Helfer kümmerst, sollen die Hasen und Robo Moore ablenken, damit ich mir das Buch schnappen kann.»

«Dieser Plan ist besser durchdacht als dein letzter», befand Retro.

«Ich bin ja auch lernfähig», antwortete ich, nicht ohne Stolz.

«Aber denke daran, Nellie Oswald. Wenn du den Gott des Chaos zum Lachen bringen willst, erzähl ihm von deinen Plänen.»

«Der Gott heißt bestimmt Chaoticus», seufzte ich und packte schon mal den Strahler aus meinem Rucksack aus.

«Nein», erwiderte Retro.

«Sondern?»

«Manfred.»

Das verblüffte mich dann doch.

Retro nahm mir den Strahler ab und forderte mich auf: «Gib uns den Schlachtruf!»

«Wie bitte, was?»

«Du bist die Anführerin, du musst den Schlachtruf brüllen.»

Retro, Robo und die Mützenhasen sahen mich erwartungsvoll an. Ich war jetzt ihre Anführerin. Whao! So fühlte sich das also an, wenn man als Heldin die Verantwortung für seine Leute übernahm. Aufregend. Besonders wenn man so wunderbare Gefährten hatte! Für sie musste ich mir einen passenden Ruf ausdenken. Einen, der Mut machte. Also nicht so etwas wie «Für Ruhm und Ehre», zwei Ziele, für die sich kein Blutvergießen lohnte, eigentlich noch nicht mal frühes Aufstehen.

Katniss Aberdeen hätte jetzt so etwas wie «Für die Freiheit!» gerufen. Der Spruch war nicht schlecht, aber ich war nicht gerade das Musterbeispiel einer Freiheitskämpferin, ich war noch nicht mal zur letzten Wahl für das Berliner Abgeordnetenhaus gegangen, weil es regnete und ich ein wenig erkältet war. «Möge die Macht mit dir sein» klang, wenn es nicht gerade die Stimme von Obi Wans Geist sagte, eher lahm. Und «Voll auf die Glocke» wäre passend gewesen, wenn ich ein Mitglied der *Guardians of the Galaxy* gewesen wäre oder eine Wrestlerin in der *WWE* oder eine Mutter beim Elternabend, auf dem sich die Eltern zur Absetzung des Klassenlehrers zusammenrotten.

«Wir warten, Nellie Oswald», sagte Retro.

Robo biepte drängelnd, und die Hasen sahen zu mir auf. Sie alle wollten von mir inspiriert werden. Meine Güte, ich hätte nie gedacht, unter was für einem Erwartungsdruck man so als Anführerin stand. Kein Wunder, dass die meisten so einen Job nicht machen wollten und Katniss von ihm Depressionen bekommen hatte.

Ich sah rüber zu Moore, der hielt seinen Federhalter an den Mund, als würde er darüber nachdenken, wie er seine Zeichnung vollenden konnte. Mir musste schleunigst was einfallen, etwas, das aus meinem Mund glaubwürdig klang. Und dazu musste ich mich von meinen Gefährten inspirieren lassen. Sie waren – wie die Geschöpfe in Amanpour – freundliche Wesen, dem Leben zugewandt. So rief ich: «Für die Freude!»

«Das ist ein wundervoller Schlachtruf, Nellie Oswald», strahlte Retro mich an.

Meine Güte, konnte er strahlen!

Meine Beine wurden zu Wackelpudding.

«Für die Freude!», rief er mit seiner wunderbaren Stimme in den fast wolkenlosen Himmel von Berlin.

«Bup-bup-bupdidu!», biepte Robo seine Version des Schlachtrufes.

«Für die Freude!», riefen – sehr zu meinem Erstaunen – nun auch die Hasen.

«Ihr … ihr … könnt ja sprechen?»

«Warum sollten wir das nicht können?», grinste der Hase mit der Fellmütze verschmitzt.

«Das ist eine berechtigte Frage», lächelte Retro, der aus Amanpour sprechende Tiere und Bäume und vermutlich auch plappernde Steine gewöhnt war.

Ich liebte sein Lächeln.

So, so sehr!

«Wollen wir nicht mal langsam los?», drängelte der Hase mit dem Käppi. «Ihr beide könnt euch später noch anschmachten!»

«Ich … ich schmachte nicht», versuchte ich zu dementieren.

«Na klar, und ich mag keine Karotten», grinste der Käppi-Hase, und alle seine Geschwister kicherten in ihre Pfoten hinein, auch Robo biepte vergnügt vor sich hin.

Verlegen blickte ich zu Retro. Ich hatte ihm schon das

Herz gebrochen, da sollte ich ihm nicht auch noch falsche Hoffnungen machen. Anstatt auf die Bemerkung der Hasen einzugehen, sagte er nur: «Wir müssen uns aufmachen in die Schlacht!»

Die Hasen hoppelten entschlossen los. Robo flog ihnen biepend hinterher. Der Prinz wollte gerade zum Tor eilen, da hielt ich ihn an der Schulter zurück.

«Was ist?», fragte er erstaunt.

«Pass bitte auf dich auf.»

«Du auch auf dich, Nellie Oswald, du auch auf dich.»

Er gab mir einen sanften Kuss auf die Wange und folgte den anderen. Ich aber blieb noch ein wenig stehen, denn das hier war der beste Wangenkuss meines Lebens gewesen. So voller Liebe.

Einige hätten an meiner Stelle vielleicht gedacht: Jetzt könnte ich in der Schlacht fallen und zufrieden sterben. Doch ich wollte noch mehr leben als jemals zuvor!

47

«Für die Freude!», riefen die Hasen und hoppelten auf die beiden Schweden zu. Die waren erst verwirrt, und als auch noch Robo über ihnen kreiste, zückten sie ihre Pistolen und hielten sie in seine Richtung, um ihn abzuschießen. Dabei sprachen sie kein Wort. Sie waren effiziente kaltblütige Söldner, die nichts überraschen konnte, nicht mal ein fliegender Roboter. Absolut nichts. Außer vielleicht … sprechende Hasen.

Der Fellhase und der Käppihase riefen im Chor: «Für die Freude!», und hüpften geistesgegenwärtig auf die Pistolenläufe der Söldner, damit die nicht mehr richtig zielen konnten. Die anderen Hasen bissen ihnen in die Waden, und Evila trat den Kerlen lachend gegen die Schienbeine. Dabei schien sie wieder zu ihrem alten bösen Ich zu mutieren, was mir ehrlich gesagt in diesem Augenblick sogar gefiel. Die Schweden schrien vor Schmerz auf und ließen vor Schreck ihre Knarren zu Boden fallen. Evila hob sie auf, hielt sie in den Händen wie ein Revolverheld und fragte: «Wisst ihr, was ich jetzt mit denen mache?»

«Schieß nicht!», rief Lenny voller Panik.

Die Kleine lachte ihn an – nicht aus – und antwortete: «Ich bin doch gar nicht mehr böse!»

Dann warf sie die Pistolen in hohem Bogen in einen offenen Gully. Lenny strahlte sie stolz an wie ein Vater seine Tochter, wenn die beim Mädchenfußball erst sechs Gegner ausdribbelt und dann den perfekten Pass zu der besser positionierten Mitspielerin spielt, anstatt selbst aufs Tor zu schießen.

«Du bist zwar nicht mehr böse», lächelte er, «aber immer noch verdammt gut!»

Die beiden Schweden versuchten verzweifelt, die Hasen von ihren Hosenbeinen wegzuschleudern, aber die hatten sich gut festgebissen, bis auf den Fell- und den Käppihasen, die den Söldnern die Sonnenbrillen mopsten und sie Evila und Lenny zuwarfen, die sie sofort selbst aufsetzten. Bendix stand immer noch wie paralysiert da – für ihn war das alles hier definitiv zu viel.

Nun machte sich Retro an seinen Teil der Umsetzung. Er baute sich vor den Schweden auf und rief: «Nehmt dies, ihr Schurken!»

Die Hasen, die wussten, was jetzt kommen würde, hoppelten davon. Die Söldner hielten sich noch ihre schmerzenden Beine, und Retro drückte auf eine Sensorfläche des Strahlers.

Gelbe Strahlen zischten, und die beiden Schweden wurden zu Baguettes.

So weit lief also alles wie geschmiert. Jetzt musste ich nur meinen Teil des Planes verwirklichen und Moore das Buch entreißen. Der starrte genauso gebannt wie die meisten Touristen auf das Hasen-Roboter-Baguette-Spektakel. Ich schlich mich von hinten an ihn heran. Noch vier Schritte, und ich würde mir das Buch schnappen können. Noch drei … noch zwei … noch einer …

Da lachte der Gott des Chaos namens Manfred.

«Vörsöcht!», rief das eine schwedische Baguette Moore zu, und das andere deutete mit seiner Spitze auf mich. Moore drehte sich zu mir um und erfasste die Situation sofort. Er ließ das Buch fallen, aber nicht etwa aus Panik oder gar um zu fliehen. Geistesgegenwärtig packte er mich und drehte mir den Arm auf den Rücken. Das schmerzte höllisch, aber ich biss die Zähne zusammen.

«Lassen Sie mich los», keuchte ich.

«Ich denk nicht daran», zischte er.

Ich wollte gerade mit meinem Bein ausholen und ihn ungelenk gegen sein Schienbein treten, da drückte er mir die Spitze seines Füllfederhalters an den Hals.

«Wehe, du bewegst dich!», zischte er nun noch fieser.

Ich rührte mich kein bisschen und wagte kaum noch zu atmen.

«Und ihr da», rief er meinen Freunden zu, «bleibt, wo ihr seid!»

Hasen, Robo, Evila, Lenny, Bendix, Retro – alle hielten inne, damit Moore mir nicht die Feder in den Hals rammte.

«Du kommst zu spät, Oswald», höhnte er. «Meine Zeichnung ist fertig.»

«Was … was für ein Monster haben Sie denn geschaffen?», fragte ich ängstlich.

«Gar keins.»

Das verblüffte mich. Wollte Moore die Welt gar nicht in eine Hölle verwandeln?

«Ich habe lange darüber nachgedacht, was ich erschaffen könnte», säuselte mir der Glatzkopf ins Ohr. «Und dann erkannte ich, ich muss gar nichts mehr kreieren. Kreativität ist eine Bürde. Unter ihrer Last hab ich all die Jahre gelitten.»

Mein Mitleid mit ihm hielt sich in Grenzen.

«Weißt du, wie hart es ist, wenn man genial ist und immer genialer werden muss, weil man sich sonst selbst enttäuscht?»

«Nein …», antwortete ich wahrheitsgemäß, von Genialität war ich in jeder Hinsicht weit entfernt.

«Natürlich weißt du das nicht!», lachte Moore so höhnisch, dass er dabei ein wenig sabberte. Jegliches Charisma war verblasst, er zeigte seine wahre Fratze. «Alle Kreativität muss vernichtet werden!»

Das klang nicht nach Himmel auf Erden.

«Deswegen habe ich ein Loch in die Erde gezeichnet.»

Wie auf sein Stichwort öffnete sich ein großes schwarzes Loch direkt unter dem Brandenburger Tor. Wenn sich so ein Schlund auftat, würde man ja erwarten, dass die Erde laut bebte, aber tatsächlich hörte man rein gar nichts. Das schwarze Loch schien jeglichen Schall um sich herum zu verschlucken. Das Loch wuchs auf eine Größe von vielleicht zwei mal zwei Metern heran, nicht mehr. Und dennoch wirkte es bedrohlicher als jede Schlucht.

«Aus ihm wird etwas kommen …»

Das klang verdächtig nach Höllenschlund.

«Rate mal, was das sein wird, Nellie Oswald.»

«V… V… Vollhorst», schluckte ich.

«Der Urgott», schrie Moore mich an, «heißt Forgahlorosstt!»

Moore zerrte mich an den Rand des Loches. Die Kälte, die aus ihm strömte, ließ mich erzittern.

«Da, schau ihn dir an!»

Es war unmöglich, in der Dunkelheit des Lochs irgendetwas zu erkennen. Man konnte noch nicht einmal sehen, wie tief es hinabging. Mein Verstand begriff nicht, was ich da sah. Doch mein Instinkt wusste es: Dieses schwarze Nichts, das unendlich wirkte, war der Urgott. Er war kein Monster mit fiesen Tentakeln. Keines mit blutunterlaufenen Augen und gefährlichen Zähnen. Er war die Finsternis.

Diese begann, aus dem Loch zu kriechen. In schwarzen Schwaden. Da, wo sie schwebten, verschluckten sie alles Licht, alles Sein. Die Finsternis würde sich erst in Berlin ausbreiten, dann die Erde umhüllen und schließlich das ganze Universum verschlingen.

«Forgahlorosstt», zitterte ich, «ist also die Finsternis selbst?»

Ich fragte noch mal, weil ich so sehr hoffte, mich zu irren.

«Die *unendliche* Finsternis!», lachte Moore, mehr als nur ein wenig irre.

Der Urgott, das begriff ich in diesem Moment, hatte alles von langer Hand geplant. Er hatte den Mönchen verraten, wie man das Buch herstellt, damit sie den Fehler machten, es einem instabilen Kerl wie Moore in die Hand zu drücken, der dann eine Öffnung in unsere Welt zeichnete, durch die Forgahlorosstt in unsere Welt gelangen und alles Leben in seinem schwarzen Leib aufsaugen und vernichten könnte.

Ich sah zu meinen Freunden. Noch immer standen sie

unbeweglich da. In Evila kochte die Wut, Lenny legte den Arm um sie. Bendix hatte mittlerweile die Augen geschlossen und zitterte am ganzen Leib. Die Hasen hielten sich allesamt aneinander fest, und Robo schwebte regungslos in der Luft. Retro war der Einzige, der mit mir Blickkontakt aufnahm, um mir damit ein klein wenig Mut zu schenken, auch wenn er selbst machtlos war.

«Du da!», befahl ihm Moore. «Beschieß mit deinem Strahler die anderen!»

Retro regte sich nicht.

«Tu es, oder ich reiße ihr die Halsschlagader auf!»

Dies war einer jener Momente, in denen man sich wünschte, dass stinknormale Passanten Zivilcourage aufbrachten. Dem war leider nicht so. Zwar filmten uns weiterhin jede Menge Touristen mit ihren Handys, aber niemand kam mir zu Hilfe.

«Tu es!», forderte Moore und drückte mir die Federspitze schmerzhaft gegen die Haut.

«Ich bin nicht so wichtig», rief ich und meinte es auch so, angesichts der unendlichen Finsternis, die uns alle verschlingen würde. Besser mein Leben opfern, wenn andere dadurch gerettet würden. Vielleicht könnten sie Moore das Buch entreißen und irgendetwas zeichnen, das das Loch wieder verschloss.

Moore bohrte mir die Feder noch tiefer in die Haut, vor lauter Schmerz musste ich aufschreien. Hastig versprach Retro: «Ich tue es …»

Lenny, Bendix, Evila, die Hasen und der Roboter schauten ihn entsetzt an.

«Wehe, ihr wehrt euch dagegen!», drohte Moore meinen Freunden.

«Lasst euch das nicht gefallen!», forderte ich meine Freunde auf.

Doch sie ließen es sich gefallen. Mir zuliebe. Retro nahm den Strahler und schoss. Kurz darauf standen unter dem Brandenburger Tor jede Menge Toaster in allen möglichen Größen.

«Und jetzt», brüllte Moore Retro an, «spring in das Loch!»

«Das können Sie nicht von ihm verlangen!», protestierte ich.

«Ich kann jetzt alles!»

Retro sah mir in die Augen. Und lächelte. Da war mir klar, dass er in den Abgrund springen würde. Für mich. Weil er mich liebte.

«Neeeeeeiiiiiiiiin!», schrie ich.

Doch es war zu spät.

Retro sprang in das schwarze Nichts.

Er gab sein Leben für das meine.

48

Moore nahm die Feder von meinem Hals, der Schmerz ließ nach. Ihm folgte jedoch schnell ein anderer, denn der Glatzkopf schubste mich mit großer Wucht von sich weg, sodass ich einige Meter weiter zu Boden stürzte. Ich lag auf dem Kopfsteinpflaster und wollte losweinen und davonrennen, aber ich sah meine Freunde, die Toaster, von denen die meisten hilflos auf mich zuwackelten, ohne mir wirklich helfen zu können. Nur einer versuchte wegzulaufen, um sich vor den schwarzen Schwaden in Sicherheit zu bringen. Das war Bendix. Er gab auf. Mich und die Welt. So wie auch ich gerade aufgeben und weglaufen wollte. Das machte mich wütend. Nicht auf Bendix. Auf mich selbst. Retro war für mich in den Abgrund gesprungen, da durfte ich ihn doch nicht einfach im Stich lassen! Ich musste doch wenigstens den Versuch unternehmen, ihn zu retten. Ich rappelte mich auf, klopfte mir den Staub von der Kleidung, ging auf das Loch zu und sprang ebenfalls hinein.

Wie lange ich durch die absolute Finsternis fiel, konnte ich nicht sagen. Sekunden? Minuten? Stunden? Tage? Eine Ewigkeit?

Wenn es ein liebendes Licht gab, das die Menschen nach ihrem Tod umhüllte, dann war dieses schwarze Nichts bestimmt sein Erzfeind. Es hasste das Leben. Nicht etwa mit heißer, brodelnder, gar überkochender Wut. Nein, mit kühler Verachtung. In ihm war es kalt. Ganz furchtbar kalt. Ich zitterte am ganzen Körper.

Ich rief nach Retro, aber die Finsternis verschluckte alles. Ich konnte mich noch nicht einmal selbst hören. Tonlos schrie ich, ohne eine Antwort zu bekommen. Ohne zu wissen, ob ich Retro nah war oder fern.

Ich wusste nur, wir beide würden ewig fallen. Ohne uns jemals zu begegnen. Für immer einsam sein im schwarzen Nichts. Und wenn die Finsternis unsere Welt erobert hatte, würde es allen Lebewesen so ergehen wie uns.

Ich wurde ganz starr vor Kälte, konnte meine Hände nicht mehr spüren, meine Beine. Nach und nach wurde mein ganzer Körper von Eis eingehüllt. Ich begann zu weinen, doch die Tränen vereisten bereits an meinen Lidern. Von dort breitete sich das Eis über meine Wangen und das ganze Gesicht aus. Es fror meine Nasenlöcher zu, wie auch meine Lippen. Wollte ich das Eis noch aufhalten, musste ich aufhören zu weinen. Doch ich konnte nicht.

Das Eis kroch durch meinen Mund in den Körper, drang in mein Fleisch, fraß sich in die Knochen meines Körpers bis hinein ins Mark. Bald hatte es meinen ganzen Leib erobert. Bis auf das, was mein Leben ausmachte: mein Herz.

Langsam, ganz langsam zog das Eis einen Ring darum, während ich weiter die Tränen weinte, die es nährten. Wenn dieser Ring geschlossen sein würde, das war mir klar, würde ich auf alle Ewigkeiten als gefühlloser Eisklumpen in der Dunkelheit treiben.

Die Aussicht auf dieses Schicksal war jedoch nicht das Schlimmste. Nein, das war die Tatsache, dass ich mich danach zu sehnen begann, ein vereistes Herz zu besitzen. So müsste ich nicht mehr weinen. Nicht mehr leiden. Und mich nicht mehr schuldig fühlen, dass Retro sich für mich geopfert hatte und die Finsternis alles Leben auf Erden vernichten und danach das ganze Universum verschlingen würde. Das Licht von Milliarden von Sonnen würde aufhören zu brennen, nur wegen mir. Hätte ich das Buch doch nur rechtzeitig zerstört, dann hätte Moore niemals das Loch öffnen können, und die Finsternis wäre auf ewig in ihrer Verbannung geblieben.

Alles war meine Schuld.

Ganz allein meine.

In Gedanken bat ich alle um Verzeihung, deren Leben ich hätte retten können: Lenny, Evila, meine Eltern, Jasper, Bendix, Raffael und nochmals Jasper. Ich bat auch all jene Wesen, mir zu vergeben, die ich selbst erschaffen hatte: die Mützenhasen, den fröhlichen Baum, die singenden Piraten, die Gaukler, die Schweinejockeys, die saufenden Ritter, die frivolen Hofdamen, den Schlangenmann, ja, selbst die olle Filofee. All ihre Lebensfreude würde ausgelöscht werden, all die wunderbare Lust zu leben …

In diesem Moment hielt das Eis inne. Der Gedanke an die Freude der Bewohner von Amanpour und der Mützenhasen wärmte mein Herz.

Mein Wille kehrte zurück, und ich hörte auf zu weinen. Vielleicht hatte ich den Schlüssel gefunden, nicht zu erfrieren! Ich musste mich auf die Dinge konzentrieren, die die Finsternis verabscheute. Freude, Spaß … Liebe.

Ich dachte an Bendix.

Ich konzentrierte mich darauf, wie sehr ich ihn liebte. Wie schön unsere ersten Dates waren. Wie süß er mit Badeschaum im Haar aussah. Und wie ich mit ihm einen der besten Küsse meines Lebens hatte.

Bendix, Bendix, Bendix!

Das Eis jedoch zog sich nicht weiter zurück. Im Gegenteil: Es begann, sich wieder auszudehnen, jeden Moment würde es seinen Ring um mein Herz geschlossen haben. Was immer ich auch für Bendix empfand, es war bei weitem nicht ausreichend, um das Eis aufzuhalten oder gar zu schmelzen.

Waren meine Gefühle für Retro stark genug?

Ich erinnerte mich daran, wie der Prinz das erste Mal im Comicladen vor mir stand. Wie wir beide die Skins besiegten. Wie Retro und ich nach unserem Abenteuer mit dem Schrumpfstrahler wieder zu normal großen Menschen geworden waren und wir danach gemeinsam im Comicladen standen und über unser Abenteuer lachten. Und wie wir eben noch gemeinsam «Für die Freude!» gerufen hatten. Aber vor allen Dingen fiel mir ein, wie er mit seiner herrlichen Stimme sang:

Gepriesen sei die Stunde, als sie in mein Leben trat,
die mein Sein und Fühlen bezwungen
und mich mit ihrem Wesen durchdrungen.
Das hat ihre Schönheit und Güte gemacht
und ihr roter Mund, der so lieblich lacht.

Innerlich musste ich schmunzeln. Was für ein albernes Lied. Und dennoch war es schön. So wunderschön. Es berührte mein Herz.

Das stoppte den Vormarsch des Eises in meinem Herzen.

Ich begann, mir auszumalen, wie der Prinz das Lied für mich sang und anschließend um meine Hand anhielt. Eine Vorstellung, die genauso albern war wie das Lied. Zum einen, weil ich dem sicheren Tode nahe war, aber auch weil ich mir doch eben noch in der S-Bahn gedacht hatte, dass wir unmöglich eine gemeinsame Zukunft hätten. Aber im Traum ist nichts unmöglich! Und warum sollte ich mich ausgerechnet in meinen letzten Momenten des Lebens nicht in die Phantasie flüchten?

In ihr tanzte ich mit dem Prinzen Tango unter Arkaden, wir lasen uns gegenseitig *Donald Duck*-Comics vor und betrachteten den Sonnenuntergang über dem Wannsee. Wir küssten uns am Strand und liebten – ja, liebten – uns anschließend in meiner kleinen Wohnung unter meiner *Peanuts*-Decke.

Das Eis gab mein Herz frei.

Langsam, ganz langsam zog es sich zurück.

Deine Liebe zu mir sei nicht minder,
und bitte gebäre mir sieben Kinder …

Jetzt musste ich sogar innerlich lachen. Ein wirklich, wirklich albernes Lied. Und dennoch … dennoch musste es wundervoll sein, mit Retro Kinder zu haben. Nicht sieben Kinder. Klar. Aber eins. Vielleicht zwei. Er würde sie mit Herz und Edelmut großziehen.

Ich malte mir aus, wie wir gemeinsam in meiner kleinen Wohnung eine Wickelkommode aus amanpourischem Holz aufbauten und uns nach getaner Arbeit zuprosteten – er mit Wein von den Winzerhainen seines Reiches, ich mit alkoholfreiem Saft aus Trauben von glücklichen Bäumen –, wie er über meinen schwangeren Bauch streichelte, wir uns in die Augen sahen und uns küssten.

Das Eis floh nun regelrecht aus meinem Körper, den Knochen und dem Fleisch und taute auf meiner Haut. Ich konnte meine Arme, meine Beine, den ganzen Körper, den das Eis freigab, endlich wieder spüren.

Jedoch sah ich immer noch nichts in der Dunkelheit. Dafür spürte ich jenem Kuss nach, den ich mir eben noch erträumt hatte, und gleich im Anschluss dem Kuss, den er mir vorhin – im realen Leben, vor dem Sprung in das kalte Nichts, das mich nun kein bisschen mehr frösteln ließ – gegeben hatte. Diesem leichten Kuss auf die Wange, der mir so viel Lebensmut gegeben hatte. Der, der noch schöner war als all jene zuvor und alle, die ich mir in der Phantasie jemals ausmalen konnte.

Mein Herz begann, von innen heraus leuchtend zu strahlen.

Um mich herum wurde es mit einem Mal wieder hell.

Ich konnte wieder sehen!

Und ich fühlte, wie die Finsternis zu beben begann. Mein Licht war wie ein Riss in ihrer Materie.

Unter mir sah ich Retro durch das schwarze Nichts fallen. Er war zu einem Eisklumpen gefroren. Ich versuchte, mich ihm zu nähern, dabei schlug mir mein Herz bis zum Hals.

Als ich den Prinzen endlich erreichte, nahm ich seinen kalten leblosen Körper in meine Arme. Plötzlich verlangsamte sich unser Tempo. Wir fielen nicht mehr, wir schwebten – umhüllt von meinem schwachen Licht.

Ich betrachtete Retros Gesicht. Es war total vereist. Regungslos. Leblos. Doch ich wollte, ich konnte und durfte die Hoffnung, ihn zu retten, nicht aufgeben.

«Retro …», flüsterte ich.

Keine Reaktion.

«Retro», sprach ich lauter.

Er regte sich nicht.

War er bereits erfroren?

«RETRO!», rief ich verzweifelt. Mein Leid war dabei so groß, dass meine Stimme im Nichts sogar hallte: «RETRO … RETRO … RETRO … RETRO … RETRO … RETRO»

Wir schwebten weiter durch die Dunkelheit. Das Licht um uns wurde langsam schwächer, da auch meine Hoffnung erlosch.

Der Prinz war gestorben.

Für mich.

Es hätte doch umgekehrt sein sollen! Es war doch alles meine Schuld gewesen. Ganz allein meine!

Ich begann wieder zu weinen. Meine Tränen, kaum waren sie geflossen, wurden erneut zu Eis auf meinen Wangen. Es kroch über mein Gesicht, zu meinen Lippen. Gleich würde es wieder durch meinen Mund in meinem Körper hin zu meinem Herzen vorstoßen. Ich zitterte vor Kälte und wusste, dass nun auch ich sterben würde.

Immerhin würde ich meine letzten Sekunden in den Armen von Retro verbringen. Dem einzigen Mann, der es geschafft hatte, das Eis um mein Herz zu verdrängen. Und wenn ich schon mein Leben aushauchen sollte, so wollte ich mich doch von meinem Prinzen – meinem Traumprinzen – verabschieden.

Bevor das Eis meinen Mund erreichte, bevor das Licht um uns erlosch, küsste ich Retro auf seine eisigen Lippen. Vorsichtig. Sanft.

Und das Eis begann erneut zu schmelzen. Erst langsam, dann immer schneller. Es gab den Mund des Prinzen frei, seine Wangen, die Augen.

Dies war der Kuss des Lebens!

Ich hörte nicht auf zu weinen, jedoch weinte ich nun vor Glück. Diese Tränen gefroren nicht zu Eis. Das Licht um uns herum wurde wieder stärker. Heller als je zuvor. Retro öffnete die Augen und lächelte mich an. Und mein Herz quoll über vor Glück.

In jenem Moment schrie die Finsternis auf. Freude, Lachen und Liebe, all das konnte sie einfach nicht ertragen.

Ja, genau … Liebe.

Ich liebte Retro. Und ich hatte keinen Zweifel mehr, dass ich mein Leben mit ihm verbringen wollte. Keine Angst mehr, dass wir nicht zusammenpassen würden. Mir war völlig egal, was er war und woher er kam. Denn hier in der Wärme unseres eigenen, immer heller strahlenden Lichts erkannte ich: Es gibt nichts Realeres als die Liebe!

Das Eis hatte Retro und mich wieder freigegeben, und mein Prinz erwiderte meinen Kuss.

Die Finsternis schrie immer lauter vor Schmerz.

Liebe bedeutete für sie den Tod.

Sie stieß uns ab. Wie ein Körper einen Fremdkörper abstößt. Retro und ich sausten eng umschlungen und umhüllt von unserem Licht nach oben. Zwei leuchtende Kometen in dunkler Nacht.

Wir wurden durch das Loch hinauskatapultiert, direkt vor das Brandenburger Tor. Den Aufprall spürte ich kaum, das Licht der Liebe umgab uns wie eine Schutzhülle. Die Finsternis fürchtete dieses Licht so sehr, dass es seine Schwaden, mit denen es sich in die Welt vorgetastet hatte, in den Abgrund zurückzog. Kaum waren sie darin verschwunden, schloss sich das Loch hinter uns mit einem lauten Grollen.

Retro und ich lagen nun nebeneinander auf den Steinen. Gesicht an Gesicht. Mein Traumprinz zitterte noch ein wenig und flüsterte: «Nellie Oswald?»

«Ja …?»

«Bist du gekommen, um mich zu holen?»

«Na, was denkst denn du?», grinste ich ihn an. «Prinzen sind doch dazu da, gerettet zu werden!»

49

«Was … was hast du getan?», fragte Moore voller Entsetzen, während die Touristen ihren Handyaufnahmen nicht trauten und Retro und ich uns vom Boden aufrappelten.

«Etwas begriffen.»

Moore verstand natürlich kein Wort, er hob seinen Federhalter in die Höhe und rief: «Ich werde jetzt Dämonen zeichnen, sie werden dich häuten und dich kochen und …»

«Vergessen Sie es.»

«Was?»

«Vergessen Sie es. Sie haben keine Chance gegen mich.»

«Du bist doch talentlos!»

«Das mag ja sein», antwortete ich, während Retro den Strahler in die Hand nahm, «aber ich habe etwas, was noch stärker ist als Talent, Macht oder Magie.»

«Und das wäre?», fauchte Moore mich an.

«Freunde.»

Retro feuerte den Strahler ab, und die Hasen wurden wieder zu Hasen, Robo wieder zum Roboter und Evila, Lenny und Bendix wieder zu Menschen. Fröhlich hoppelten, flogen und gingen meine Freunde auf den Glatzkopf zu und umzingelten ihn. Selbst Bendix traute sich.

«Ich muss nur zeichnen, dann sind die alle tot …», stammelte Moore. Doch niemand hatte mehr Angst vor ihm. Die Finsternis war vertrieben. Und wenn man dieses Anti-Leben besiegt hatte, konnte einen keine Gefahr mehr erschrecken. Schon gar nicht ein Mann, auf dessen Glatze sich Schweißperlen bildeten. Die Hasen knabberten Löcher in seinen schwarzweißen Anzug, Evila streckte ihm die Zunge heraus, und Robo surrte über Moore und ließ dabei etwas Öl auf dessen Glatze tropfen. Keiner nahm ihn mehr richtig ernst.

«Und ich habe noch etwas, das Sie nicht haben», redete ich seelenruhig weiter.

«Was denn …?»

«Liebe in meinem Leben.»

Ich lächelte Retro an. Der strahlte zurück. Das verunsicherte Moore. Der Schweiß auf seiner Glatze floss nun in Strömen und vermischte sich mit dem Öl. Bei all seinem Ehrgeiz und Größenwahn sehnte auch Moore sich nach Liebe. So wie alle Wesen. Egal, in welcher Welt sie auch leben mochten.

«Wenn Sie wollen», bot ich dem Mann an, den ich einst bewundert hatte, «können Sie das auch alles haben.»

«Kann ich …?», staunte er.

«Geben Sie mir das Buch», bat ich ihn freundlich. «Und ich male Ihnen ein Happy End.»

Wie gesagt, ich wollte stets, dass jeder sein Happy End bekommt.

Moore rang mit sich. Ich hatte ihm ein verlockendes Angebot gemacht. Aber es war nicht so verlockend wie sein Wunsch, der letzte Künstler aller Zeiten zu sein. Er antwortete: «Happy Ends sind Schund!»

Er setzte die Feder wieder aufs Papier.

«Für ein Happy End!», rief ich.

Und wie aus einem Mund antworteten meine Freunde: «Für ein Happy End!»

50

Es war eine wunderbare Schlacht, denn sie dauerte keine fünf Sekunden (was man sich bei dem ein oder anderen *Herr der Ringe*-Film auch mal gewünscht hätte). Am Ende lag Moore bezwungen auf dem Boden, und ich hielt das magische Buch wieder in meinen Händen. Robo surrte munter und spielte vor Freude Technopop. Die Mützenhasen tanzten dazu so ansteckend fröhlich, dass alle Touristen mitmachten. Die begriffen zwar nicht, was sich da vor ihren Handys abgespielt hatte, aber sie spürten tief in ihrem Inneren, dass etwas Gutes passiert war. Evila und Lenny umarmten sich, und Retro war so freundlich, die schwedischen Baguettes mit Hilfe des Strahlers wieder in Menschen zu verwandeln.

Ich betrachtete mir Moore. Er mochte mehr Talent besitzen als ich. Er mochte ein wahrer Künstler sein. Aber dafür hatte ich Wesen erschaffen, die der Welt Freude brachten. Was konnte man sich mehr wünschen?

Der Einzige, der in den allgemeinen Jubel nicht so recht einstimmen mochte, war Bendix. Nachdenklich trat er auf mich zu und sagte: «Du bist eine Heldin, Nellie.»

«Nein, das bin ich nicht», wehrte ich ab.

«Oh doch, du bist für Retro in das Loch gesprungen.»

«Das hätte ich nicht getan, wenn ich ihn nicht lieben würde.»

«Nein? Was hättest du denn dann gemacht?»

«Dann wäre ich weggelaufen.»

«So wie ich als Toaster …», schämte Bendix sich nun.

Er schwieg ein wenig und seufzte dann: «Dann liebe ich dich wohl nicht genug.»

«Nein, das tust du wohl nicht.»

Wir lächelten uns melancholisch an.

«Wer ein Held sein will, muss also richtig lieben?»

«Eher: Wer liebt, ist schon ein Held.»

Da musste Bendix dann doch lachen. Und ich mit ihm. In jenem Moment begann zwischen uns eine wunderbare Freundschaft.

«Was werdet ihr beide nun tun?», wollte er von mir wissen und sah dabei zu Retro, der seine Arme um die Schultern der beiden ehemaligen schwedischen Baguettes legte und ihnen versprach, demnächst mal mit ihnen gemeinsam ein schönes Fass Wein aus Amanpour zu leeren.

«Ach», lachte ich, «ich hätte da schon so eine Idee für ein Happy End.»

Ja, Retro und ich heirateten in Amanpour.

Aber danach lebten wir in Berlin. Retro suchte nun mal das größte Abenteuer, das man haben kann: das eines normalen Lebens.

All meine Ängste, dass wir als Paar scheitern würden, weil wir aus unterschiedlichen Welten stammten, erwiesen sich als völlig unbegründet. Wie so viele Ängste, die man im Laufe seines Lebens hat. Retro fand sich in unserer Welt immer besser zurecht und liebte Toast genauso wie Donald Duck-Comics, mit der Zeit schmeckte ihm sogar dieses merkwürdige Gesöff namens Kaffee. Und er betrieb einen kleinen Laden mit Spezialitäten aus Amanpour, die er mit Hilfe des Schrumpf/Vergrößerungsstrahlers selbst importierte.

Ein jeder sollte mal den Saft aus Trauben von glücklichen Bäumen kosten.

All meine Träume, die mich vor Finsternis gerettet hatten, wurden wahr; Retro und ich tanzten tatsächlich Tango unter Arkaden, lasen uns *Donald Duck*-Comics vor, sahen Sonnenuntergänge am Wannsee, küssten und liebten uns. Wir wurden sogar Eltern. Und natürlich gebar ich ihm keine sieben Kinder. Nur zwei. Ich war ja nicht plemplem.

Zu viert wohnten wir mit den Hasen in einer stets unaufgeräumten Wohnung mit einer wunderbaren, selbstgebauten Wickelkommode. Wir konnten auch weiter Abende zu zweit verbringen, denn Lenny lieh uns gelegentlich Robo zum Babysitten aus. Und inmitten unseres gemütlichen Chaos zeichnete ich Comics, die zu Hits wurden. Dabei nutzte ich nicht mehr meinen Schmerz, wie von Moore empfohlen, sondern meine Liebe. Denn, hey, es ging doch darum, Freude zu verbreiten!

Lenny adoptierte die kleine Evila, und die beiden sorgten dafür, dass so mancher Lehrer vorzeitig in den Ruhestand ging.

Moore ging erst einmal in eine psychiatrische Klinik. Nach seiner Entlassung suchte er in den Bergen Tibets den alten Mönch, dem er erklären wollte, wie sehr sie beide von dem Urgott der Finsternis hereingelegt worden waren.

Und Bendix lernte in einem Fair-Trade-Café eine Barista kennen. Schon nach dem ersten gemeinsamen Vanilla-Latte war er bereit, für diese Frau jedes Monster der Welt zu bekämpfen. Selbst die Finsternis.

Ja, wer liebt, ist eben schon ein Held.

Und um die Liebe zu finden, braucht man keine Magie.

Nur ein wenig Phantasie.

Ich hatte immer mit der Realität gefremdelt. Deswegen war ich so gerne in die Phantasie geflohen. Und dabei hatte ich Realität und Phantasie stets für Gegensätze gehalten.

Au Mann, hatte ich damit falschgelegen.

Beide gehörten zusammen.

Realität ist, was deine Phantasie aus ihr macht!

Und es gibt nun mal nichts Realeres als die Liebe.

Aufmerksame Leser mögen sich nun fragen, was geschah mit dem Buch?

Auch wenn das Nichts die Mönche angeleitet hatte, es zu erschaffen, war es nicht voller dunkler Magie. Man konnte es für das Gute nutzen oder für das Böse. So wie das eigene Leben auch.

Bendix hatte ja mit dem Gedanken gespielt, einen Satelliten mit einem Herzensgütestrahler zu zeichnen und in die Erdumlaufbahn zu schicken. Doch wir beide waren uns schnell einig, dass kein Mensch die Macht besitzen durfte, die Welt zu verändern, egal, wie nobel seine Absichten auch waren. Das Buch zu vernichten, war jedoch auch keine Option. Die Erde sollte in jedem Falle zu einem besseren Ort werden. Daher trennten wir die Seiten aus dem Buch heraus und verteilten sie in der Hoffnung, dass viele Menschen gemeinsam die Welt damit zum Besseren verändern würden. Und diese Seite hier ist für dich:

Realität ist, was deine Phantasie aus ihr macht!

Mein Dank gilt meiner phantastischen Lektorin Ulrike Beck, eine bessere kann man sich nicht erträumen. Meinem ebenso phantastischen Agenten Michael Töteberg, einen besseren kann man sich nicht malen. Und natürlich Oliver Kurth, dem Olfomat, dessen Zeichnungen ich einfach liebe (ich sag nur Butterelfe).

Liebe Leser,

in meinem ersten Roman «Mieses Karma» wurde die Heldin, weil sie so viel schlechtes Karma angehäuft hatte, als Ameise wiedergeboren. Damit Ihnen und mir so ein Schicksal erspart bleibt, habe ich die «Gutes Karma Stiftung» ins Leben gerufen.

Spaß beiseite: Es ist nicht so relevant, ob man an Wiedergeburt glaubt oder an einen Himmel, um hier in diesem Leben etwas zu ändern. Es geht nicht darum, nach dem Tod für seine Taten belohnt oder bestraft zu werden, sondern darum, dass es jetzt, für diesen Augenblick, richtig ist, Menschen zu helfen, die es nicht so gut haben wie wir. Das tut nicht nur denen gut, sondern – und das kann man sich ruhig eingestehen, selbst wenn es nicht ganz so selbstlos ist – es bereitet einem auch selber Freude.

Die «Gutes Karma Stiftung» hilft Kindern in aller Welt. Wir haben in Nepal bereits eine Schule für 720 Schüler gebaut und ein Anti-Sklaverei-Projekt unterstützt, das viele Kinder aus ihrer schrecklichen Lage befreit hat. Auch ein Alphabetisierungsprojekt in Kolumbien haben wir finanziert. Zudem wurde eine Schule in Ecuador mit errichtet. Derzeit unterstützen wir die Erdbeben-Aufbauhilfe in Nepal und – neu als Projekt in Deutschland – das Kinderhospiz Wilhelmshaven.

Umgesetzt werden diese Projekte mit wechselnden seriösen Partnern, bei denen gewährleistet ist, dass Ihre Spenden vor Ort sinnvoll verwendet werden. Also egal, ob Sie verhindern wollen, als Ameise wiedergeboren zu werden, oder einfach nur Gutes tun möchten, hier können Sie konkret helfen.

Weitere Infos erhalten Sie auf der Webseite www.gutes-karma-stiftung.de.

Mit allerbesten Grüßen
Ihr David Safier

David Safier bei Kindler, rotfuchs und rororo

28 Tage lang

Happy Family

Jesus liebt mich

Mieses Karma

Mieses Karma hoch 2

MUH!

Plötzlich Shakespeare

Traumprinz

MIX
Papier aus verantwortungsvollen Quellen
FSC® C083411
www.fsc.org

Das für dieses Buch verwendete Papier ist FSC®-zertifiziert.